HUMAN RELATIONS

인간관계론

안범희 저

태영출판사

머리말

인간의 생물학적 면모를 종합적으로 연구한 포르트만은 '인간은 너무 빨리 태어난다. 엄마 뱃속에 1년 더 있다가 나오는 것이 바람직하다'라는 역설적 결론을 내렸다. 다른 동물들에 비해 긴 임신기간을 지닌 인간에 대해 그는 왜 그런 말을 했을까?

송아지는 낳자마자 어미가 젖은 털을 혀로 핥아 주면 서서히 일어나서 젖을 먹는다. 소는 그렇다치고 병아리도 21일 간의 부화 기간이 끝나면 스스로 알을 깨고 나와 걸어 다니며 바로 물을 먹는다. 독립된 생활을 할 수 있는 상태로 태어나는 것이다. 그런데 인간은 일어서는 데에만 1년이 걸린다. 매우 의존적인 존재로 태어나는 것이다. 아리스토텔레스가 인간은 사회적 동물이라고 하여 인간관계를 강조했지만 원래 인간은 태생적으로 인간관계적 동물인 것이다.

인간관계에 대한 연구는 인간이 사회적 동물이라는 사실로부터 비롯된다. 인간이 존재한다는 사실은 어떠한 형태로든 인간의 상호작용이 존재한다는 사실을 의미하기 때문이다. 대인간의 원만한 의사소통과 협동관계는 개개인의 일생의 성패를 좌우하는 관건이 될 수 있다.

원만한 가족관계, 부부관계, 친구 및 동료와의 관계, 이웃과의 관계, 사제 간의 관계에서부터 정치적 · 사회적 이해관계에 이르기까지 인간관계는 폭넓게 작용한다. 건전하고 원만한 인간관계는 우선 개인적 정신건강에 중요하다. 이 책에 기술된 성격과 인간관계에서 이상성격은 대부분 부적절한 인간관계가 문제가 된다. 너무 의존적 관계를 맺고자 하거나 지나치게 고립되거나 회피적 성격을 보이는 것 모두 부적절한 관계이다.

오늘날 각 대학의 상담소에서 가장 많은 상담의 대상이 되는 것이 바로 개인의 성격과 이에서 비롯된 대인관계 문제이다. 외동이로 자랐거나, 2인 형제/자매/남매만 있거나 하는 소인수 가족에서 자란 지금의 젊은이들은 다수 형제 관계에서 자연스럽게 터득되는 인간관계의 기초적 측면들을 이해하는 기회를 갖지 못했다. 또한 과보호, 과잉 애정에 따른 부작용으로 인간관계의 기초가 되는 타인에 대한 배려에 어려움을 보이기도 한다. 많은 시간을 공부에 할당하고, 시간이 나도 혼자서 인터넷을 즐기는 탓에 대인접촉의 기회도 상대적으로 적을 수밖에 없다.

인간관계는 개인의 능력이나 성격과도 관련되지만 기술적인 측면이 매우 강하다. 즉, 인간관계는 가르치고 배울 수 있는 성질의 것이다. 이 책에서는 이러한 점을 고려하여 인간관계의 제 면모에 대한 현재의 자기 자신에 대한 평가와 개선할 점 등을 가능한 한 많이 제시하고자 하였다. 인간관계적 행동의 변화를 기대하는 지시문을 많이 제시한 것이 이 책의 특징이기도 하다.

적절한 인간관계를 위해서는 인간의 행동에 대한 이해도 필요하고, 대화를 비롯한 의사소통 능력이나 기술이 필요하므로 이 부분에 많은 할애를 하였다. 조직에서의 인간관계 효율성은 직장생활에서의 성공과 만족을 담보하는 것이므로 효율적 관리 및 관리자의 대인행동, 설득 전략 등도 포함시켰다.

경영과 관리 측면에서 시작된 인간관계론은 이제 그 영역을 크게 넓혀 심리학과 사회심리학, 산업심리학 등 많은 응용심리학 분야에 적용되고 있다. 개인 간이나 집단, 사회, 정치, 세계가 모두 소통을 중시하는 이 시대에 인간관계론은 모든 사람의 필독서가 되어야 하리라는 생각이 든다. 아는 것만큼 행동할 수 있고 발전할 수 있다. 문제가 되는 행동에 대한 반성과 자기성찰을 통해 인간적으로 더욱 성숙해질 수 있다.

의욕을 갖고 출발했으나 저자의 능력 부족으로 만족할만한 마무리를 하지 못하였다. 기회가 되면 계속 보완해 나갈 생각이다.

어려운 출판업계의 상황에서도 기꺼이 출판을 맡아 주신 태영출판사 김현태 사장님께 거듭 감사드리며 바쁜 가운데서도 예쁘게 책 모양을 단장해 준 편집부 여러분께 감사드린다. 아울러 독자 여러분의 지도와 편달을 기대한다.

2015년 초하에

안범희 識

차 례

제 1 장

인간관계론의 기초

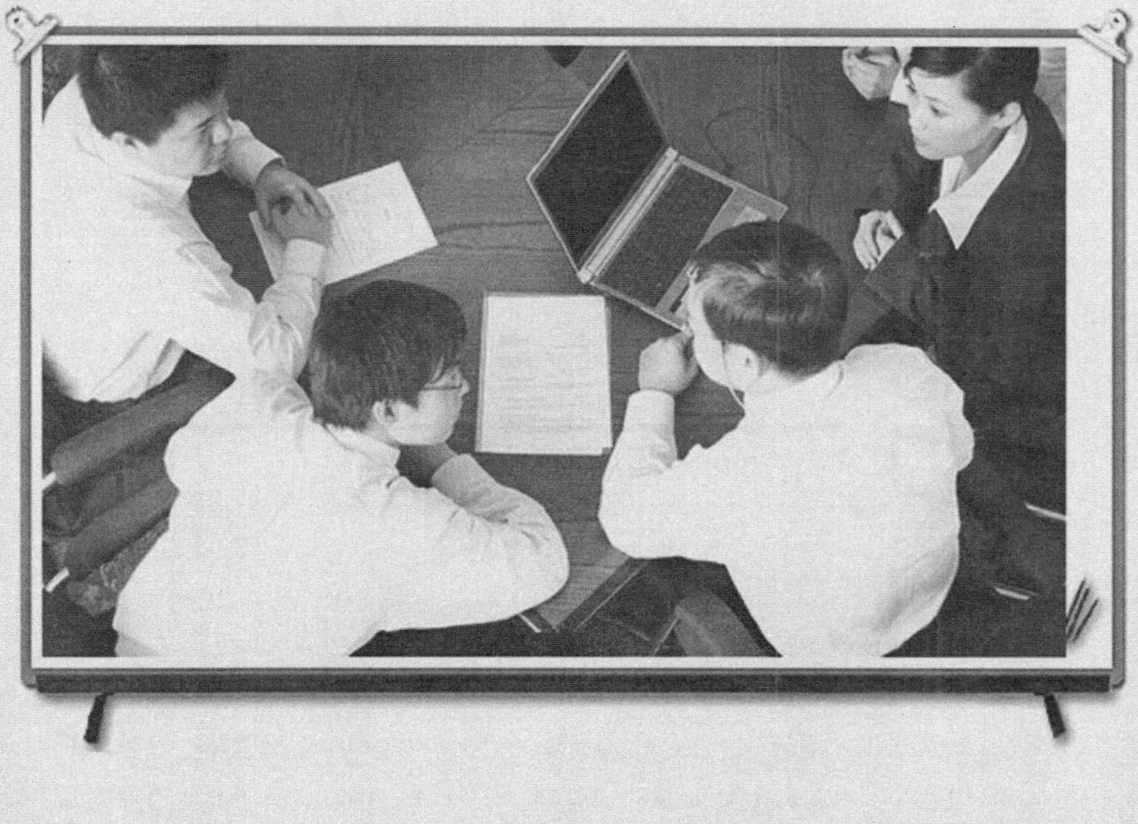

1. 과학적 관리론 시기(1900~1930)
2. 인간관계론 시기(1930~1950)
3. 행동과학적 접근기(1950~1970)
4. 사회체제론(1970~현재)

인간관계에서 다루는 주제는 매우 다양하다. 생활의 대부분이 인간관계적이기 때문이다. Reece(2011)는 인간관계론의 7대 주제로 ① 의사소통, ② 자기 인식, ③ 자기수용, ④ 동기, ⑤ 신용, ⑥ 자기노출, ⑦ 갈등해결을 들고 있다. Lemberton과 Minor(2014)는 인간관계의 주제의 폭을 더 넓혀서 ① 자아개념과 자기존중감, ② 자기수용과 자기노출, ③ 태도와 가치, ④ 동기, ⑤ 의사소통, ⑥ 사람과 집단, 팀, ⑦ 정서조절, ⑧ 개인과 조직의 변화, ⑨ 창조성, ⑩ 갈등관리, ⑪ 스트레스 대처, ⑫ 고객서비스, ⑬ 다양성의 추구, ⑭ 비지니스 윤리와 사회적 책임, ⑭ 생산적 일터와 성공 등 많은 주제를 다루고 있다. 그 외의 더 많은 주제들이 인간관계에 포함될 수 있다. 이렇게 심리학과 사회심리학, 경영학 전반에 걸쳐 광범위하게 연구되고 있는 인간관계론의 역사는 그리 오래되지 않았다.

인간관계론의 발달의 역사는 대체로 4시기로 구분된다.

1. 과학적 관리론 시기(1900~1930)

1) 개요

1930년대 이전까지는 이른바 경제적 인간(economic man)을 표방하는 고전적 관리이론의 시기였고, 1920년대와 30년대 초기에 호손(Hawthorne)연구의 결과를 토대로 현대적 의미의 인간관계론이 출현하게 되었다. 1930년대 이전에는 임금지급 방식이 노동 생산성을 높이는 것으로 보았다. 고용원들은 보수에 의해 동기화되며 따라서 그들이 생계를 유지할 만큼의 보수가 지급되어야 생산성이 높아진다는 것이다.

이 시기에도 그 같은 흐름에 견해를 달리하는 관리자가 있었다. 이 사람은 '인간관계론의 개척자'로 불리는 Robert Owen이다. 오웬은 인간의 행동은 단지 경제적인 것에 의해서만 동기화되는 것이 아니고 그 외의 다른 것들에 의해서도 영향을 받는 것으로 보았다. 개개인의 물리적 환경이 신체적, 정신적 그리고 심리적인 상황에도 영향을 미치는 것으로 보았다. 물리적 환경의 개선이 노동 생산성을 높인다는 그의 믿음에 따라 그는 자기 공장의 노동자들의 작업 환경을 인간화시키는 일에 주력했다.

그의 공장은 청결하였고, 작업장은 쾌적하였으며, 창문도 있고 샤워실도 있었다. 각기의 고용원들에 대한 작업평가도 누구나 열람할 수 있도록 공개하였다. 공장 인근에 마을을 조성하여 한 가정마다 방이 둘 딸린 주택을 제공했고, 나무와 꽃 심기를 장려하였다. 11세 이하의 고용원 자녀들은 자기의 공장에서 일을 못하게 하고 학교에 다니게 하였다. 이러한 일련의 조치는 당시로서는 매우 획기적인 것이었다. 물론 오웬의 회사는 번창하였고 다른 경쟁관계에 있는 회사들로부터 질시를 받았다. 심지어 아이들의 취업을 막는 것은 그 가정의 수입을 감소시키는 일이라는 비난을 하기도 했다. 그의 이러한 경영철학은 당시의 열악한 노동환경 탓에 확산되지는 못하였다.

2) 과학적 관리론의 등장

Frederick Taylor는 '과학적 관리의 아버지'로 불린다. 그는 1911년 「The Principle of Scientific Management」라는 저서를 통해 과학적 관리의 시대를 열었다. 이 책에서 제시된 과학적 관리의 원리는 다음과 같다.

(1) 과학적 관리의 4대 원리

① 그 상황에 적합한 다양한 최적 방법을 찾기 위해 작업의 과학화가 시도되고 활용되어야 한다.

② 고용원을 과학적인 방법으로 선발하고, 작업의 최상 기법으로 그들을 훈련시키며 그들이 적절한 도구를 쓸 수 있도록 준비한다.

③ 유인책으로 높은 임금을 주어 고용원들이 생산성 증대를 위한 더 나은 방법과 도구를 개발할 수 있도록 동기화시킨다.

관리자와 고용원의 업무를 구분하여 책임을 명확히 하고 각자 최적의 임무를 수행케 하여 ④ 능률성을 높인다.

(2) 과학적 관리론의 주요 내용

① 과업관리

작업을 여러 개의 기본동작으로 분석하여 그에 필요한 시간연구와 동작연구를 통하여 1인의 합리적인 1일의 과업을 확립하고 과업달성 정도에 따른 임금지불제도(차별적 성과급 제도)를 확립하였다.

② 직능화 원칙에 따른 기획부서의 설치와 직능적 조직의 편성

과학적 관리에서는 계획적 · 두뇌적인 업무를 분리하여 독립된 기획부서에서 담당하도록 할 것을 강조하였다. 관리감독의 기능을 분리 · 분할하여 각 관리자가 가능한 한 소수의 관리감독 기능을 분담할 수 있도록 공장의 조직을 편성할 것을 권장하였다.

③ 예외의 원칙에 따른 권한의 위임

상위 부서에 권한이 집중되어 상급관리자가 과다한 업무를 담당함으로써 생기기 쉬운 비능률을 피하기 위해 가능한 한 권한을 하급자에게 위임하고, 상급 관리자는 예외적인 업무에 대해서만 결정하고 감독하도록 할 것을 권장하였다.

(3) 과학적 관리론의 효용성과 한계

과학적 관리론은 비능률적인 인간유기체를 최선의 방법으로 생산과정에 활용하는 기술과 지식을 체계화하는 기초를 확립하였다는데 그 의의가 있다. 과학적 관리론은 인간의 생산활동을 시간연구와 동작연구를 통해 정확하게 측정하고 분석하여

그에 입각한 과학적 관리가 가능하다는 것을 보여주었다. 실제로 과학적 관리법은 미국의 산업경영에 널리 보급되어 생산능률을 향상시켰다.

그러나 과학적 관리론은 인간기계론이라는 비판을 받기도 했다. 조직에서 인간적인 요인을 과소평가하여 인간을 마치 기계처럼 인식하고 있으며, 인간의 개성이나 잠재력을 무시하였다는 것이다.

2. 인간관계론 시기(1930~1950)

1) 개요

Elton Mayo(1880~1949)는 오스트레일리아에서 태어나 심리학 교육을 받은 후 오스트레일리아 브리즈번의 퀸즐랜드대학교(1919~23)와 미국 필라델피아의 펜실베이니아대학교(1923~26) 교수를 거쳐 1926~47년 하버드대학교 경영대학원에서 산업연구교수로 일했다. 1933년에 저술한 「The Human Problems of an Industrial Civilization」은 그의 대표적 저서이다.

그는 1927년부터 1947년까지 하버드대학 산업조사과에서 여러 실험을 실시했는데 그의 활동은 이론적이기보다는 실험 위주였다. 메이요와 동료들, 즉 Whitehead, Roethlisberger 등은 록펠러 재단의 자금을 지원받아 여러 가지 작업조건으로 작업집단의 태도와 반응을 조사하기 위해 1924년부터 1932년까지 미국 일리노이 주에 있는 시카고 교외의 웨스턴 일렉트릭 회사소속 호손(Howthorne)공장에서 실험을 하였다.

이 연구 가운데 자료수집, 노사관계 및 공장노동자들 사이의 비공식적인 상호작용에 관한 연구는 그 후에도 계속 영향력을 발휘했다. 또한 그는 대규모 조직에서 직무에 만족을 느끼지 못하는 산업노동자들의 개별적인 요구에 진지하게 귀를 기울여줄 직원상담 프로그램을 주창했다. 이 호손 실험 결과로 인해 기업생산성을 결정하는 조건으로 테일러의 과학적 관리법을 부정하고 인간관계의 중요성을 처음으로 부각시킨 계기가 되었다.

그의 주도하에 시행된 실험은 4가지였다.

2) 4가지 실험

(1) 조명실험(1924. 11 ~ 1927. 4)

조명실험은 조명의 강도가 종업원의 생산능률에 영향을 미칠 것이라는 가정하에 약 2년 반에 걸쳐서 진행한 실험으로써 조명의 강도가 점점 강해질수록 작업능률도 올라갈 것이며, 반대로 조명의 강도가 낮아질수록 작업능률도 떨어질 것이라는 가정하에 시행되었다. 통제집단과 실험집단으로 나누어서 진행하였는데 통제집단은 지금까지 작업해 왔던 조도에서 작업을 진행하였고, 실험집단은 여러 조로 나뉘어 다양한 조도에서 작업을 진행하였다.

예상대로라면 통제집단의 생산량은 이전과 같아야 하고, 실험집단의 경우는 생산량의 차이가 각 집단마다 달라야 했다. 그런데 통제집단과 실험집단 모두에서 생산량이 증가했다. 연구팀은 이번에는 전체적으로 조도를 감소한 상황에서 실험을 재개했다. 그러나 이 가정은 결과적으로 부정되었다. 조명의 강도가 올라갔을 때 작업능률이 향상되기는 했지만, 반대로 조명의 강도가 떨어졌을 때 역시 생산능률이 점차 상승하는 결과가 나온 것이다. 또한 조명의 강도에 변화를 준다고 하고 실제로는 변화를 주지 않았는데 종업원들이 느끼기에 조명조건에 대한 불만은 있었지만 작업능률은 올라가는 변화가 있었다. 이로써 조명도가 생산능률을 바꾸는 요인 중 하나가 될 수는 있어도 절대적 요인은 아니라는 사실이 밝혀졌다.

이러한 결과가 나온 이유를 파악하기 위해서 다른 실험을 계획하게 된다.

비생산적 지향	긍정적인 면	부정적인 면
착취적 지향(획득)	활동적 솔선하는 능력 자기주장하는 능력 자부심 충동적 자기 확신 매혹적	착취적 공격적 자기 중심적 건방짐 경솔함 거만함 유혹성
저장적 지향(보존)	실제적 절약적 신중함 삼감 인내성 주의깊음 확고 부동하고 집요함 침착성 긴장하에서 차분함 규율성 조직성 충실성	상상력이 없음 인색함 의심성 냉담함 무기력 초조함 완고함 나태성 활발하지 못함 현학적 강박관념적 소유욕
시장적 지향(교환)	목적성 변화력 젊음 미래지향 개방된 마음 사회적 시도성 비독단적 효율적 호기심 지성적 융통성 인내성 재치 있음 관대함	기회주의적 비일관성 유치함 미래나 과거가 없음 원칙과 가치가 없음 혼자 있을 수 없음 목적성 결여 상대론적 지나친 활동 요령이 없음 지성편중적 무분별성 무관성 어리석음 낭비적

비생산적인 지향의 이러한 긍정적인 면과 부정적인 면은 사실 같은 동전의 앞과 뒤의 부분들이며, 건설적이거나 파괴적인 방법으로 나타나는 같은 행동의 정반대적 모습이다. 행동의 이러한 양면은 둘 중의 하나만 나타나는 상황만을 말하는 것은 아니다. 즉, 행동의 각각의 면은 그 두 가지 극단 사이에 많은 미소한 차이를 가진 연속선상에 존재한다.

건강한 성격에 대한 프롬의 견해에 대해 하나의 질문이 제시될 수 있는데, 그것은 어떻게 사람이 완전히 생산적인 사람이 되는가?라는 것이다. 만약 한 사람의 성격이 뚜렷하게 생산적이거나 비생산적이라면 무엇이 건전하거나 또는 불건전하다고 결정을 내리는 것일까? 어린이가 자라면서 점차 엄마로부터 독립됨에 따라 그 아이는 덜 안전하게 된다. 안전과 자유 사이에 끼어서 어린이는 어린이에 대한 부모의 행동에 의존함으로써 세 개의 도피기제 중의 하나에 의해 성장에 따르는 자유를 처리한다. 그 세 개의 도피기제란 공생의 관계, 회피와 파괴, 그리고 사랑이다.

공생의 관계에서 어린이는 남에게 의존해 있으며 결코 독립과 자유의 상태를 성취하지 못한다. 실제로 그런 사람은 자기 이외의 그 어떤 사람의 한 부분이 됨으로써 자유를 갖는데 따르는 불안전함을 회피한다. 이러한 행동은 남에게 복종하거나(피학대적), 아니면 그들을 지배하거나(가학대적) 하는 형태로 나타난다. 회피와 파괴기제는 남을 피하거나, 그들을 파괴하려는 것을 포함한다. 도피의 가장 이상적인 형태인 사랑은 생산적인 지향의 발달을 위한 기초이다.

프롬은 사람의 성격은 위에서 지적한 5가지 유형의 하나이거나 그 5가지 유형의 혼합체라는 주장을 하고 있다. 이 중 하나, 또는 두 가지 속성이 다른 것보다 훨씬 강력한 형태로 나타날 수 있다. 1번부터 4번까지의 것을 프롬은 비생산적 성격 유형인 것으로 보았다. 그러나 생산적-저축적 유형, 비생산적 -저축적 유형이라는 조합은 가능하다. 전자는 보다 생산적이 되기 위해 땅이나 돈을 모으고, 후자는 사회에 아무런 도움을 주지 않고 오직 자신을 위해, 또는 모으는 일만을 위해 땅이나 돈을 모은다.

4. 성격장애와 인간관계

성격장애자들은 너무 공격적이거나 의존적이며, 우정을 쌓을 수 없거나 미성숙하고, 무책임하고 충동적인 행동을 거리낌 없이 행하는 등 매우 이탈된 특성을 가지고 있다. 모든 잘못은 타인들에게 있다고 믿음으로 이들 자신은 변화해야 될 아무 이유가 없다고 생각하고 자신의 문제의 결과에 대해서 만족해하지 않으면서도 치료받는 것도 원하지 않는다. 이러한 유형의 성격장애를 인간관계적인 측면을 고려하여 살펴보면 다음과 같다.

1) 편집증적 성격장애

편집증적 성격장애(paranoid personality disorder)는 흔히 망상형 성격장애라고도 불린다. 망상에는 과대망상, 관계망상, 피해망상이 있다. 이들의 일반적 특성은 의심하는 태도가 일상화되어 있다는 점이다. 어떠한 상황에서도 사람과 환경에 대해 경계하고 의심하며 긴장의 끈을 풀지 않는다. 어떤 충고도 받아들이지 않으며 충고를 하는 경우 화를 내거나 다투기까지 한다. 소송을 잘 거는 사람 중에 이러한 특성(장애)을 가진 사람이 많다.

Lemert(1962)는 과대망상적인 사람이 사회적 상황에 부합하지 않는 반응을 보일 때 상대방 역시 그에 대하여 부정적으로 반응하는 데, 이러한 부정적 반응은 오히려 타인이 그릇되고 자신이 옳다는 신념을 강화시키는 측면이 있다는 것이다.

타인들이 공공연히 과대망상적 장애자를 기피하면 기피할수록 그 역시 자신을 상호작용으로부터 배제시키고 격리시키게 된다. 의사소통 통로가 더욱 폐쇄되면 그는 행동의 결과로부터 피드백을 얻을 방법이 없고, 그의 사회적 관계 해석을 근본적으로 수정하게 되고, 불가피하게 자신의 왜곡된 정체성에 의존한 극단적인 행동 표출을 보이게 된다.

이들의 인간관계적 특성은 조심성 있고 치밀하며 괴팍한 면을 보인다. 새로운 관계 상황에 접하면 상황 전반을 보지 못하고 자신의 독특한 편견으로 특정의 부분적 요소에 집착하여 대화가 통하지 않게 된다. 대체로 적의적인 대인 태도를 보이며, 타인의 행동에 대한 이면적 동기, 숨은 뜻을 찾으려 하는 행동은 정상적인 인간관계를 어렵게 할 수밖에 없다.

더구나 이들이 다른 사람을 믿지 못하고 지나치게 방어적인 것은 타인을 향한 분노가 내재되어 있기 때문이다. 자신이 제대로 대우받지 못하고 무시당한다고 느끼기 때문에 늘 공격적인 태도를 취하게 된다는 것이다(최정윤 · 박경 · 서혜희, 2006).

표 3-2 **편집증적 성격장애의 진단기준(DSM-Ⅳ)**

A. 타인들의 동기를 악의에 찬 것으로 해석하는 등 광범위한 불신과 의심이 성인기 초기에 시작되어 여러 가지 상황에서 나타나며, 다음 중 4개 이상의 항목을 충족시킨다.

(1) 충분한 근거도 없이 타인들이 자신을 착취하고 해를 주거나 속인다고 의심한다.
(2) 친구나 동료의 성실성이나 신용에 대한 부당한 의심에 집착되어 있다.
(3) 정보가 자신에게 악의적으로 사용될 것이라는 부당한 공포 때문에 터놓고 이야기하기를 꺼린다.
(4) 사소한 말이나 사건 등을 자기의 품위를 손상시키려 하거나 위협적인 숨겨진 의도로 해석한다.
(5) 원한을 오랫동안 품지 않는다. 예를 들면 모욕, 상해 혹은 경멸을 용서하지 않는다.
(6) 타인에게는 그렇게 보이지 않지만 자신의 성격이나 명성이 공격당했다고 느끼고 즉시 화를 내거나 반격한다.
(7) 이유 없이 배우자나 성적 상대자의 정절에 대해 자꾸 의심한다.

B. 정신분열증, 정신증적 양상을 보이는 기분장애 혹은 기타 정신증적 장애의 경과 중에만 나타나는 것이 아니고 일반적인 의학적 상태의 직접적, 생리적 효과에 의한 것이 아니어야 한다.

2) 분열성 성격장애

정신분열성 성격장애라고도 한다. 글자 그대로 이 상태가 심화되면 정신분열증으로 발전할 수도 있는 것이다. 분열성 성격장애(schizoid personality disorder)의 특징은 사실적 관계형성 능력의 결함이다. 타인에 대해 무덤덤하며 관심을 보이지 않는다. 환경으로부터 유리된 상태이므로 백일몽에 빠지기도 잘 한다. 남의 일에 관여를 안하듯이 자신도 남으로부터 관여되는 것을 꺼린다.

이러한 인간관계에서의 고립이나 소극성이 타인에게는 적의적이거나 거부로 비춰질 수도 있다. 그러나 실제로는 남의 감정이나 상태를 인지하는 능력 자체에 문제가 있는 경우가 대부분이다.

표 3-3 분열성 성격장애의 진단기준(DSM-Ⅳ)

A. 사회적 관계에서의 고립양상과 인간관계 상황에서의 제한된 감정표현이 광범위한 양상으로 나타나고, 이런 양상이 성인기 초기에 시작되며, 다양한 상황에서 드러나고, 다음 중 4개(혹은 그 이상)의 항목을 충족시킨다.

(1) 가족의 일원이 되는 것을 포함하여 친밀한 관계를 바라지도 즐기지도 않는다.
(2) 거의 항상 혼자서 하는 활동을 선택한다.
(3) 다른 사람과 성 경험을 갖는 일에 거의 흥미가 없다.
(4) 만약 있다고 하더라도 소수의 활동에서만 즐거움을 얻는다.
(5) 직계가족 이외에는 가까운 친구나 마음을 털어놓는 친구가 없다.
(6) 타인의 칭찬이나 비평에 무관심해 보인다.
(7) 냉담, 고립 혹은 단조로운 정동을 보인다.

B. 장애가 정신분열증, 정신증적 양상을 동반하는 기분장애, 기타 정신장애 혹은 광범위성 발달장애의 경과 중에서만 나타나는 것이 아니며, 신경과적(예: 측두엽 간질) 또는 다른 일반적인 의학적 상태의 직접적, 생리적 효과에 의한 것이 아니어야 한다.

3) 분열형 성격장애

분열형 성격장애(schizotypal personality disorder)는 간단히 정의하면 분열성 성격장애보다 한 등급 아래의 성격장애를 보이는 것이다. 이들의 행동은 '괴상한 행동'으로 비춰진다. 논리적 사고가 어려우며 개념이 불분명하고 비현실적이며 미신적 행동에 잘 빠지고 착각을 반복하고 환각을 경험하기도 한다.

인간관계에 어려움이 있으므로 고립된 생활을 한다. 가족 이외의 접촉은 거의 없다.

표 3-4 분열형 성격장애의 진단기준(DSM-Ⅳ)

A. 친밀한 대인관계에 대한 고통, 그러한 관계를 맺는 제한된 능력에서 드러나는 사회적 대인관계에서의 손상, 인지적 · 지각적 왜곡, 기이한 행동 등 광범위한 양상이 성인기 초기에 시작되면, 여러 가지 상황에서 나타나는데, 다음 중 5개(또는 그 이상) 항목을 충족시킨다.

(1) 관계망상적 사고(관계망상은 제외)
(2) 행동에 영향을 미치는, 하위 문화의 기준에 맞지 않는 괴이한 믿음이나 마술적 사고(예: 미신, 천리안에 대한 믿음, 텔레파시나 육감, 소아나 청소년에서 보이는 기이한 환상이나 집착)
(3) 신체적 착각을 포함한 유별난 지각 경험
(4) 괴이한 사고와 언어(예 : 애매하고, 우회적이고, 은유적이고, 지나치게 자세하게 묘사되거나 또는 상동증적인)
(5) 의심이나 편집적인 사고
(6) 부적절하거나 메마른 정동
(7) 괴이하고, 엉뚱하거나 특이한 행동이나 외모
(8) 직계가족 외에는 가까운 친구나 마음을 털어놓을 수 있는 사람이 없다.
(9) 과도한 사회적 불안이 친밀해져도 줄어들지 않고, 이는 자신에 대한 부정적인 판단 때문이라기보다는 편집적인 두려움 때문이다.

B. 장애가 정신분열증, 정신증적 양상이 있는 기분장애, 기타 정신증적 장애 또는 광범위성 발달장애의 경화 중에만 나타나는 것이 아니다.

4) 히스테리성 성격장애

Andrews(1984)는 히스테리성 성격장애(histrionic personality disorder)의 개념화와 아울러 이들의 대인관계에 대한 치료법을 제시했다. 그는 히스테리성 성격장애자는 외부의 자극에 지나치게 민감하고, 어느 것이 외부의 것이고 어떤 것이 내부로부터 온 것인가를 혼동하는 것으로 보았다. 그의 히스테리성 성격에서의 인간관계 분석은 과도하고 극적인 동조나, 애정 표현, 인습적 행동이 그(그녀)가 지닌 자아개념과 관련이 있다는 것이다. 이렇게 위장되고 왜곡된 자아개념을 철저히 분쇄하여 현실적 지각이 가능하도록 하는 것이 치료의 핵심이다.

이들의 인간관계는 타인의 관심을 끌고 인정받으려는 데 집중되어 있다. 관심을 끌기 위해 자기 과시적 행동을 하며 사교적이고, 표현이 과장되고 극적이기까지 하다. 그러나 쉽게 싫증내고 새로운 것을 추구하며 때로는 유혹적인 행위, 남을 교묘히 이용하기도 하는 특성을 보인다. 쉽게 흥분하고 쉽게 우울해진다. 또한 이들은 자기를 과시하고 요구를 관철시키기 위해 거짓말과 위장을 잘하는데, 때로는 자살하겠다는 위협으로 상대방을 괴롭히기도 한다.

표 3-4 히스테리성 성격장애의 진단기준(DSM-Ⅳ)

광범위하고 지나친 감정표현 및 관심 끌기의 행동양상이 성인기 초기에 시작하여 여러 가지 상황에서 나타나며, 다음의 5개(또는 그 이상) 항목을 충족시킨다.

(1) 자신이 관심의 초점이 되지 못하는 상황에서 불편해한다.
(2) 다른 사람과의 행동에서 흔히 상황에 어울리지 않게 성적으로 유혹적이거나 도발적인 행동이 특징적이다.
(3) 빠른 감정의 변화 및 감정표현의 천박성(감정표현이 얕음)을 보인다.
(4) 자신에게 관심을 끌기 위해서 항상 육체적 외모를 사용한다.
(5) 지나치게 인상적으로 말하면서도 내용은 없는 대화양식을 갖고 있다.
(6) 자기 연극화, 연극조, 과장된 감정표현을 한다.
(7) 피암시성이 높다(예 : 타인 또는 환경에 의해 쉽게 영향을 받음).
(8) 대인관계를 실제보다 더 친밀한 것으로 생각한다.

5) 자애성 성격장애

자애성 성격장애(narcissistic personality disorder)는 자기 자신에 대한 과대망상이 주축을 이루고 있는 장애이다. 이들은 자기 사랑이 지나쳐 자기도취에 빠지고 지나친 자부심과 무한한 성공에 대한 환상, 그리고 주위 사람들로부터 항상 관심과 칭찬을 받으려는 열망에 가득 차 있다. 이렇게 자기중심적으로 생각하고 행동하기 때문에 이들은 인간관계에 큰 결함을 보이며, 실현가능성 없는 욕망을 가지고 있기 때문에 이들의 자존심은 손상되기 쉽다. 따라서 이들은 자신에 대한 열등감, 수치심, 허무감에 휩싸이게 되며 상대방에게 분노를 표출하게 된다. 병적인 자애성 성격장애자는 주위 사람들의 항상적인 주의와 관심의 뒷받침 없이는 일상생활을 유지해 나가기가 어렵다.

자기애성(자애성)이란 명칭에는 단순한 자기중심성 이상의 의미가 내포되어 있는데 이는 자신의 가치를 과대평가하고 애정을 다른 사람이 아닌 자신에게만 쏟는다는 것 등을 말한다. 자신은 특별한 권리를 지녔고 그 권리를 위해 다른 사람을 이용하는 것이 마땅하다는 것에 대한 믿음, 자신의 중요성에 대한 과장된 느낌 등을 그 특징으로 한다(최정윤 · 박경 · 서혜희, 2006).

자기 욕심을 채우기 위해 타인을 이용하며 자기 기분만 생각하지 타인의 입장에는 관심이 없다.

표 3-6 자기애성 성격장애의 진단기준(DSM-Ⅳ)

과장성(공상에서나 행동에서) 칭찬에 대한 욕구, 감정이입의 결여 등 광범위한 양상이 성인기 초기에 시작되어 다양한 상황에서 나타나며, 다음 중 5개(또는 그 이상) 항목을 충족시킨다.

(1) 자신의 중요성에 대한 과장된 지각을 갖고 있다(예 : 자신의 성취나 재능을 과장함, 뒷받침할 많은 성취도 없으면서 최고로 인정되기를 기대함).
(2) 끝이 없는 성공에 대한 공상과 권력, 탁월함, 아름다움 또는 이상적인 사랑에 대한 공상에 자주 사로잡힌다.
(3) 자신이 특별하고 독특하다고 믿고, 특별한 사람이나 상류층의 사람들만이 자신을 이해할 수 있으며, 또한 그런 사람들(혹은 기관)하고만 어울려야 한다고 믿는다.
(4) 과도한 찬사를 요구한다.
(5) 특권의식을 가진다. 예를 들면, 특별대우를 받을 만한 이유가 없는데도 특별대우나 복종을 바라는 불합리한 기대감을 가진다.
(6) 대인관계가 착취적이다. 예를 들면 자신의 목적을 달성하기 위해 타인들을 이용한다.

(7) 감정이입 능력이 결여되어 있다. 타인들의 감정이나 요구를 인정하거나 확인하려 하지 않는다.
(8) 자주 타인들을 질투하거나 타인들이 자신에 대해 질투하고 있다고 믿는다.
(9) 거만하고 방자한 행동이나 태도를 보인다.

6) 반사회성 성격장애

반사회성 성격장애(antisocial personality disorder)는 반사회적 행동을 죄의식 없이 습관적으로 행하는 것이 그 특징인 정신장애이다. 이들은 지적 능력의 장애나 사고 장애는 보이지 않으나 지나치게 자기중심적이며 자애적인 특성을 보인다. 대체로 외모는 멀쩡하다. 그러나 이들은 거짓말을 하고 남의 물건을 훔치며 속임수를 쓰고 남의 약점을 잡아 협박하며 책임감이 결여되어 있다.

또한 이들은 자신의 성격이나 행동에 대해서 비교적 만족하고 있기 때문에 이 장애로 고통받고 있는 사람은 오히려 그 주변 사람들이다. 일반적으로 죄의식이 결여되어 있는 습관성 범죄자들이 이에 속하지만 반사회적 성격장애자와 범죄자는 다르다. 반사회적 성격장애자는 일반 범죄자들과는 달리 책임감, 수치심 그리고 죄의식의 결여가 특징적으로 나타난다.

표 3-7 반사회성 성격장애의 진단기준(DSM-Ⅳ)

A. 15세 이후에 시작되고, 다음에 열거하는 타인의 권리를 무시하거나 침해하는 광범위한 행동양식이 있으며, 다음 중 3개(또는 그 이상) 항목을 충족시킨다.

(1) 법에서 정한 사회적 규범을 지키지 못하고 구속당할 행동을 반복하는 양상으로 드러난다.
(2) 개인의 이익이나 쾌락을 위한 반복적인 거짓말, 가명을 사용하거나 타인들을 속이는 것과 같은 사기를 일삼는다.
(3) 충동성을 보이며 미리 계획을 세우지 못한다.
(4) 빈번한 육체적 싸움이나 폭력에서 드러나는 과흥분성(자극 과민성)과 공격성
(5) 자신이나 타인의 안전을 무시하는 무모성
(6) 일정한 직업을 갖지 못하거나 채무를 청산하지 못하는 행동으로 드러나는 지속적인 무책임성

(7) 자책의 결여, 타인에게 상처를 입히거나 학대하거나 절도행위를 하고도 무관심하거나 합리화하는 양상으로 드러난다.

B. 연령이 적어도 18세 이상이어야 한다.

C. 15세 이전에 발생한 품행장애의 증거가 있어야 한다.

D. 반사회적 행동이 정신분열증이나 조증삽화 경과 중에만 나타나는 것이 아니어야 한다.

7) 회피성 성격장애

회피성 성격장애(avoidant personality disorder)는 타인의 거부를 두려워하여 인간관계를 회피하는 성격장애이다. 적극적 인간관계를 소망하지만 두려워서 하지 못한다. 일반적으로 이들의 자존감은 낮으며, 타인의 평가에 예민하게 반응한다.

이들은 자신이 인간관계에 장애를 가지고 있다는 사실을 스스로 알고 있기 때문에 괴로워하기도 하고 자존심을 상하기 쉽다. 자기를 싫어하는 눈치가 조금이라도 보이면 실망과 모욕감을 느낀다.

Alden과 Caprel(1993)은 인간관계 원형 모형에 토대한 진단성 평가를 통해 모든 회피성 성격장애자들은 인간관계나 사회적 관계에서 회피성을 보인다는 점과 자기주장이 거의 없음을 밝혔다. 나아가서 이들이 타인에 대한 분노와 연계되는 인간관계 문제점들을 지닌 것으로 보았다. Alden과 Caprel은 이들의 치료에 단계적인 인간관계 노출과 인간관계 기술의 연마가 효과가 있었다고 보고했다.

표 3-8 회피성 성격장애의 진단기준(DSM-Ⅳ)

사회활동의 제한, 부적절감 그리고 부정적 평가에 대한 과민성 등이 성인기 초기에 시작되고, 여러 가지 상황에서 나타나며, 다음의 4개(또는 그이상) 항목을 충족시킨다.

(1) 비난, 꾸중 또는 거절이 두려워서 대인관계가 요구되는 직업 활동을 회피한다.
(2) 호감을 주고 있다는 확신이 서지 않으면 상대방과의 만남을 피한다.

(3) 창피와 조롱을 당할까 두려워서 친밀한 관계를 제한한다.
(4) 사회상황에서 비난이나 버림받을 것이라는 생각에 사로잡혀 있다.
(5) 자신이 부적절하다고 느끼기 때문에 새로운 사람과 만날 때는 위축된다.
(6) 스스로를 사회적으로 무능하고, 개인적인 매력이 없으며, 열등하다고 생각한다.
(7) 쩔쩔매는 모습을 들킬까 봐 두려워서 새로운 일이나 활동을 시작하기를 꺼려한다.

8) 경계성 성격장애

경계성 성격장애(borderline personality disorder)의 특징은 자아상, 인간관계, 정서 및 행동에서의 불안정성이다.

경계성 성격장애자들은 알코올이나 약물남용, 성관계, 도박, 낭비 그리고 폭식이나 자살 위협같이 잠정적으로 자기 손상을 일으키는 분야에서 충동적으로 행동한다. 이들은 지속적으로 자신의 정체성을 의심하고 있으며, 자신이 누구인지 모르고 자기가 왜 그러한 행동을 했는지 놀라워한다. 이들은 반사회적 성격장애자와는 달리 불안과 죄의식 때문에 고통당한다. 전체적으로 볼 때 이들은 좌절과 권태에 대한 인내심이 결여되어 있다.

Benjamin(1978)은 이러한 성격장애가 기질 요인보다는 인간관계적 요인들이 두드러진 역할을 한다는 사실을 밝혔다. 그녀는 이들이 경험하는 자기 비난, 방치, 자포자기, 자기학대 등은 기질과는 무관하다는 것이다.

Bawson(1988)은 이들이 심각하게 갈등하고, 불안정하고, 자아 체계에 취약점이 있으며 현재의 경험에만 지나치게 의존하고 있었고, 그들의 자아개념은 기본적으로 좋고 나쁨의 이분법적 체계에만 의존하고 있었다.

표 3-9 경계성 성격장애의 진단기준(DSM-Ⅳ)

A. 대인관계, 자아상 및 정동에서의 불안정성, 심한 충동성이 광범위하게 나타나며, 이러한 특징적 양상은 성인기 초기에 시작하여 여러 가지 상황에서 일어난다. 다음 중 5개(또는 그 이상) 항목을 충족시킨다.

(1) 실제적이나 가상적인 유기를 피하기 위한 필사적인 노력
(2) 극적인 이상화의 평가절하가 반복되는, 불안정하고 강렬한 대인관계 양식
(3) 정체감 혼란, 즉 심각하고 지속적인, 불안정한 자아상 또는 자아 지각
(4) 자신에게 손상을 줄 수 있는 충동성이 적어도 두 가지 영역에서 나타난다(예 : 낭비, 성관계, 물질남용, 무모한 운전, 폭식).
(5) 반복적인 자살행동, 자살시늉, 자살위협, 자해행위
(6) 현저한 기분의 변화에 따른 정동의 불안정성(예 : 간헐적인 심한 불쾌감, 과민성, 불안 등이 수시간 정도 지속되지만 수일은 넘지 않음)
(7) 만성적인 공허감
(8) 부적절하고 심한 분노 또는 분노를 조절하기 어려움(예 : 자주 울화통을 터뜨림, 항상 화를 내고 있음, 자주 몸싸움을 함)
(9) 일과성으로 스트레스에 의한 망상적 사고 또는 심한 해리 증상

9) 의존적 성격장애

Bornstein(1993)은 의존적 성격장애(dependent personality disorder)자는 수동적이고, 고분고분한 태도로 행동하고, 타인의 양육에 의지하는 것을 오히려 좋아하고, 인도받고, 도움을 구하고자 하는 행동, 인간관계 상황에서의 민감성, 권위와 규범에 순종하고, 대인관계의 영향을 쉽게 받는 등의 행동 특징을 열거하였다. 과도한 순종적, 복종적 태도는 권위자나 자신의 후견자라고 믿는 사람과의 관계가 깨어질까 두려워서이다.

Birtchnell(1987)은 이들의 행동 특성은 미성숙에 의한 것이라는 전제하에 이들의 치료법으로 이들의 어린 시절을 재상영하는 것이 필요하고, 치료자는 부득이 대리부모의 역할을 담당해야 한다고 주장하였다. 중점적인 치료 목표는 의존적인 개인을 독립적이고 자발적이 되게 하고, 보다 안정된 자아를 성취하게 하고, 점차 자아정체성을 구축하게 하는 것이다. 즉, "그 자신을 인정하도록 하는 것이다." 치료전략으로는 이들이 반복적으로 자기 주장을 표현하고 선택하게 하게 하고, 점차적으로 '자기가 좋아하거나 좋아하지 않는 것을 발견하고 이런 일들을 하면 그에게 즐거움을 줄 것이라는 생각들, 그리고 이런 일들을 하는 과정에서 즐거움을 충분히 경험하게 하는 것이다.

Birtchnell은 치료 과정에서 점차 이들의 인도와 도움, 보증에 대한 호소를 거절하고 능력있고 책임성 있는 어른으로 대하는 방법으로 효과를 보았다. Birtchnell은 이 과정에서 의미 있는 타인을 끌어낼 것을 충고하였다. 의미 있는 타인과의 관계를 수정하려는 시도에서의 기본 원칙은 과도한 걱정을 방지하는 것이다. 그는 이들의 걱정은 변화의 가능성 때문에 야기되는 것으로 보았다.

표 3-10 의존성 성격장애의 진단기준(DSM-Ⅳ)

보호받고 싶어하는 광범위하게 지나친 욕구로 복종적이 되고, 상대방에게 매달리며, 헤어짐을 두려워한다. 성인기 초기에 시작되며, 여러 가지 상황에서 나타나고, 다음 중 5개(또는 그 이상) 항목을 충족시킨다.

(1) 타인의 많은 충고와 보장 없이는 일상적인 일에서도 결정을 내리지 못한다.
(2) 자신들의 인생의 매우 중요한 영역까지도 떠맡길 수 있는 타인을 필요로 한다.
(3) 지지와 칭찬을 상실할 거라는 두려움이 크기 때문에 타인, 특히 의지하고 있는 사람에게 반대 의견을 말하기가 어렵다.
(4) 자신의 일을 혼자서 시작하거나 수행하기 어렵다(동기나 활력이 부족해서라기보다는 판단과 능력에 대한 자신감이 부족하기 때문이다).
(5) 타인의 보살핌과 지지를 얻기 위해 무슨 행동이든 다 할 수 있다. 심지어는 불쾌한 일도 보호만 얻어 낼 수 있다면 자원해서 한다.
(6) 혼자 있으면 불편하고 무력해지는데, 그 이유는 혼자서 해 나가다가 잘못될 것 같은 심한 두려움을 느끼기 때문이다.
(7) 친밀한 관계가 끝났을 때 필요한 지시와 보호를 얻기 위해 또 다른 사람을 즉시 찾는다.
(8) 스스로를 돌봐야 하는 상황에 처하게 된다는 데 대한 두려움에 비현실적으로 빠지게 된다.

10) 강박성 성격장애

강박성 성격장애(obsessive compulsive personality disorder)는 강박적 사고와 강박적 행동이 특징적으로 나타나는 장애이다. 강박적 사고란 중단하고 싶어도 마음 속에 자꾸 떠오르는 원하지도 않는 생각이다. 강박적 행동은 강박적 사고에 의해 수행을 강요당하는 반복적이고 의례적인 행동이다. 일반적인 강박적 사고의 예로, 누구를 해치고 싶은 반복적인 폭력 환상이나 감염될 것이라는 반복적인 의심과 근심 등을 들 수 있다.

일반적인 강박적 행동의 예로는 반복적으로 손을 씻거나 계산 또는 점검하는 행위 등을 들 수 있다. 강박성 성격장애자는 강박 행동이 그의 생활을 지배하여 그 행동을 중단하고자 할 때 극심한 긴장이나 불안을 느낀다. 반복적인 강박적 의심이 현실화되어 자기가 AIDS에 감염되었다고 확신하고(실제는 아님이 밝혀졌다) 자살한 예도 있다.

정신분석학자들은 개인이 억압에 실패하여 불편한 무의식적 정서나 환상에 직면해야 할 때 강박행동이 시작된다고 주장하고 있다. 행동주의 심리학적 모델에서는 강박장애가 외상에 대한 학습된 반응이라고 설명하고 있다. 강박장애의 결정적 원인은 그 개인의 성격이라는 주장도 있다(이현수, 2002).

이들의 인간관계는 공손하고 정형화된 방식으로 행동하지만 이중성이 있어서 자신보다 우위의 사람에게는 무조건적 충성심을 보이지만 아랫사람에게는 현실적이고 냉정하게 대하는 편이다. 윗사람으로부터 인정받지 못할 경우에는 심한 자괴와 좌절감을 느낀다.

Barnett(1969)에 의하면 강박관념에 사로잡힌 사람들의 생활 속에서 가장 중요한 문제점은 무결점을 유지하려는 태도인 것으로 보았다. 그는 이를 치료하기 위해 강박적 내용을 철저히 조사하고 이해와 경험적인 명확성을 얻음으로써 불명료성, 혼동, 거부에 대한 인식의 틀을 깰 수 있다고 하였다. 불명료성, 혼동, 거부 등에 따른 강박관념은 무결점과 결백을 유지하려는 시도라는 것이다.

강박관념 환자의 적의와 공격성의 가장 보편적인 표현은 억압된 행동 패턴을 통해 나타난다. 자신의 주장을 분명히 밝히지 않고, 억누르고, 움츠리고, 작동을 방해하며, 수동성을 보이는 것이다.

표 3-11 강박성 성격장애의 진단기준(DSM-Ⅳ)

정리정돈에 몰두하고, 완벽주의, 마음의 통제와 대인관계의 통제에 집착하는 광범위한 행동양식으로서 이런 특징은 융통성, 개방성, 효율성의 상실이라는 대가를 치르게 한다. 성인기 초기에 시작되고, 여러 상황에서 나타나며, 다음 가운데 4개(또는 그 이상)항목을 충족시킨다.

(1) 사소한 세부 사항, 규칙, 목록, 순서, 시간계획이나 형식에 집착하여 일의 큰 흐름을 잃고 만다.
(2) 일의 완수를 방해하는 완벽주의를 보인다(예 : 자신의 지나치게 엄격한 표준에 맞지 않기 때문에 계획을 마칠 수 가 없다).
(3) 여가활동과 우정을 나눌 시간도 희생하고, 지나치게 일과 생산성에만 몰두한다(분명한 경제적 필요성 때문이 아니다).
(4) 도덕, 윤리 또는 가치문제에서 지나치게 양심적이고, 고지식하며, 융통성이 없다(문화적 또는 종교적 배경에 의해서 설명되지 않는다).
(5) 닳아빠지고 무가치한 물건을 감상적인 가치조차 없을 때라도 버리지 못한다.
(6) 타인이 자신의 방식을 그대로 따르지 않으면 타인에게 일을 맡기거나 같이 일하기를 꺼려한다.
(7) 자신과 타인 모두에게 인색하다. 돈은 미래의 재난에 대비해서 저축해야 한다고 생각한다.
(8) 경직성과 완고함을 보인다.

제 4 장

대인지각과 대인매력

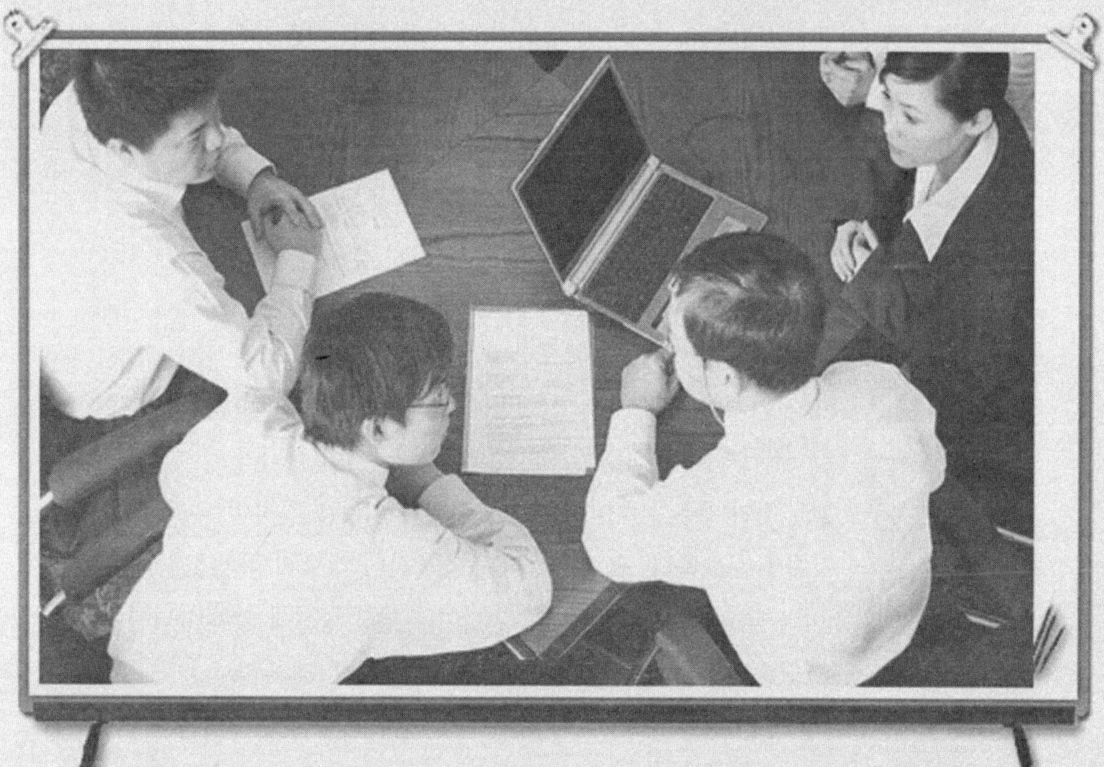

1. 대인지각
2. 대인매력

1. 대인지각

대인지각(personal perception)은 사람에 따라서, 그리고 상황에 따라서 다양한 형태로 전개된다. 그러나 대인지각에 일반적으로 적용되는 몇 가지 원리를 찾아볼 수 있고, 그것이 상황에 따라 어떻게 적용되는지의 대강은 살펴볼 수 있다. 대인지각의 기본 경향은 다음의 세 가지로 압축할 수 있다. 이러한 기본 경향은 때로는 서로 조합을 이루면서 나타난다.

1) 대인지각의 기본 경향

첫째, 단순화시키기이다. 우리는 선택적 지각(selective attention)을 한다. 보이는 것 모두를 보는 것이 아니고, 들리는 것 모두를 듣는 것이 아니라 보고 싶은 것만 보고, 듣고 싶은 것만 듣는 것이다. 이러한 선택적 지각을 통하여 우리는 무수한 정보로부터 자신을 보호하고, 필요한 것에만 집중하여 정보(인지)의 효율성을 높이고자 하는 것이다. 따라서 상대방에 대한 판단이나 인상 형성에 있어서 나름대로의 몇 가지 틀로 단순화시켜 상대를 판단하는 경향을 보이게 된다.

둘째, 일관성 있는 적용이다. 우리는 우리의 인식 세계에 포함되는 여러 가지 판단이나 개념을 서로 모순이 없는 형태로 유지하려는 경향을 갖고 있다. 개인마다 자신의 준거체제를 일관되게 하려는 적용하고자 하는 속성이 있는 것이다. 따라서 자아에 위배되거나 자신의 틀에 어긋나는 것에 대해서는 일단 거부하고자 하는 경향을 보인다. 한번 '나쁘다'로 각인된 타인에 대한 지각이 좀처럼 바뀌기 어려운 것은 이 때문이다.

셋째, 자기중심적으로 판단한다는 것이다. 이는 대인적 판단에 있어서 자기를 기준으로 삼는 기본적 경향이 있음을 뜻한다. 타인의 동기나 상황, 특수한 처지까지를 다 헤아린다는 것은 그리 쉬운 일이 아니므로 일단은 자기를 기준삼아 판단하고자 하는 것이다.

이러한 기본 경향을 중심으로 대인지각의 전개 양상을 살펴보기로 한다.

2) 인상형성의 차원 및 과정

(1) 인상형성의 차원

우리는 흔히 첫 인상이 좋다라든가, 인상이 고약하다는 말을 한다. 초기 심리학의 발전 단계에서 골상학이 한때 인기를 끈적이 있는데 이는 두뇌의 모양과 크기 등으로 사람의 성격을 판단하는 방법이었다(King, Viney & Woody, 2007).

그 후 Osgood, Suci 그리고 Tannenbaum(1957)의 연구에서 상대방의 첫인상을 결정하는 요소로 작용하는 내용이 세 가지 차원에서 밝혀졌다. 그 내용은 다음과 같다.

① **평가 차원** : 좋다, 나쁘다.
② **능력 차원** : 강하다, 약하다.
③ **활동 차원** : 적극적이다, 소극적이다.

이 세 가지 차원 중 그 사람이 '좋은 사람이냐, 나쁜 사람이냐' 하는 평가 차원이 가장 영향력이 큰 것으로 나타났다.

Rosenberg, Nelson, & Vivekananthan(1968) 등은 후속 연구를 통해 앞서의 세 가지 평가 차원 외에 두 가지 차원이 더 있음을 밝혔다.

④ **지적 차원** : 똑똑하다, 영리하다/똑똑하지 않다.
⑤ **사회적 차원** : 성실하다, 친절하다, 다정하다/불성실하다.

(2) 인상형성의 과정

상대방의 인상을 결정하는 그 사람의 특질들이 어떻게 인상형성에 작용하는가에 대해서는 세 가지 이론이 있다.

① 평균모형

Anderson(1962)이 제시한 것으로 상대방에 대한 각각의 특질이 갖는 호오(好惡)의 가치를 합산하여 평균을 내는 방식이다.

② 가산모형

Triandis & Fishbein(1963)이 주장한 것으로 상대방에 대한 각각의 특질들이 갖는 호오의 가치를 모두 합산하면 그것이 상대방에 대한 호감도이다.

③ 가중 평균모형

평균모형을 제시했던 Anderson(1968)이 평균모형을 수정하여 상대방에 대한 특성을 평균내지만 그들이 중요하다고 생각하는 특성에 가중치를 둠으로써 전반적 인상을 형성한다는 것이다. 앤더슨은 사람마다 중요하게 생각하는 차원이 다를 수 있기 때문에 그 특질의 비중에 따라 가중치를 두는 것이 타당한 것으로 보았다. 가중 평균모형에 의해서 판단하는 경우가 꽤 많은 것으로 나타났는데 이를테면 20대 남성은 상대 여성의 미모에 가중치를 둘 수 있고, 40대 남성은 미모 이외의 특질에 가중치를 둘 수 있을 것이다.

(3) 인상형성의 특징

① 초두성 효과

초두(初頭)성 효과는 제공된 정보의 순서에 따라 상대방에 대한 인상형성이 영향을 받는다는 것으로 먼저 제시된 정보가 나중에 제시된 정보보다 더 큰 영향력을 발휘한다는 것이다. 이에 대한 실증적 연구로는 Asch(1946)의 연구를 들 수 있는데 그는 가상적인 인물에 대한 성격을 묘사하는 형용사를 의도한 순서대로 나열하여 들려주고 나중에 그 인물에 대한 인상을 기술하도록 하였다. 제시된 순서는 처음(초두에)에 긍정적인 것에서 뒤에 부정적인 것으로, 그리고 이의 역순으로의 제시가 있었다.

- 똑똑하고, 근면하고, 충동적이고, 비판적이고, 고집이 세고, 질투심이 강한: 긍정적 특성을 먼저 제시함
- 질투심이 강하고, 고집이 세고, 비판적이고, 충동적이고, 근면하고, 똑똑한: 부정적 특성을 먼저 제시함

그 결과 가번 순서로 제시했을 때 표적 인물을 더 호의적으로 평가하였다. 이러한 인상형성이 가능한 이유로는 다음과 같은 주장들이 있다.

(가) **맥락효과** : 처음에 제시된 정보가 일단 맥락을 형성하고, 이 맥락 속에서 나중에 제시된 정보가 해석되기 때문이라는 것이다. 즉, 처음에 '똑똑하다'가 제시되면 일단 표적 인물에 대해 똑똑한 사람으로 간주하고(맥락을 형성하고), 그 후에 제시된 형용사가 그 맥락 안에서 작용한다는 것이다. '똑똑하고 고집이 세다'라든가 '똑똑한데 고집이 세다'는 식의 평가를 한다는 것이다.

Zanna와 Hamilton(1977)의 연구에서 보면 똑같은 'proud'가 긍정적인 맥락에서는 '자신감 있는 '으로 해석되었으나, 부정적인 맥락(예를 들어, '버릇없는 '이 먼저 제시되었다고 가정하면)에서는 '기고 만장한'으로 뜻이 변화되고 있음을 보여 주었다.

(나) **주의감소 가설** : 일단 앞쪽의 정보가 접수되면 뒤에 나오는 정보에 대한 주의집중이 떨어지게 되므로 앞서 제시된 것이 인상형성에 더 영향을 미친다는 주장이다. Anderson과 Hubert(1963)는 한 연구에서, 인물에 대해 기술할 특징을 나중에 회상해야 한다는 조건을 달았더니, 즉 나중에 기억하는지 보겠다고 했더니 초두효과가 없어졌음을 확인할 수 있었다.

(다) **중요성 절감 가설** : 우리가 상대방에 대하여 일단 뚜렷한 인상을 지니게

되면 이 인상에 잘 부합하지 않거나 모순되는 정보가 갖는 가치는 평가절하된다는 주장이다. 이는 인간은 자신이 한번 평가한 사실에는 인지적 일관성을 갖는 성향이 있음을 반영하는 것으로 볼 수 있다.

한편 Kruglanski와 Freund(1983)는 자신이 내리는 판단이 자신에 대한 능력 판단에 중요한 의미가 있고, 지니고 있는 모든 정보를 충분히 고려할 시간적 여유가 있을 때는 초두효과가 없어지고, 시간적 여유가 없거나 판단이 중요하지 않을 때는 초두효과가 특히 잘 나타난다고 하였다.

② 신근성 효과

Luchins(1957)는 신근(新近)성 효과에 착안했다. 시간적으로 나중에 제시된 정보가 잘 기억되고 따라서 인상형성에 더 큰 영향을 미치는 현상으로 초두효과와는 반대되는 양상이다. 그러나 신근성 효과는 다음과 같은 제한된 상황에서만 발생한다.

- 초기 정보가 너무 일찍 제시되어 망각되거나
- 최근의 정보가 상대자의 변화된 모습을 잘 보여준다고 여길 때
- 최근 정보가 아주 현저하게 지각될 때

③ 핵심 특질과 지엽적 특질

그 사람에 대한 호오를 결정하는 중요한 특질(핵심 특질)이 있고, 소소하게 여겨지는 이차적 특질(지엽 특질)이 있어서 핵심 특질이 지엽 특질을 압도한다는 이론이다.

- 핵심 특질(central trait) : 다른 특질보다 더 중요한 영향을 미치는 특징
- 지엽 특질(peripheral trait) : 별로 중요한 영향을 미치지 못하는 특징

Asch는 따뜻하다-차갑다의 차원(핵심특질)이 인상형성에서 매우 영향력 있는 특질임을 밝혔고, Kelly(1950)는 동일한 사람을 접하는 경우에도 핵심 특질에 대한

정보의 차이가 인상 판단에 영향을 줄 수 있음을 보여 주었다. 핵심 특질은 그 효과가 표적 인물에 대한 인상 전반에 과잉 일반화가 되면서 일관적으로 작용한다는 점에서 후광효과, 또는 일관성 효과(Sears et al., 1991)로 설명될 수 있다.

(가) **일관성 효과**(consistency effect) : 사람들은 소수의 정보만을 갖고 있을지라도 타인들에 관해서 평가적으로 일관성 있는 특징들을 형성하는 경향이 있다. 즉,

- 우리는 타인들이 내적으로 일관성 있는 존재라고 본다.
- 따라서 자신이 기존에 가지고 있던 정보에 맞지 않는 정보는 왜곡시키거나 재정리한다.

(나) **후광효과**(halo effect) : 어떤 사람이 한 가지 긍정적인 특성을 가지고 있을 때, 이와는 아무런 관계가 없는 것에 대해서도 어떤 긍정적 특성을 가지고 있을 것이라고 생각하는 현상이다.

사람들은 어떤 사람이 매력적이면 그 사람은 지적이고, 관대하고, 성격도 좋고, 집안 환경도 좋을 거라고 생각한다. 반면에 어떤 사람이 매력적이지 않으면 그 사람은 둔하고, 이기적이고, 성격도 나쁘고, 집안 환경도 나쁠 것이라고 생각하는 경향이 있다.

이러한 후광효과로 인해 사람들은 신체적이나 그밖의 어떤 것에 매력적인 사람들과 함께 있기를 원한다. 이왕이면 잘생긴 친구하고 어울리려 하고, 매력적인 사람과 결혼하려고 한다. 매력적인 사람 때문에 자기의 가치가 올라갈 것으로 기대하기 때문이다.

매력과 후광효과의 관계는 크게 발산효과와 대비효과로 나누어진다. 발산효과는 매력 있는 사람과 함께 있을 때 자신의 평가가 높아지는 현상이고, 대비효과는 매력 있는 사람과 함께 있을 때 자신의 평가가 상대적으로 낮아지는 현상이다. 결국 매력 있는 사람과 같이 있다고 해서 항상 좋은 것은 아니다. 그 사람과 자신이 어떤 관계이냐가 중요한 것이다.

김혜숙(1993)의 연구에서 보면 매력적인 여자에 대하여 여자가 매력적일수록 사교적이고 자신감이 있으나, 정이 덜하고 허영적일 것으로 여기고 성격도 긍정적

이지 못하다고 평가받았다. 그러나 남자의 경우는 매력적일수록, 사교적이고 자신감 있고 외향적이고 성격도 긍정적인 것으로 평가되었다.

(다) **부적 후광효과**(negative halo effect) : 후광효과와는 반대로 어떤 사람이 한 가지 부정적인 특성을 가지고 있을 때, 이와는 아무 관계가 없는 것에 대해서도 다른 부정적 특성을 가지고 있을 것이라고 생각하는 현상이다.

④ 부적 효과

어떤 사람이 좋은 특성과 나쁜 특성을 동시에 같은 정도로 가지고 있을 때 부적 특성이 인상형성에 더 많은 영향을 주는 경향을 부적 효과(negative effect)라 한다. 따라서 이 경우에는 평균 원리가 적용되지 않는다. Hamilton과 Zanna(1972)의 연구에서 보면 사람들은 정적 특성에 기초한 평가보다 부적 특성에 기초한 평가를 더 신뢰하는 경향이 있었고, 특히 그 부적 특성이 극단적인 경우 부적 효과의 영향은 매우 커진다.

선거에서 후보자에 대한 유권자들의 평가는 후보자들에 관한 악성 정보에 의해 크게 영향을 받는다. 따라서 한 후보의 다른 특성이 아무리 좋아도 한 가지 강력한 부정적 정보가 당락을 결정할 만큼 매우 큰 영향을 미칠 수 있다. 대다수의 한국 남자는 병역의무를 지므로 병역비리 문제는 치명적일 수 있고, 그밖에 뇌물 수수, 성적 타락 등은 다른 능력이 아무리 뛰어나도 이를 극복하기 어려운 것이다.

⑤ 긍정적 편향

이는 다른 사람들에 대해 긍정적으로 평가하는 경향으로 이를 Martin과 Stang(1978)은 낙천성의 원리(pollyana principle)라는 말로 설명했다. 즉, 사람들은 좋은 일, 즐거운 경험, 좋은 사람, 좋은 날씨 등에 접하면 기분이 좋아진다. 또, 스스로 기분이 좋아질 것이라고 암시를 준다. 따라서 유쾌한 정서를 유발하는 일을 자신이 만들려 하고, 불쾌한 것보다는 유쾌한 것을 더 지각하는 경향이 있다. 이런 경향을 폴리아나 현상이라고 한다.

⑥ 유사성 가정

타인을 자기와 비슷하다고 판단하는 경향으로 이는 자기고양 편파의 영향으로 다른 사람이 자기와 유사한 태도를 지닌다고 생각함으로써 자기가 괜찮은 사람이라고 생각하려는 동기에서 나온 것이라고 볼 수 있다.

⑦ 내현 성격이론

사람들은 다른 사람을 판단할 때 개개인이 대인 경험을 통해 터득했거나 민간의 속설, 관상학, 독서 등을 통하여 형성한 나름대로의 틀을 가지고 판단을 하게 된다는 주장이다. 타인에 대한 인상을 형성하거나 판단할 때 대부분의 사람들이 이런 개인적 성격 특성이 작용하고 있다는 사실을 의식하지 않거나 못하기 때문에 내현(속으로 나타나는)이라는 표현을 쓴다.

3) 대인지각의 문화 차이

다른 사람에 대해 지각을 할 때 사람들은 자신이 속한 문화에서 강조하는 인간에 대한 개념에 따라 지각을 하는 경향이 있다. Korten(1974)이 미국인과 이디오피아인을 비교한 결과 미국인은 타인을 능력, 지식, 성격 측면에서 기술하고, 이디오피아인들은 타인과의 관계 상황에서 보이는 행동, 그들이 지닌 의견이나 태도 등 상황과 결부된 면에서 기술하는 경향이 있음을 볼 수 있었다.

또한 Bond(1991a)의 연구에서 보면 중국인들은 스스로나 타인의 성격을 추측할 때 5가지 차원에서 파악하는 경향이 있다고 한다. 즉,

(1) 사회지향적-개인지향적
(2) 유능-무능
(3) 외향적-내향적
(4) 자기통제적-충동적
(5) 낙관적-비관적

이 중 가장 중요하게 여겨지는 특질이 사회지향적인 측면으로 사회지향적인 사람은 충직하고, 부드럽고, 친절하고, 이기적이지 않고, 기회주의적이지 않고, 진솔하다고 여겨지는 경향이 있다고 한다.

우리나라의 경우(이상로, 1984), 한국인의 인간관계는 혈연과 지연과 같은 한정된 대상 간에는 발달되고 있는 듯하나 그 대상을 넘어선 사회 일반이나 직무나 직종에 직접, 또는 간접으로 관계되는 모든 대상에까지의 인간관계는 다소 소홀한 관계태(態)를 보여주고 있는 것으로 파악된다.

2. 대인매력

대인관계 이론의 하나인 매력이론(attraction theory)은 개인적인 매력이 대인관계 형성에 중요한 변수로 작용한다는 이론이다. 어떤 사람에게는 매력을 느끼고 다른 사람에게는 그렇지 않다. 마찬가지로 어떤 사람은 당신에게 매력을 느끼고, 어떤 사람은 그렇지 않다.

대인관계를 시작할 때 우리는 그들에 대하여 더 좋아하는 감정, 또는 더 싫어하는 감정을 갖게 된다. 이러한 감정은 가끔 매우 변덕스러운 것 같으나 실제로는 물리적 근접성(신체적 근접성), 유사성, 신체적 매력, 자신에 대한 상대방의 호감과 같은 요인에 의해서 영향을 받는다.

물리적 근접성은 관계를 맺기 시작하는 단계에 있어서 특히 중요하다. 우리는 가까이에 살고 있는 사람, 같은 학교를 다니는 사람, 또는 같은 회사에서 일하는 사람에게 끌리기 쉽다. 그 이유는 물리적인 가까움이 좀 더 큰 상호반응을 일으키기에 편리하고, 따라서 자연적으로 그들을 좋아하게 되기 때문이다.

어떤 사람이 자신과 얼마나 유사한가에 따라 그에 대한 매력도 증가된다. 신념이나 태도 또는 사회적 배경이 같은 사람을 만날 때 그렇지 않는 사람보다 그들에게 더 호감이 가는 경향이 있다.

서로 좋아하는 것은 대인매력에 있어서의 또 다른 효과적인 힘이다. 즉 우리는 우리 자신과 비슷한 사람을 좋아할 뿐만 아니라 우리를 좋아하는 사람을 좋아한다.

신체적 매력은 확실히 우리가 다른 사람을 좋아하게 되는데 있어서 중요한 요인이 된다. 훌륭한 신체적인 매력을 지닌 사람에게 더 매료된다는 것은 상식적인 얘기다. 전체적인 대인매력에 있어서 신체적 매력의 효과는 각 개인과 성별 그리고 문화적 배경에 따라 다르다.

친숙의 정도 역시 대인매력에 영향을 미친다.

대인매력의 5가지 요인을 좀 더 구체적으로 살펴보면 다음과 같다.

1) 유사성(similarity)

유사성의 원리에 따라 대인관계가 이루어지는 경우 상대방은 모습, 행동, 생각이 당신과 매우 유사할 가능성이 높다(Burleson, Samter, & Luccetti, 1992). Pornpitakpan (2003)의 연구에서 보면 일반적으로 사람들은 국적, 인종, 능력, 신체적 특성, 지능, 그리고 태도 면에서 자신들과 비슷한 수준의 사람들을 좋아하는 경향을 보인다는 것이다.

또한 사람들은 전반적인 외모나 인종, 태도가 비슷한 사람을 돕는 것을 더 좋아한다는 연구가 있다. 심지어 같은 성(姓이)이나 이름에 더 매력을 느낀다. 예를 들어, 받은 이메일(식습관에 대한 설문지에 답해 주기를 부탁하는)이 보낸 사람과 받는 사람이 같은 성이거나 이름일 경우 요구서에 더 적극적으로 반응하고 동의했다(Gueguen, 2003).

Kandel(1978)이 미국의 고교생 2,000명을 대상으로 가장 친한 친구를 제시하게 하고, 그와 친구에 대한 신상 정보를 파악하여 비교해 본 결과 이들은 성, 학년, 나이, 인종, 성적, 마약에 대한 태도 등에서 매우 유사한 것으로 나타났다. Rosenblatt와 Greenberg(1991)는 우울한 사람들은 우울한 사람을 친구로 하는 경향이 있음을 밝히기도 하였다.

한편, 두 사람 간의 태도나 신념의 유사성은 우정을 지속시키는데 긍정적으로 작용한다. 그러나 이보다는 취미나 활동 분야의 유사성이 더 큰 비중을 갖는 것으로 나타났다. 이와는 달리 서로 대조되는 태도나 성격을 지닌 사람들이 잘 어울리는 현상(상보성의 원리)도 부분적으로 관찰할 수 있다. 때때로 사람들은 자신들과는 정반대인 상보성을 가진 사람에게 끌린다. 예를 들어 지배적인 사람은 순종적인 사람에게 끌린다. 그러나 일반적으로 사람들은 비슷한 사람을 더 좋아한다.

2) 근접성(proximity)

당신이 찾은 매력적인 사람들의 주변을 보면, 당신은 아마도 당신 가까이에서 일하거나 살고 있는 사람을 찾을 것이다. 친구가 된 사람은 서로 많은 상호교류의 기회를 가진 사람이다. 근접, 즉 신체적 근접은 초기 상호작용 단계에서 매우 중요하다.

3) 강화(reinforcement)

'나라 임금이 없어서 진상을 받나?'라는 속담이 있다. 무언가 보상을 주는 사람에게 끌리는 것은 일반적인 현상이다. 칭찬이나 상 등의 보상을 주는 사람에게 끌리며 당신에게 특별한 친절을 보인 사람을 좋아하게 된다. 호감을 보이는 상대방에게 끌리는 것이다.

4) 신체적 매력과 성격(physical attractiveness & personality)

신체적으로 매력이 없는 사람보다 매력이 있는 사람이 쉽게 감지된다. 신체적 매력이 문화의 영향을 받기는 하지만 몇몇 연구는 모든 문화에서 일반적인 매력의 일종으로 신체적 매력이 통용되고 있음을 지적하고 있다(Brody, 1994). 또한 일반적으로 불쾌한 성격보다는 유쾌한 성격을 지닌 사람을 더 좋아한다.

Green 등(1984)은 데이트 알선 회사에 신청서를 낸 남녀에게 여러 상대를 제시하면서(사진, 신상 정보, 자기소개 내용 등을 포함) 그 중에서 가장 호감이 가는 사람 5명과 가장 만나고 싶지 않은 사람 5명을 고르게 하였다. 그리고 각 사진에 대한 신체적 매력도를 평가하도록 하였다. 그리고 나서 외모, 신상 정보, 자기소개의 내용에 나타난 정보 등과의 상관관계를 살펴보았더니 상관이 가장 높은 것이 신체적 매력이었다.

앞서 후광효과를 설명한 바 있다. 어떤 사람이 한 가지 긍정적, 또는 부정적인 특성을 가지고 있을 때 이와는 아무런 관계가 없는 다른 긍정적, 또는 부정적 특성을 가지고 있을 것이라고 생각하는 현상을 말하는데, 똑같이 나쁜 짓을 저지른 경우라도 귀엽게 생긴 아이가 저지른 경우 평범하게 생긴 아이보다 더욱 관대하게 대하는 일 등이 이에 해당한다. Clifford와 Walster(1973)의 연구에서 보면 똑같은 성적을 받아도 예쁘고 귀엽게 생긴 아이가 더 똑똑하다고 여겨진다는 것이다.

한편, 매력적인 사람과 함께 있으면 스스로의 가치가 더 높아질 것으로 기대하게 되는데 이러한 현상을 방사효과(radiation effect)라 한다. Kernis와 Wheeler(1981)는 실제로 매력 없는 사람과 어울리는 것보다 매력적인 사람과 어울리는 경우 제삼자에게 더욱 호감을 사는 것으로 나타났다는 연구 결과를 보고하기도 했다.

신체적 매력이 모든 경우에 우호적으로 나타나는 것은 아니다. 미국에서의 한 연구에 의하면 도둑질을 한 경우는 매력적인 여자에게 더욱 가벼운 형량이 부과되는 경향이 있었으나, 사기를 쳤을 경우에는 매력적인 여자에게 훨씬 더 무거운 중형을 제시하였다. 우리의 사회적 통념에 비추어 보아도 이른바 '꽃뱀'에 대해서는 그 여자의 빼어난 미모에도 불구하고 아주 나쁜 여자로 치부하는 경향을 볼 수 있다. 이러한 현상은 남자에게도 적용되는데 이른바 '제비'가 이에 해당된다 할 것이다.

김혜숙(1993a)의 연구에서 보면 우리나라의 경우는 매력적인 여자에 대해 반드시 좋은 고정관념만을 갖고 있지 않다. 오히려 얼굴이 예쁘면 머리가 비었다든지, 팔자가 세다라든지, 정이 없다, 차갑다, 허영적이다, 성격이 나쁘다라고 생각하는 경향이 있다.

5) 친숙성

대학생들에게 여러 장의 얼굴 사진을 보여 주었다. 어떤 사진은 한두 번 어떤 사진은 25번 정도 반복적으로 제시하였다. 나중에 학생들에게 각 사진을 보여주면서 어떤 사람에게 호감이 가는지를 평정하도록 한 결과, 많이 노출된 얼굴일수록 호감이 증대함을 볼 수 있었다. 그러나 Perlman & Oskamp(1971)의 연구에서 보면 자극 인물을 과학자, 편의복을 입은 사람, 형사 사건 피의자로 선정을 해서 10번 보여주고 그에 대한 평가를 하게 하였더니 형사사건 피의자의 경우는 많이 노출되어도 호감이 증가하지 않거나 오히려 감소하였다.

제 5 장

귀인이론

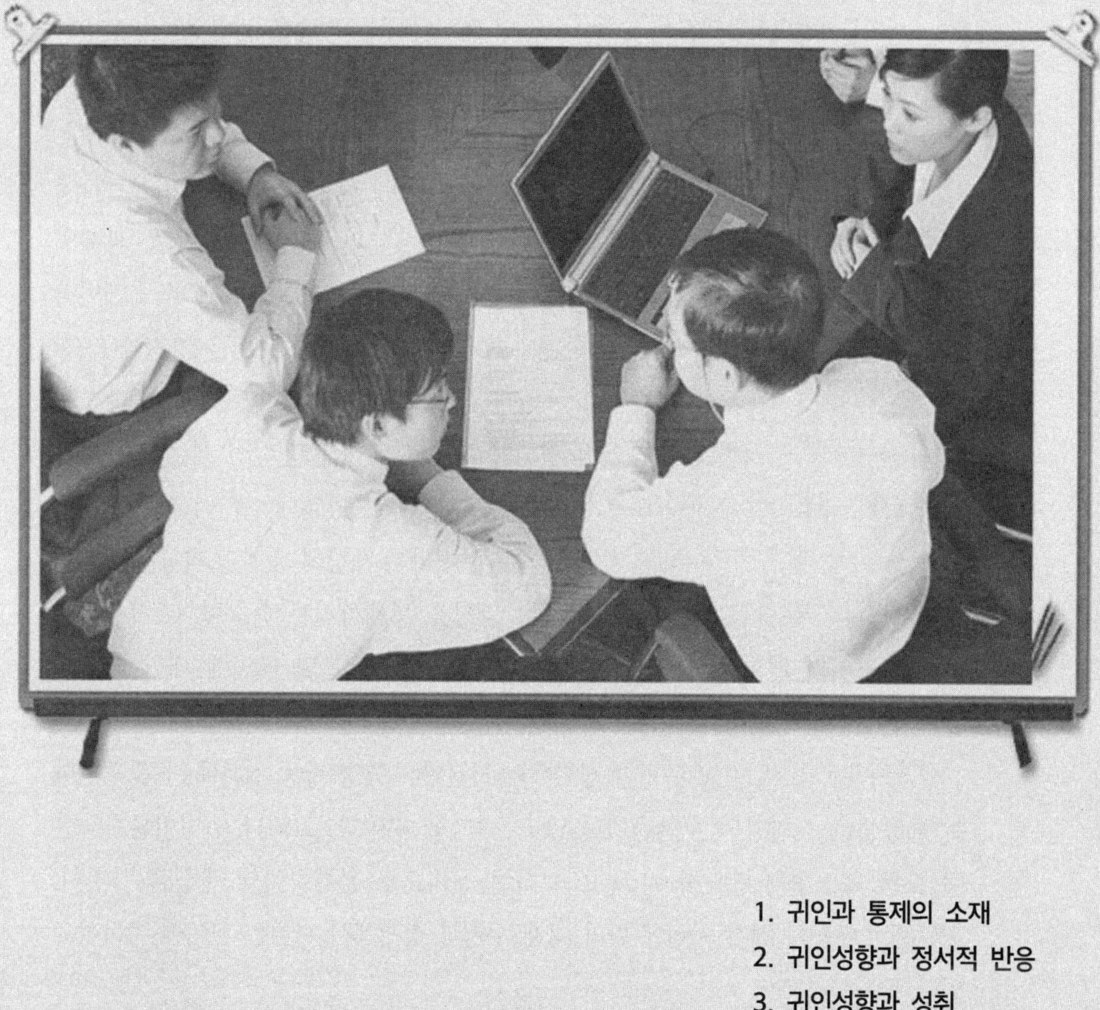

1. 귀인과 통제의 소재
2. 귀인성향과 정서적 반응
3. 귀인성향과 성취
4. 귀인이론과 인간관계
5. 기대효과

1. 귀인과 통제의 소재

귀인(attribution)이란 사건이나 행동의 결과를 놓고 그 결과에 작용한 원인을 탐색하는 행위를 의미한다. 즉, "……는 ……의 탓이다"라는 진술은 귀인행동을 설명하는 적절한 표현일 수 있다. 귀인이론은 관찰된 행동의 동기를 추리하려는 시도로서, 사건이나 행동 결과에 대해 인간이 내리는 원인론적 해석을 다루는 이론이다.

이 이론은 개인의 귀인 양식이 그 자신의 행동에 어떠한 영향을 미치는가에 관심을 두고 있다. 예컨대 사람들이 성공, 혹은 실패의 책임이나 원인을 과제의 성질, 노력, 능력, 혹은 운세 등 어디에 주로 귀인시키고 있으며, 그에 따라 개인의 성취수준과 행동 및 정서와 어떠한 관계를 가지는가에 대해 관심을 가진다(교육학 용어사전, 배영사, 1981).

Heider(1964)는 사람들은 타인의 행위가 행위자의 내면적 속성 때문인지 그가 처한 상황 때문인지를 파악하고자 하는 동기를 갖고 있는데, 그 이유는 인간이 지닌 두 가지 욕구 때문이라는 것이다. 즉, ① 하나는 세상에 대해 조리있는 이해를 하고자 하는 욕구이고, ② 다른 하나는 환경을 통제하려는 욕구이다. 자신이나 타인의 행위의 결과를 어떻게 귀인하는가에 따라 자신 및 타인에 대한 태도가 달라지게 되는 것이다.

일상생활에서, 또는 교수-학습 상황에서 사건이나 특정 행동 결과에 대해 귀인하는 내용들은 귀인자의 수만큼이나 많고, 다양할 것이다. 그러나 귀인이론가들은 이 모든 요소들을 단순히 기술하기보다는 질적으로 분류하는데 관심을 가지며, 귀인하는 내용의 질적 차이에 따라 과제 수행과 정서에서 보이는 차이에 주목하고 있다.

이들이 제시한 대표적인 귀인요소로는 능력, 노력, 과제곤란도, 운 요인이 있으며, 이 요인들을 속성별로 분류하는 데 주로 이용되는 준거는 통제의 소재(locus of control)와 안정성(stable) 차원이다. 이에 더하여 Weiner(1979)는 귀인요소를 확장하고, 통제성이라는 새로운 준거를 포함시켜 귀인요소들을 다음의 〈표 5-1〉과 같이 분류하고 있다.

표 5-1 귀인요소의 분류체계

분류체계	내적		외적	
통제성	안정	불안정	안정	불안정
통제 가능	지속적 노력	일시적 노력	교사의 편향	타인의 도움
통제 불가능	능력	능력	과제 난이도	운

첫째, 통제의 소재(locus of control) 차원은 개인이 행동이나 사건결과의 원인을 추론함에 있어서 그 원인을 행위자의 내적 상태(internal status)로 귀인할 것이냐, 아니면 외적 세력(external force)에로 귀인할 것이냐에 관한 것이다(Freedman et al., 1981). 이 차원은 귀인 성향을 분류함에 있어서 가장 일반적으로 적용된 준거이다. 성취 결과의 원인 중 능력, 노력, 기분, 성격특성, 태도, 동기, 피로, 질병 등과 같은 요인들은 외적 요인들에 해당된다. 이 개념은 Heider(1964)가 개인 내적인 요인인 능력, 노력, 그리고 외적 요인인 환경적 요인을 행동 결과의 중요한 귀인 · 요소로 본데서 비롯되었으며, Rotter(1966)가 통제의 소재라는 개념을 도입하여 인간의 귀인성향을 내적 통제 성향과 외적 통제 성향으로 분류하면서 일반화되었다.

둘째, 안정성 차원은 귀인하는 내용들이 시간에 걸쳐 변화할 수 있는 것인지에 관한 것이다. 학업성취 상황에서 비교적 안정성이 높은 귀인요소들은 능력, 과제 난이도 등이며, 불안정한 용인으로 분류되는 것은 노력, 기분 피곤, 질병, 운 등이다. 이 차원은 귀인성향과 후속 성취 기대 및 정서 간의 관계를 밝히는데 많이 적용된 차원이다.

셋째, 통제성 차원은 귀인하는 내용들이 행위자의 입장에서 볼 때 통제가 가능한 것인지에 따라 분류된다. 예컨대, 자신의 노력과 같은 것은 개인의 통제 하에 있는 것이지만, 능력이나 과제 곤란도와 같은 것은 개인 통제 밖에 있다. 이 차원은 귀인 성향과 성취 상황에서의 과제 관련 정서 간의 관계를 규명하는데 많이 적용되어 왔다.

2. 귀인성향과 정서적 반응

귀인성향은 정서적 특성 및 성취와 관련된 정서적 반응, 기대, 성취동기와 같은 요인들과 밀접히 관련되므로, 인간관계는 물론 학습의 측면에서도 중요한 의의를 갖는다. 자아개념은 내적 귀인성향과 정적 상관이 있으며(Gordon, 1977), 자아개념과 직접적으로 관련된 구인인 자존감 역시 내적 귀인성향과 정적 상관을 갖는다(MaQsud, 1983). 또한 귀인성향에 따라 성취 상황에서 발생하는 정서적 반응이 다르게 나타나는데, 성공을 외부 귀인하면 감사와 놀라움을, 내부 귀인하면 자부심, 확신감, 만족감을 느낀다.

실패를 외부 귀인하는 경우에는 분노, 놀라움, 적개심을 나타내고, 내부 귀인하면 죄의식, 후회, 목적의식의 상실과 같은 부정적인 정서 반응을 일으킨다(Weiner, Russel & Lerman, 1979).

Forsyth와 McMillan(1981)은 성공을 내부 귀인하고 실패를 외부 귀인하는 학습자가 자신에 대해 긍정적인 정서반응을 보이지만, 특히 성공을 통제 가능한 요인인 노력에 귀인했을 때 자신에 대해 더욱 긍정적인 정서반응이 일어난다고 봄으로써 통제성 차원을 추가하였다.

Wolfolk(1990) 역시 성공적인 성취 결과를 통제 가능한 요인으로 귀인시키는 사람은 그 성취에 자부심을 느끼게 되며, 장래의 성취 상황에도 성공적일 것이라고 믿게 되지만, 자신의 성취가 통제 불가능한 요인과 관계가 있다고 지각하면 그는 단지 고마움을 느끼며, 그러한 행운이 지속되기를 바라게 된다고 했다.

능력 귀인과 노력 귀인은 같은 내부 귀인이면서도 각기 다른 정서적 반응을 일으킴으로써 관심의 대상이 되어왔다. Weiner와 Kukla(1970)는 능력과 노력 모두 개인 내적 귀인요소이지만 능력 귀인보다 노력 귀인이 정서 표현과 더 밀접한 관련성이 있음을 밝혔다. 성공에 대해 노력 귀인을 했을 때에는 강한 자부심을 경험하지만, 실패를 노력 결여에 귀인했을 때에는 수치심을 가진다는 것이다.

그러나 노력을 적게 했다는 사실이 수치심을 증가시킨다는 이들의 연구 결과와는 달리 Covington과 Omelich(1979)는 능력 귀인이 오히려 많은 노력 귀인보다 성공에 대해서는 더 큰 자부심을 주고, 실패에 대해서도 더 큰 수치심을 일으킨다고 했다. 이러한 가정은 자기 가치이론에 근거한 것이다. 즉, 미국 사회에서 능력과 개인의 가치를 동일시하는 경향 때문에 사람들은 노력 결여보다 오히려 능력 결여에 상대적으로 더 수치심을 느낄 수 있다는 것이다.

한 연구에서 보면 미국에서 사회경제적으로 상층부의 사람들은 대체로 내적 통제 귀인성향을 보이고, 낮은 위치의 사람들은 외적 통제 귀인성향을 지니고 있음을 보였다. 사회 상류층에서는 아이들을 양육할 때 자조, 자립, 독립적 판단을 고취시키고 사물, 사건의 발생 원인에 대하여 의문을 갖도록 하는데 비해, 하층부의 사람들은 말 잘 듣기, 방정한 품행 등을 중시하는 것으로 나타났다. 이러한 양육태도 차이가 귀인 통제성향의 차이로 나타나는 것으로 보인다.

Mizokawa와 Ryckman(1990)은 미국 내 아시아계 아동들 2,500명에게 하나의 각본을 주고 주인공이 학과목에서 성공 또는 실패한 경우 그 이유를 물어 보았다. 그 결과 아시아계는 노력 귀인을 상대적으로 많이 하는 것으로 나타났다. 특히 한국과 일본, 중국계 아동들이 노력 귀인을 가장 많이 하는 것으로 나타났다. 아시아계 미국인이 학습된 무기력증에 빠지는 경향이 덜한 것으로 보고되는 것은 이러한 귀인의 특성과 관련시켜 볼 수 있다.

한국의 경우 박영신(1987)의 연구에 의하면, 한국 학생들은 실패를 능력의 부족보다는 노력의 결여에 귀인했을 때 죄책감, 수치심과 같은 부정적인 정서를 더 강하게 느끼며, 모든 발달단계의 학생들이 능력보다는 노력을 더 가치로운 것으로 지각하고 있음을 밝혔다.

일반적으로 학습자가 성공을 내적 요인과 안정적 요인으로 귀인할수록 후속 성취 기대가 높은 것으로 알려져 왔다. Rotter(1966)는 능력과제(skill task)에서의 성취 결과를 내부 귀인하게 되면 규칙적인 기대 변화가 일어나고, 우연과제(chance task)에 대한 외부 귀인은 불규칙적인 기대 변화를 초래한다고 봄으로써, 통제의 소재에 대한 신념 여하에 따라 후속 성취 기대가 달라짐을 시사했다.

이와 함께 Weiner(1985)는 통제의 소재 차원뿐만 아니라 안정성 차원이 후속 기대 변화에 작용하는 중요한 요인으로 보았다. 즉, 안정성 차원은 그 속성상 미래의 성취 기대와 직접적으로 관련이 있다. 성공(또는 실패)을 안정적 요인으로 기대하는 사람은 미래의 유사한 과제에서도 성공(또는 실패)을 기대할 것이다. 그러나 성취 결과를 불안정 요인으로 귀인하는 사람은 장래의 유사한 과제에 직면할 때, 그 성취 결과가 불규칙하게 변화할 것으로 생각하게 된다.

귀인성향은 성취동기와 과제수행 태도와도 관련되므로 성취에 직접적인 영향을 미친다. 일반적으로 개인에게 일어나는 일들이 자기의 행동에 의해 결정되는 것으로 믿는 내재적 통제자가 더 높은 성취동기를 가진다.

Weiner(1970)는 성공 접근 동기가 강한 사람은 실패 회피 동기가 강한 사람에 비해 성공적인 결과의 원인을 능력이나 노력과 같은 내적인 것에 귀인하는 경향이 있으며, 반대로 실패 회피 동기가 강한 사람은 성공을 과제의 쉬움과 운과 같은 외적인 요인에, 그리고 실패는 능력의 부족과 같은 내적인 용인에 귀인한다고 했다. 또한 성공적인 상황에서 성취동기가 높은 사람은 내적이면 안정적인 요인에 귀인하고, 실패 상황에서는 성취동기가 높을수록 실패한 결과를 노력 결여나 불안정한 요인에 귀인하며, 성취동기가 낮을수록 실패를 안정된 요인인 능력의 결여에 귀인한다고 했다.

귀인성향은 과제수행 태도에도 영향을 미친다. Weiner(1973) 등이 과제 수행 강도(強度)와 귀인성향과의 관계를 분석한 결과에 의하면, 실패를 안정적 요인인 능력 결여나 과제 곤란도로 귀인하는 사람보다는 불운이나 노력의 결여로 귀인하는 사람이 더 강한 강도를 가지고 과제를 수행하였다. 따라서 이들은 노력 귀인이 성취 관련 활동의 방향과 정도와 지속도를 결정하는 중요한 요소라는 결론을 내렸다.

3. 귀인성향과 성취

귀인성향은 개인의 성취 수준과도 밀접한 관계가 있는 것으로 보고되고 있다. Bar-Tal과 Bar-Zohar(1980)는 학업성취와 내적 귀인성향과의 상관관계에 관한 연구 36편 중 31편의 연구는 정적 상관을 보였고, 1편은 부적 상관, 나머지 4편은 무의미한 상관을 보이고 있음을 지적하여 귀인성향과 학업성취가 의의있는 상관이 있음을 지지하였다.

한편, 일부 연구들은 귀인성향이 교육에 의해 변화될 수 있음을 주장한다. Kukla (1972)는 한 피험자 집단에게는 성공적인 성취 결과가 능력과 노력이 모두 성취 결과와 직결됨을 주지시켰다. 그 결과 능력을 중요시한 집단에서는 성취동기가 높든 낮든 모두 과제를 해결하려는 노력을 보이지 않은 반면, 능력과 노력을 모두 강조한 집단에서는 성취동기가 높은 사람이 낮은 사람보다 과제수행이 향상됨을 밝혔다.

보다 직접적인 실험적 방법을 동원하여 귀인조작을 한 연구들이 있다. Abramson(1978) 등은 통제 불능성을 야기한 요인이 매우 안정적인 속성을 가질 귀인조작은 통제 불가능한 경험에서 유발되고, 그것이 귀인조작이란 조작자에 의해 하나 또는 그 이상의 귀인요소가 선택되고, 그 요인에 사람들이 귀인하도록 피드백이나 지시(instruction)를 주어 기존의 귀인성향을 변화시키는 것이다.

Medway와 Venino(1982)는 실패 상황에서는 “좀더 열심히 해야겠군요”라는 피드백을 주고, 성공했을 때는 “좋아요, 정말 열심히 했군요”라는 실의 노력 피드백을 제공한 결과, 과제 지속성이 향상됨을 밝혔으며, Andrew와 Debus(1978)는 아동에게 노력 귀인을 하도록 강화하면, 사회적 강화를 받은 학생에 비해 결코 성취 행동의 지속성이 뒤떨어지지 않음을 밝혔다. 다른 상황에서도 일반화되는 것으로 보이는 학습된 무력감(learned helplessness)을 완화시키는 데에도 이용될 수 있다. 경우 미래의 통제 불능성은 계속된다고 했다. 이에 근거하여 이들은 통제 불능성을 치료하는 방안으로 학습자의 성공 경험에는 내적, 안정적, 일반적 요인으로 귀인을 조작하고(학습자의 능력, 노력 등을 칭찬해 줌), 실패 경험에는 외적, 불안정적, 특수적 요인으로 귀인을 조작(운이 나빴다는 등)할 것을 제안했다.

또한 Dweck(1975)은 학습된 무력감을 겪고 있는 아동을 두 집단으로 분류하여 한 집단의 아동에게는 성공만을 경험하는 실험처리를 하고, 다른 집단의 아동들에게는 실패의 원인을 노력 부족으로 귀인시키는 처치를 한 결과, 노력 피드백을 받은 아동들은 성취가 향상되거나 유지되었지만, 성공만을 경험하는 처치를 받은 아동들은 성취가 낮아지는 현상을 발견했다.

귀인성향과 관련된 내용을 요약하면 다음의 〈표 5-2〉와 같다.

표 5-2 과제수행 상황별 귀인유형이 학습행동에 미치는 영향

수행결과	귀인유형	귀인요소	정서적 반응	학습행동
성공	내부 귀인(P)	노력, 능력	유능감, 자신감, 만족감	
	외부 귀인(N)	가정환경, 교사의 편향, 타인의 도움, 과제난이도	감사, 놀라움	
실패	내부 귀인(N)	노력, 능력	죄의식, 후회, 목표 상실감	
	외부 귀인(N)	가정환경, 교사의 편향, 타인의 도움, 과제난이도	분노, 놀라움, 자존감 훼손	
성공	통제 가능 귀인(P)	노력	자기효능감 및 자존감, 통제감 고양, 성공기대	과제몰입형–학습결과보다는 과제를 완성하는 데 관심을 더 가지며, 과제성취를 위해 보다 많은 노력과 몰입을 한다. 완숙지향학습–학습결과보다 성취에 가치를 두고 목표에 집중한다. 도전적인 과제 선호

수행 결과	귀인 유형	귀인요소	정서적 반응	학습행동
	통제 불능 귀인(N)	능력 (주로 지능)	자기효능감, 자존감, 성공 기대가능하나 기대가 지나칠 수 있다.	자아몰입형학습-자신의 유능감을 유지하기 위해 오히려 노력을 게을리할 수 있다. 실패회피형학습-실패를 염려하여 현재 아는 것에 고착하거나 위험부담을 지지 않거나 실패상황에서 현재의 과제수행에 큰 가치를 두지 않는다. 도전적인 과제 회피
실패	통제 가능 귀인(P)	노력	실패로 인한 정서적 결손이 거의 없다.	과제몰입형학습-과제성취 위해 노력 지속. 완숙지향학습-학습결과보다는 성취에 가치를 두고 학습목표에 집중한다. 미래의 성공 위해 새로운 학습전략을 세우고 분발한다.
	통제 불능 귀인(NN)	능력 (주로 지능)	학습된 무력감, 목표상실	실패수용형학습자-실패가 낮은 능력 때문이고, 그것에 관해 자신이 할 수 있는 것이 전혀 없다고 믿어 학습에 대해 냉담, 무관심, 자포자기한다.

주: P=Positive, N=Negative, NN=Negative & Negative.

귀인성향 이외에도 개인의 신념 체계가 성취동기에 영향을 미친다. 가장 대표적인 신념으로 자기효능감과 능력에 대한 학습자의 신념을 들 수 있다. 자기효능감이란 특정 과제의 성취도에 대한 개인의 기대수준을 의미한다. 자기효능감은 과거의 유사한 경험과 유사한 과제에 대한 타인의 수행 결과를 관찰함으로써 형성된다. 자기효능감은 목표와 지속성에 영향을 주면서 목표수립을 통해서도 성취동기에 영향을 미친다. 만일 주어진 과제에서 높은 자기효능감을 가질 경우 높은 목표를 세우게 되며, 어려움에 처하여 끈기를 보인다.

자기효능감은 귀인과도 관련된다. 주어진 과제에 대해 강한 자기효능감을 가지는 경우 자신의 실패를 노력으로 귀인하는 반면, 자기효능감이 낮은 사람은 그 실패를 능력으로 귀인한다.

능력에 대해 개인이 가지는 신념 역시 수행동기에 영향을 미친다. 일반적으로 능력하면, 지능을 떠올리고, 그 지능은 안정적이고, 선천적이며 통제 불가능한 개인의 특성으로 인식되지만, 이러한 신념은 학습자마다 다를 수 있다. 능력에 대한 신념은 고정적 능력의 견해(entity view of ability)와 증가적 능력의 견해

(incremental view of ability)로 구분된다. 전자는 능력이란 불변하고 통제 불가능한 것으로 인식하는 방식을 말하며, 후자는 능력이 변화 가능하고, 통제 가능한 것으로 인식하는 방식을 말하는 것으로, 그 능력이 노력과 연습에 의해 확장되거나 향상될 수 있다고 믿는 것을 말한다.

이러한 능력에 대한 신념 체계들은 발달과정을 통하여 다르게 나타난다. 예컨대, 초등학교 저학년의 경우에는 능력과 노력에 대한 개념이 미분화되어서 똑똑한 사람들은 열심히 노력하고, 열심히 노력하면 똑똑해질 수 있다고 믿는다. 하지만, 11세 내지 12세 이후에 이르게 되면, 능력과 노력은 뚜렷이 구분되는 개념으로 인식하기 시작하며, 누군가 전혀 노력을 하지 않고도 성공하는 사람이 진짜 똑똑한 사람이라고 믿기 시작한다.

문제는 개개인이 능력과 노력의 개념을 구분하는 것 자체보다는 그들이 능력 있는 사람과 노력하는 사람 중 어떤 유형의 인간을 선호하느냐이다. 일반적으로 초등학생보다는 중등학교 학생들이, 그리고 중등학교 학생들보다는 대학생들이 노력형(hardworker)보다는 능력형(smarter)을 선호하는데, 이는 나이가 들수록 능력에 대한 개인의 신념이 수행동기를 위협하는 중요한 요소로 작용하고 있음을 보여주는 것이다.

4. 귀인이론과 인간관계

1) 귀인행동과 인간관계

귀인이론과 인간관계에 대해 홍성열(2008)은 다음과 같은 설명을 하고 있다. 우리는 어떤 행위를 해석함에 있어서 수동적 관찰자로 만족하지 않는다. 그래서 행위가 개인수준이든 혹은 사회와 국가 수준이든 원인에 대한 해명을 추구한다. 이에 대한 가장 좋은 예가 우리나라 국민의 정치에 대한 관심이다. 우리들의 정치에 대한 관심은 학력, 사회적 지위, 연령에 따라서 별다른 차이 없이 모두가 일가견을 갖는다. 한국인의 이러한 성향은 원인 추구의 행동에서 비롯된 것이라고 해석된다.

사람들은 자신에 미치는 영향이 긍정적이든 혹은 부정적이든 중요한 행위라고 간주되면, 그러한 행위에 대한 원인을 해명하기 원하며 또한 앞으로 그 행위가 일어날 것인지에 대한 예측을 한다. 그리고 행위에 대한 관찰은 직접적인 경우만 포함되는 것이 아니라, 간접적인 관찰까지도 포함한다. 이런 성향이 우리 모두에게 있다는 것은 인간관계에서의 역동성을 의미한다. 즉, 우리들은 능동적으로 서로의 행위에 대한 해명을 추구하고, 또한 예측을 시도한다. 사람들이 이렇게 생각하는 근거는 귀인의 대상이 되는 행위자가 아무렇게나 행동하는 것이 아니라, 어떤 규칙성을 가지고 행동하기 때문이다. 이러한 규칙성 때문에 서로가 능동적 자세로 타인의 행동을 지각하고 이해하려 한다.

귀인이론과 관련하여 인간관계에서 관심을 가져야 하는 또 다른 변인은 행위의도이다. 타인의 행동에 대한 원인을 파악하기 원한다면, 먼저 그 행위의 의도성을 이해하여야 한다. 왜냐하면 의도적 행위는 통상적 사고의 범위를 벗어난 행위가 많기 때문이다. 예를 들어, 처음 만난 사람과 악수를 하는 것이 일반적 행위이지만, 악수를 하지 않는 것은 노골적으로 상대에게 좋은 감정을 갖지 않는다는 것을 표현한 것일 수 있다.

2) 행위의도의 일관성

Ajzen과 Fishbein(1972)의 이성적 행위모형(Theory of Reasoned Action)은 사람들이 이성적으로 행동한다는 가정 하에 태도와 행동 간의 일관성을 결정짓는 요인이 무엇인지를 밝히고자 했는데 태도와 행동은 다음의 세 단계를 거친다.

(1) 1단계

사람의 행동은 의도로부터 예측될 수 있다고 믿는다. 만일 어떤 부인이 자기는 임신되는 것을 피하기 위하여 피임법을 사용하려는 의도가 있다고 말하면, 그녀는 의도하지 않는 어떤 사람보다도 그렇게 할 가능성이 더 크다.

(2) 2단계

행동의도는 두 가지 주요 변인을 통해 예언될 수 있다. 즉, 그 사람의 행동에 대한 태도(그녀는 피임이 바람직한 조치라고 생각하는지)와 타인들이 그녀가 어떻게 해야 하는가(그녀의 남편은 그녀가 그렇게 하는 것을 원하는가)에 대한 그녀의 지각에 달려 있다.

(3) 3단계

행동에 대한 태도들은 친숙한 기대-가치의 틀을 사용해서 예언된다. 태도는 행동의 각 결과가 일어날 확률이 얼마나 되는가와 행동의 결과가 얼마나 좋은가의 함수이다.

이 모형은 또한 사람의 타인의 선호에 관한 신념과 그 사람이 그것에 따르려는 동기의 측면에서 '주관적 규범'이라는 예언요인을 제시하고 있다.

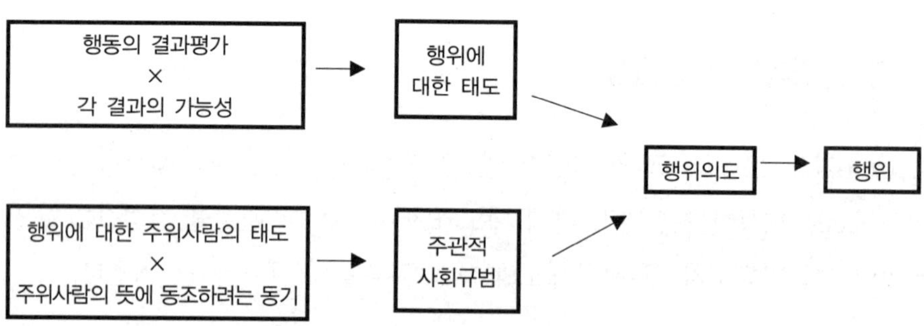

[그림 5-1] 태도와 행위 간의 관계

5. 기대효과

기대효과는 귀인이론과의 직접적 관련성이 있는 것은 아니지만 상대방에 대한 기대의 형태와 수준이 그의 행동에 적지 않은 영향을 미칠 수 있다는 점에서 이 절을 통해 소개하고자 한다.

특정 학생(또는 조직원) 자신이 설정한 도달 목표는 포부수준이 되고, 그 특정 학생(또는 조직원)에 대해 교사(상사)가 갖는 예상 기대 도달 목표는 기대수준이 된다. 교사가 자기 자신에 대해서 믿는 것과 학생들에 대해 믿는 것(기대하는 것)이 학습의 효율성을 결정짓는 중요한 요인이 된다. 콤즈(Combs, 1969)는 교사의 자기 자신에 대한 태도나 학생들에 대한 태도는 그의 교수 방법이나 숙련의 정도, 학습자료 못지않게 중요한 학습의 변인임을 지적한 바 있다.

기대효과는 직장에서 상사가 부하 직원에게 거는 기대에도 교사-학생간의 관계처럼 그대로 적용된다. 부모와 자녀 간에도 마찬가지로 작용한다.

Rosental과 Jacobson(1968)의 연구 결과에서 비롯된 이른바 피그말리온 효과(Pygmalion effect)는 교사의 학생에 대한 기대가 학생의 성취에 적지 않은 영향을 미치는 데 대한 대명사처럼 쓰이고 있다. 자성예언(自成豫言), 자기수행 예언, 자기충족적 예언(self-fulfilling prophecy) 등으로 불리우는 이 개념은 교사가 학생을 유능하다고 보면 그들에 대한 기대감이 높아지고, 또한 그 기대에 맞는 지도를 하게 되며, 따라서 학업성취가 증대된다는 것이다. 반대로 학생을 무능하다고 보게 되면 기대도 없고, 성의 있는 지도도 안하게 되고, 그러니까 낮은 수준의 성취 밖에 이루지 못하게 된다는 것이다.

굳이 연구 결과를 들추지 않더라도 이러한 현상은 몇 번의 전근 경험이 있는 일선교사라면 그런 것 같다고 동의할 수 있는 사항일 것이다.

1) 자기수행 예언

교사가 학생들에게 가질 수 있는 기대효과는 두 가지 유형으로 구분된다. 하나는 자기수행 예언이고, 다른 하나는 기대 지속 효과이다.

Good과 Brophy는 교실에서 자기 수행예언이 일어나는 과정을 다음과 같이 설명하고 있다.

첫째, 교사는 특정 학생에게 특수한 행동과 성취를 기대한다.

둘째, 이러한 기대 때문에 교사는 각기의 학생들을 다르게 취급한다.

셋째, 교사의 이러한 각기 다른 취급 행동은 교사가 학생들에게 무언가 다른 행동과 성취를 기대하고 있다는 기대감을 전달한다. 그리고 교사의 각기 다른 취급은 학생들의 자아개념, 성취동기, 포부수준 등에 영향을 준다.

넷째, 교사의 학생에 대한 각기 다른 취급이 시간이 경과해도 지속되고, 이를 학생들이 적극적으로 거부하지 않는다면, 교사의 각기 다른 취급은 학생의 성취 및 행동에 영향을 줄 것이다. 즉, 교사의 기대가 높은 학생은 높은 수준의 성취를 이룩할 것이며, 교사의 기대가 낮은 학생은 낮은 수준의 성취를 할 것이다.

다섯째, 시간이 경과함에 따라 학생의 성취와 행동은 교사가 처음에 대상 학생에게 기대했던 수준에 더욱 밀접히 접근할 것이다.

자기 수행예언 효과가 초등학교 1-2학년 수준에서 상대적으로 높게 나타나는 것을 보아서나, 우리의 현실이 모든 학생을 세밀히 관찰하고, 평가를 할만큼 좋은 학교 환경이 아니라는 점을 감안하면, 이 과정이 모든 연령의 우리나라 학생에게 동일한 형태로 적용되는 것 같지는 않다. 그러나 반드시 그렇지는 않더라도, 이와 유사한 경우는 얼마든지 볼 수 있고, 그러한 기대감(?) 때문에 초등학교에서의 치맛바람이 특히 거센지도 모르겠다.

중요한 점은 교사가 개개 학생이 지닌 능력을 잘 파악하고, 이들의 능력을 인정하고(실제로 정박아 등 특수한 일부를 제외한 대부분의 학생들은 과제 수행능력을 갖고 있다) 열심히 가르치면 학업성취는 증대될 것이다. 특히 시골의 소규모 학교나 유사한 처지에 있는 학교에서 가르치는 경우, 학생들의 능력에 대해 회의를 느끼기 쉬운데, 이는 그들이 처한 환경 탓이지 개인적 능력에 원래부터 차이가 있는 것으로 판단해서는 안 될 것이다.

2) 기대 지속효과

때로는 정확할 수도 있고, 때로는 편견일 수도 있는 각기의 학생에 대한 기대는 좀처럼 변하지 않는 속성이 있다. 교사는 자신의 판단이 옳은 것으로 간단히 치부해 버리는 경향이 있는 것이다. 그러한 경향의 일단은 외국이나 우리나라나 대동소이하다.

브라운(Brown, 1976 ; Woolfolk, 1990)이 제시한 다음의 [그림 5-2]를 참조하면 이해가 더 쉬울 것 같다.

교사가 특정 학생에게 부여한 낮은 기대와는 달리, 그 특정학생이 어느 정도 높은 성취를 이루는 경우, 교사가 이를 감지하고 그에 대한 기대수준을 높인다면 바람직한 일이겠으나, 현실에서는 그렇지 못한 경우가 많다. Cooper와 Good(1983)은 이러한 기대 지속효과가 자기 수행예언 현상보다 더 빈번히 발견되는 일이라는 지적을 하고 있다. 한번 교사로부터 불리한 판정을 받은 학생들은 결국 더 높은 성취를 이룰 수 있는 기회를 놓치는 결과가 되는 것이다.

[그림 5-2]는 교사의 기대가 어떻게 형성되고, 그 기대가 어떻게 행동으로 나타나며, 그것이 궁극적으로 학생의 행동에 어떠한 영향을 미치는가를 도식화한 것이다.

학생의 정보에 관한 근원은 학생의 행동으로부터 관찰되는 것과 그밖의 여러 경로를 통해 입수된다. 우리나라의 경우 정보의 상당 부분은 생활기록부와 전년도 담임선생님으로부터 입수되는 것 같다. 이에는 지능지수, 출신 학교나 전년도 성적, 가정의 사회-경제적 지위, 용모 등 여러 가지가 포함된다. 브라운은 이 중에서도 지능이 제일의 영향을 미치는 것으로 보았으나, Yee(1963)에 의하면 학생의 교사에 대한 태도를 결정짓는 것의 1순위는 부모의 사회-경제적 지위였다는 것이다(Goodwin & Sanders: Dembo, 1977에서 재인용). 초등학교 1-6학년 교사를 대상으로 아동의 학업 성취를 예언하는 변인 7가지의 순위를 매기게 했더니 부모의 사회-경제적 지위가 1위, 지능이 2위로 나타났다.

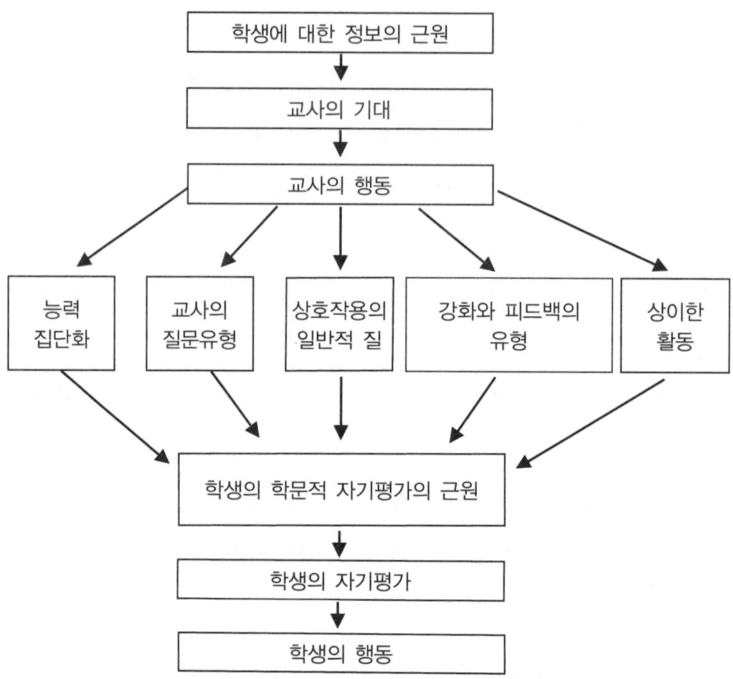

[그림 5-2] 교사의 기대와 학생 행동의 변화

제 6 장

인간관계 형성의 이론과 발전

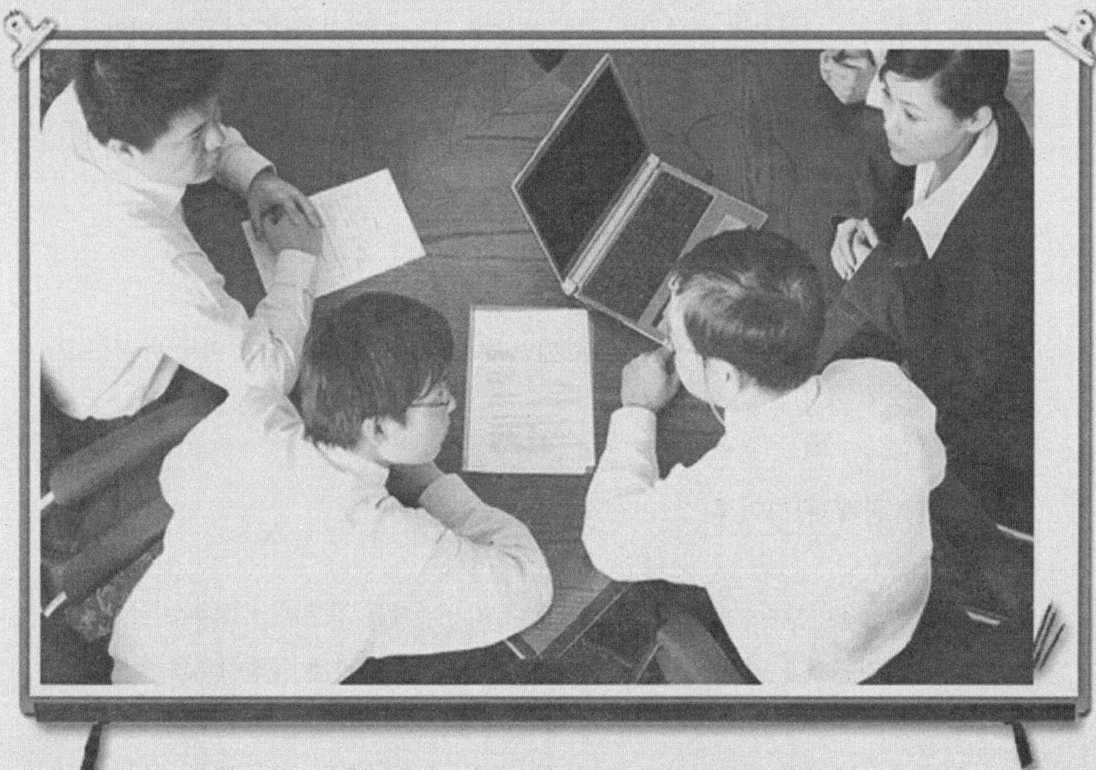

1. 인간관계 형성의 이론
2. 인간관계의 발전
3. 인간관계 행동의 특성

1. 인간관계 형성의 이론

인간관계가 어떻게 형성되고 진행되는가에 대한 이론을 정형화시키는 일은 인간관계가 갖는 다양하고 역동적인 특성 때문에 그리 만만한 일은 아니다. 여기서는 7가지 이론으로 정리를 해 보았다. 매력이론, 관계 규정이론, 관계상충 이론, 사회적 침투이론, 사회적 교환이론, 공평이론 그리고 교류분석 이론이 그것이다.

1) 매력이론

매력이론(attraction theory)은 제4장 대인매력에서 비교적 소상히 다룬 바 있으므로 여기서는 설명을 생략한다.

2) 관계 규정이론

관계 규정이론(Relationship Rules Theory)은 대인관계를 규정하는 내용을 살펴봄으로써 대인관계의 면모를 이해하고자 하는 시도이다. 관계 규정이론의 일반적인 가정은 관계, 특히 사랑과 우정이 어떤 규정을 따름으로써 지속된다는 것이다. 이들 규정이 깨질 때, 관계는 악화되고 심지어 종결될 수도 있다. 관계 규정이론은 우리가 여러 관계 국면을 명확하게 하는데 도움을 준다.

첫째, 이들 규정은 파괴적인 관계 행동을 피하게 하여 성공적인 동일시에 도움을 준다. 또한, 이들 규정은 특히 관계가 왜 깨지고 어떻게 회복될 수 있는가를 더 잘 지적해 준다. 나아가 만약 우리가 지켜야 할 규정이 무엇인지 안다면, 우리는 관계유지와 발달에 필요한 사회적인 기술을 더 잘 터득할 수 있을 것이다. 그리고 이들 규정은 개인과 문화에 따라 다르기 때문에 문화 간의 관계가 더 효과적으로 유지되고 발달되도록 각 문화의 독특성을 확인하는 것도 중요하다.

이를 우정, 사랑, 가족의 세 부분으로 나누어 보기로 한다.

(1) 우정 규정

우정 규정(Friendship Rules)은 우정이 규정(규칙)에 의해 유지된다고 보는 입장이다. Argyle(1986)은 이들 규정을 따를 때, 우정은 강해지고 서로에게 만족을 주며 이 규정이 깨질 때, 우정은 상처 입고 사라지게 된다는 것이다. 예를 들면 우정을 지키기 위한 규정에는 친구의 결석을 막기 위해 대신 일어서는 행동을 한다거나, 성공에 대한 느낌과 정보를 공유하고, 친구를 위해 감정적인 지지를 드러내고, 신뢰하고, 친구에게 필요한 것을 제공하고, 함께 있을 때 친구를 행복하게 해 주려고 노력하는 것이 포함된다.

한편, 우정은 자신이나 서로가 다른 친구와 사귀는 것을 용납하지 않을 때 문제가 생길 수 있다. 제3자에게 비밀을 말하는 것, 긍정적인 지지를 보내지 않는 것, 끊임없이 잔소리하는 것, 즉 신뢰하지 않거나 다른 사람을 신뢰하는 것도 우정을 깨뜨리는 일이다. 우정을 유지하는 전략은 규정에 의거해서 적절한 대인관계 기술을 적용할 수 있는 능력을 갖는 것이다.

(2) 사랑 규정

사랑 규정(Romantic Rules)은 사랑하는 관계에서 지켜야 할 규칙이나 도리를 설명한다. 이들 규정은 문화에 따라 차이가 난다. 예를 들면 중국과 미국대학 학생이 데이트를 할 때 성적 관계와 허용에 대한 다른 태도는 각 집단의 사랑에 대한 규정과 생활 환경에 영향을 받는다(Tang & Zuo, 2000).

Baxter(1986)는 여덟 가지 주요 사랑 규정을 확인한 바 있다. 그는 각각의 규정에 대한 일반적인 형태를 제시하면서 만약 사람들이 닫힌 관계에 있다면 그들은 다음의 8가지를 실천해야 한다는 주장을 하고 있다. 그 8가지는 다음과 같다.

① 상대방의 개인적인 정체성에 대한 인정과 사생활에 대한 이해가 있어야 한다.

② 비슷한 태도, 믿음, 가치 그리고 흥미를 표현해야 한다.

③ 상대방의 자기 가치와 자존감을 높여 주어야 한다.

④ 서로 믿을 만하고 성실하고 개방적이어야 한다.

⑤ 서로 충성심을 보여야 하며 신의를 유지해야 한다.

⑥ 함께 하는 시간이 많아야 한다.

⑦ 다른 사람들과 비교해 보아 손색이 없을 정도로 노력에 상응하는 보상을 주어야 한다.

⑧ 서로의 존재에 대한 신비롭고 불가사의한 매력을 경험하여야 한다.

(3) 가족 규정

가족 규정(Family Rules)은 가족의 정의와 유지의 관점에서 규정의 중요성을 지적한다(Galvin, Bylund, & Brommel, 2007). 가족 규정은 세 가지 주요 대인관계 소통에 관계한다.

① 당신은 당신의 가족 구성원의 행위에 대해 말할 수 있는가, 당신은 가정의 재정 상태에 관해 말할 수 있는가, 할아버지의 음주에 관해 말할 수 있는가, 여동생의 생활에 관해 말할 수 있는가?

② 당신은 어떤 것에 관해 말할 수 있는가, 당신은 형제의 무능에 대해 농담할 수 있는가, 당신은 가족의 역사나 가족의 구성을 직접적으로 연설할 수 있는가?

③ 당신은 삼촌이나 고모나 고모부 같은 확장된 가족원에 대해 개방적으로 말할 수 있는가, 당신은 가족의 건강에 대해 이웃에게 말할 수 있는가?

모든 가족 구성원은 의사소통을 위해 규정을 가르친다. 몇몇의 구성원은 "다른 사람 앞에서 결코 가족에 대해 폄훼하는 발언을 하지 말라 라든가, "다른 사람에게 결코 재정에 관해 말하지 말라"고 명확히 한다. 가족 구성원은 가족의 의사소통 스타일을 배움으로써 규정을 추정한다. 예를 들어, 만약 재정적 문제가 항상 비밀스럽고 조용한 어조로 논의되는 것을 자주 보게 되면 가족의 재정에 대해 이웃이나

면 친척에게 말하지 않을 것이라는 것을 추론할 수 있다.

친구와 애인 사이의 관계를 통제하는 규정과 같은 가족 규정은 해야 하는 일에는 보상을 주고, 하지 말아야 하는 일에는 처벌이 뒤따른다는 것을 보여 준다. 가족 규정은 또한 그 가족을 다른 비슷한 가족과 구별하고 결합단위로써의 가족의 구조를 갖게 된다.

가족 규정이 문화에 크게 영향을 받는다는 사실은 놀랄 일이 아니다. 비록 세계적으로 가족 간에 많은 유사점이 있다고 하지만, 또한 거기에는 차이점도 있다(Georgas et al., 2001). 예를 들어 집단주의 문화의 구성원은 개인주의 문화의 구성원보다 가족을 보호하는 방법으로 다른 사람들로부터 가족의 정보를 감추려는 경향이 더 강하다. 이미 알려진 것처럼, 가족을 보호하려는 경향은 아내 학대의 경우에 심각한 문제를 일으킬 수 있다. 많은 여성들이 학대받는 결혼생활을 알리려고 하지 않을 것이다. 왜냐하면 그들은 학대가 있었다는 사실을 다른 사람이 알아서는 안 되고, 가족의 이미지를 보호해야 한다고 느끼기 때문이다(Dresser, 2005).

가족 의사소통 이론가들은 규정이 특별한 상황에서 적용될 수 있는 유연성을 가져야 한다고 주장한다. 즉 거기에는 가족 저녁시간, 휴가 계획이나 저축 목표의 변경이 필요한 상황이 있다. 규정은 또한 모든 구성원의 협의에 의해서 이루어져야 한다. 즉 모든 구성원은 가족 규제의 부분으로 느껴지는 규정을 수정하는데 참여할 수 있어야 한다.

3) 관계상충 이론

관계상충 이론(Relatio nship Dialectics Theory)은 사람들이 대인관계에서 서로 상반되는 동기와 욕구로 강력한 긴장감을 경험하게 된다고 설명한다. Baxter(1990)는 상충, 또는 대립되는 관계의 양상을 다음과 같이 밝히고 있다.

(1) 폐쇄와 개방 사이의 긴장

폐쇄와 개방은 상호 대립적이다. 배타적이고 닫힌 관계와 다른 사람에게 개방적인 관계 사이에서 바라는 것이 대립하는 데서 생긴다. 당신은 배우자의 배타성을 좋아한다. 그럼에도 불구하고 당신은 넓은 집단과 관계하기를 원한다.

이와 유사하게 보수와 진보, 수구와 개화 사이의 긴장도 존재한다.

(2) 자율과 결합 사이의 긴장

독립된 개인으로서 자율이 보장되기를 바라는 바람과 다른 사람과의 관계에 있어서 친밀하게 연결되기를 희망하는 바람을 포함한다. 결혼은 두 사람 간에 어느 정도의 자율에 대한 구속을 전제로 한 것인데, 독립과 자율을 어느 한쪽이 강하게 주장하면 문제가 발생한다, 이러한 긴장은 자율과 결합을 모두 원하는 독자에게 정보를 주는 여성잡지에서 자주 다루는 화제이기도 하다.

(3) 색다른 경험과 예측 가능한 경험 사이의 긴장

색다른 경험과 예측 가능한 경험 사이의 긴장은 한편으로는 색다른 경험의 모험을, 다른 편에서는 같음, 안정, 예측 가능한 경험을 바라는 대립적인 바람을 중심에 둔다. 당신은 무슨 일이 일어날지 예측할 수 있을 때 편안함을 느낀다. 그럼에도 불구하고 당신은 또한 새로움, 다름, 색다른 경험을 원한다. 은행에 저축예금을 들면 안전하고 보장이 가능하지만 한편으로는 주식형 펀드에 이끌리기도 하고, 가정적인 남편이기를 원하면서도, 한편으로는 대범한 남편이 되기를 기대하기도 한다.

폐쇄-개방 간의 긴장은 거의 관계 발달의 초기단계에서 일어난다. 자율-결합 그리고 색다름-예측가능성 긴장은 관계 과정에서 더 자주 일어난다. 관계에 있어서 각 개인은 욕구가 어느 정도 다른 집단을 경험할 수도 있다. 예를 들어 한 사람은 무엇보다도 독점을 원할 수 있고, 반면에 그 사람의 파트너는 더 개방성을 원할 수도 있다. 때때로 행복한 결합이 협의될 수도 있다. 한편, 이 차이가 조화를 이루지 못한다면, 커플이 관계에 만족하지 못하거나 관계를 해소하는 결과가 발생할 수 있다.

관계상충 이론의 주요 함의는 이들 긴장이 다양한 행동에 넓게 영향을 미칠 수 있다는 것이다. 최초의 관계가 예측 가능한 것이었다고 생각하는 사람들은 다른 곳에서 색다름을 찾을 수도 있다. 즉 색다른 곳으로 휴가를 가거나 다른 파트너와 함께 하는 것을 찾을 수도 있다. 최초 관계가 질식할 정도로 너무 빈틈이 없었음을 깨달은 사람들은 자율의 욕구를 채울 수 있는 심적 · 물리적 공간이 필요할 수도 있다. 이것을 당신이 인식하였을 때, 파트너의 욕구와 마주치는 것은(혹은 자신의 욕구와 마주치는 것) 당신이 직면한 주요 관계 위기 중 하나가 될 것이다.

4) 사회적 침투이론

사회적 침투이론(Social Penetration Theory)의 관심은 관계가 발달하는 이유에 있지 않고, 관계가 발달하였을 때 무슨 일이 일어나는가에 있다. 관계의 폭은 당신과 당신의 파트너가 말하는 수많은 화제와 관련이 있다. 관계의 깊이는 다른 사람에게 개인적인 속마음을 드러내는 정도와 관련이 있다.

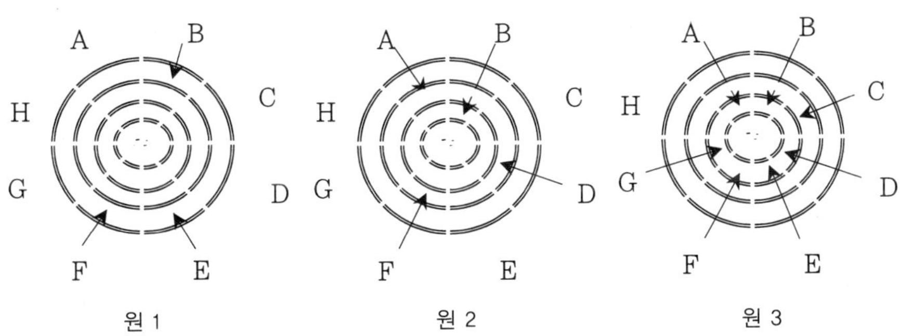

[그림 6-1] 사회적 침투의 수준

[그림 6-1]에서 보는 바와 같이, 개인을 원으로 표현할 수 있고 그 원을 여러 부분으로 나눌 수 있다. 그림의 각 원은 범위가 설정된 여덟 가지 주제 영역을 포함한다(A에서 H까지 정의됨). 원 1을 주목해 보면, 단지 3개의 주제영역만이 표시되어 있다. 이들 중 하나(B)는 첫째 수준에 있고, 둘(E와 F)은 둘째 수준에 있다. 상호작

용 형태로 볼 때, 3가지 주제 영역이 논의되었고, 다소 피상적인 수준이다. 여기에서의 관계 형태는 그냥 아는 사이라 할 수 있다. 원 2는 더 넓고 깊이가 있는 좀더 친밀한 관계를 표현한다. 더 많은 화제가 논의되고 더 깊은 수준의 침투가 있다. 여기서의 관계 형태는 친구 사이라고 볼 수 있다. 원 3은 한층 더 친밀한 관계를 표현한다. 여기서 상당한 넓이(8영역 중 7이 나타남)와 깊이(영역의 대부분이 가장 깊은 수준을 나타냄)를 보인다. 여기에서의 관계의 형태는 애인이나 부부나 부모와 같은 관계라고 볼 수 있다.

관계가 악화되기 시작하면, 깊이와 넓이는 역침투의 과정을 나타낼 것이다. 관계를 종결로 향한다면 당신은 관계 소통을 위한 어떤 주제도 말하려 하지 않을 것이고, 혹 있다 하더라도 깊이 없는 화제만 꺼낼 것이다.

그러나 어떤 특별한 관계 악화의 경우에는 상호작용의 깊이와 넓이가 증가하기도 한다. 예를 들어 커플관계가 깨지고 서로가 압박감을 주는 관계에서 자유로와지게 되면, 파트너들은(얼마간의 시간이 흐른 후에) 그들 간의 문제들을 생각하게 되고 그들이 함께 있는 동안 결코 문제에 관해 논의한 적이 없음을 느낀다. 이러한 경우 애인관계에서 그냥 사이 좋은 친구가 될 수도 있고, 사이 좋은 사업 동료가 될 수도 있다. 이러한 경우의 관계는 관계의 폭과 넓이가 감소하기보다는 증가할 수도 있다(Baxter, 1983).

5) 사회적 교환이론

사회적 교환이론(Social Exchange Theory)은 대인관계의 발달은 자신의 이익이 최대가 될 때 이루어진다고 본다(Thibaut & Kelley, 1986). 이익과 손실이라는 경제 모형에 기초한 이론은 다음의 등식으로 표현된다.

이익 = 보상 - 비용

(1) 보상은 긍정적인 가치를 지닌 관계에서 얻는 것을 말한다. 보상은 음식,

돈과 같은 구체적인 이익뿐만 아니라 인정이나 동의와 같은 좀 더 복잡한 이익도 모두 포함한다. 어떤 사람에게는 보상인 것이 다른 사람의 경우에는 보상이 아닐 수도 있다. 따라서 보상이 될 수 있는 범위는 개인에 따라 폭넓은 차이가 있다. 보상은 얻기 위해 치른 비용이기도 하다. 예를 들어, 돈의 보상을 받기 위해서는 놀기보다는 일을 해야만 한다. 인간관계론 수업에서 A학점을 받으려면 더 열심히 공부하거나 보고서 작성을 잘해야 할 것이다.

(2) 비용은 불쾌함이나 어려움을 고려할 때 당신이 통상적으로 피하려고 하는 것이다. 예로는 초과 근무를 포함할 수 있다. 접시 닦는 일과 옷 다리는 일, 당신에겐 지루할 수 있는 당신의 파트너가 좋아하는 텔레비전 쇼를 보는 일, 당신이 싫어하는 것에 대해 호의를 표하는 것 등은 다 피하고 싶은 일이지만 사랑을 얻기 위해서는 감수해야 할 일일 수도 있다.

(3) 이익은 보상이 비용을 초과할 때 생기는 것이다.

이 기초 경제 모형을 이용한 사회적 교환이론은 가장 큰 이익을 주는 애정 관계와 우정관계를 진전시키는데 도움이 된다고 주장한다. 즉, 보상이 비용보다 더 큰 관계이다.

당신이 관계를 시작할 때, 당신은 마음 속에 비교 수준을 결정한다. 그와 같은 관계에서 나올 것으로 기대되는 보상과 이익의 종류에 대한 일반적인 생각을 하게 된다. 이 비교 수준은 당신이 관계에서 얻게 될 것으로 기대되는 것과 관련된 현실적인 기대들로 구성된다. 예를 들어 부부관계 연구에서 보면 대부분의 부부들은 신뢰, 상호간의 존경, 사랑 , 그리고 약속 지키기 등에서 높은 수준의 기대를 한다. 그러나 함께 시간을 보내는 것, 사생활, 성적인 활동, 그리고 의사소통에서는 그리 높은 기대를 보이지 않았다(Sabatelli & Pearce, 1986). 보상이 자신의 비교 수준과 동등하거나 능가할 때 관계에 만족을 느끼게 된다.

사람들은 또한 대안적인 비교 수준을 갖기도 한다. 즉, 현재의 관계에서 얻어지는 이익과 대안적 관계에서 얻어질 수 있다고 생각되는 이익을 비교해서 현재 관계에서의 이익이 대안적인 관계에서 얻어질 수 있는 이익보다 낮다고 생각되면 현재 관계를 정리하고 새로운, 더 이익을 줄 수 있는 관계를 선택할 수도 있다.

6) 공평이론

공평이론(Equity Theory)은 사회적 교환이론과 맥을 같이 하지만 진일보한 이론이다. 즉, 당신의 비용과 관련하여 얻은 보상의 비율이 당신의 파트너가 얻는 보상과 거의 같을 때, 당신은 관계를 유지하고 발달시킨다고 본다(Messick & Cook, 1983). 예를 들어, 만약 당신과 친구가 사업을 시작하여 당신이 투자금의 2/3를 내고, 친구가 1/3를 냈다면 공평은 당신은 이익의 2/3를 갖는 것이고, 당신의 친구는 1/3를 갖는 것이다. 그때 공평한 관계는 각 사람이 그들의 비용에 비례하여 보상을 얻는 것과 같이 간단하다.

만일 당신들 둘이 똑같이 투자하고 똑같이 열심히 일했다면, 그때 공평은 모두 거의 같은 보상을 받을 것을 요구하는 것이다. 역으로, 불공평은 당신이 더 많은 비용을 지불(예를 들어, 당신이 불쾌한 일을 더 많이 하는 것)하는 반면 당신의 파트너는 더 많은 즐거움을 누리는 관계로 나타날 것이다. 불공평은 또한 당신과 당신의 파트너가 공평하게 열심히 일했음에도 불구하고 한 사람만 더 많은 보상을 받을 때 나타날 것이다.

많은 연구는 사람들이 대인관계에서 공평함을 원한다는 생각을 지지한다(Ueleke et al., 1983). 이 이론의 일반적인 생각은 당신이 불이익을 받는다면(당신이 투자한 것보다 적은 것을 얻는 것), 당신은 불만족스럽고 화가 난다는 것이다. 반대로, 만약 당신이 초과 이익을 얻는다면(당신이 투자한 것보다 더 많은 이득을 얻는 것), 당신은 죄의식을 느낄 것이다. 그러나 어떤 연구에서는 초과 이익을 얻은 사람이 종종 더 행복하고 만족스러워한다는 것을 밝히기도 했다. 받을 수 있는 것보다 더 많은 것을 얻는 것에 대한 죄의식은 쉽게 잊혀지는 것으로 보인다(Noller & Fitzpatrick, 1993).

공평이론은 우리 모두가 매일 같이 듣게 되는 관계 불만족의 근원에 대한 관점을 명확하게 해 준다. 예를 들어, 파트너인 두 사람이 모두 전일제 일을 하는 경우의 관계에서, 파트너의 한 사람에게만 집안의 허드렛일의 몫을 하도록 요구한다면,

비록 둘 모두 동등한 보상을 받는다 할지라도 한 파트너가 더 많은 비용을 지불하는 것이 된다. 공평이론에 따르면, 이 파트너는 공평의 불균형으로 불만족을 느끼게 될 것이다.

공평이론은 만족스러운 관계를 발달시킬 것과 공평하게 관계를 유지할 것을 주장한다. 당신은 불만족스러운 관계로 나가지 않도록 해야 하고 불공평한 관계를 끝내야 할 것이다. 더 불공평하고 더 불만족스러운 관계일수록 관계가 종결될 가능성이 높다. 비록 각각의 관계가 독특성을 띠고 있지만, 많은 사람들이 관계에서 비슷한 특성을 보인다. 이것은 이들 이론이 설명하려는 일반적인 형태이다.

7) 교류분석 이론

교류분석 이론(Transactional Analysis Theory)은 인간관계를 내부의 자아 상태와 외부의 상호반응의 결합으로써 가장 잘 이해될 수 있음을 바탕으로 게임이론의 관계로 설명하는 모형이다. 이 견해의 주요 지지자들인 Bern(1964)과 Harris(1967)는 대부분의 관계가 좀 더 바람직한 친근함의 경험을 방해하는 게임 유형의 의사교류로 구성되어 있다고 생각한다.

이들이 전제하는 인간관은 (1) 인간은 자율적인 존재이며, (2) 자유로운 존재이고, (3) 선택하고 결정하는 존재이며, (4) 그 선택에 책임을 질 수 있는 존재라는 것이다.

교류분석 이론은 어린 시절부터 중요한 타인의 지도와 평가에 의해 형성된 자아를 자신의 의지에 의해 원하는 방향으로 바꿀 수 있음을 강조한다.

이 견해의 주요 개념인 자아상태, 상호반응, 그리고 게임이론을 살펴보면 다음과 같다.

(1) 자아상태

자아상태(ego state)는 행위 유형과 관련된 내적 감정과 인식의 결합 체계를 설명하는 개념으로 이는 사용하는 단어, 억양, 얼굴 표정, 몸짓 그리고 태도로 감지할 수 있다. 각 개인의 성격은 아동, 부모, 성인의 3가지 상태에서 이해될 수 있다.

① 어버이 자아(Parent ego : P)

우리가 성장하면서 외부, 특히 부모로부터 받아들이는 모든 인지와 태도, 그리고 행위 유형으로 구성된다. 비판적인 부모는 자식의 행위를 억압하고 통제하는 경향이 있는 반면 교육적인 부모는 자녀를 고무적이고 지지적인 행위로 인도한다.

Freud의 super ego와 대응되는 개념으로 개인이 주로 부모나 그 외 정서적으로 중요한 연장자들의 말이나 행동을 무비판적으로 받아들여서 내면화시킨 것이다.

(가) **비판적 어버이 자아**(critical parent : CP) : 부모의 윤리, 도덕, 가치판단의 기준이 그대로 내면화된 자아로 다른 사람의 권리를 고려하지 않는 특징을 보인다.

편견적 · 봉건적 · 비난적 · 비판적 · 배타적인 말들을 단정적이고, 조소적, 강압적, 교훈적인 말투로 사용하는 경향을 보인다.

(나) **양육적 어버이 자아**(nurturing parent : NP) : 부모가 자녀를 사랑하고 돌보는 등 자녀를 양육하는 말이나 행동이 그대로 내면화된 자아로 구원적이고, 보호적이며, 위안적, 배려적, 동정적인 내용으로 말투도 온화하고 부드러우며 태도도 매우 수용적이며 보호적이다.

② 어른 자아(Adult ego : A)

어른 자아 대부분 행위를 조절할 수 있는 많은 정보를 사용함으로써 형성되는 이성적이고 현실적인 과정을 포함한다.

Freud의 ego와 같이 성격의 통괄자 역할을 하며 행위에 관한 정보 수집, 자료처리, 현실적인 가능성을 검증하는 기능을 한다. 어른 자아는 감정이나 윤리 도덕적인 면이 거의 배제되고 현실이 주로 고려된다.

상호반응은 상대방의 특정한 자아 상태와의 관계에서 생긴 자극과 반응을 포함한 각 개인 간의 교류작용을 말한다. 두 사람의 관계에 있어서 각각 한 자아 상태만이 관련되었을 때 상호작용은 평행을 이루게 되고 의사소통은 자연스럽게 진행된다. 그러나 자아 상태 간의 의사 전달선이 엇갈리거나 평행하지 않을 때 결과적으로 의사소통은 단절된다.

게임이론은 사람들이 인간관계를 맺으면서 가지는 상호작용이 게임처럼 일정한 형태로 나타난다고 한다. 의례적인 인사말에서부터 학교, 직장 또는 가족 내에서의 좀 더 복잡한 행동에 이르기까지 여러 가지 다른 유형의 상호반응이 있지만, 대부분의 관계는 게임형의 상호반응이다.

③ 어린이 자아(Child ego : C)

어린이 자아는 자연적인 아동 상태와, 적응하는 또는 사회화된 아동 상태로 구분되는데 어린이 자아의 대부분은 자연적으로 발생하는 모든 욕구와 감정으로 형성된다.

Freud의 id에 대응되는 것으로 어린 시절의 흔적이 저장된 상태로 존재한다.

어린 시절 아이들은 자신의 경험에 대한 반응을 표현할 수 있는 어휘나 언어적인 능력이 부족하기 때문에 그 표현이 주로 내적 감정으로 표현되며 이는 긍정적, 부정적 반응으로 나타난다.

(가) **자유 어린이 자아**(free child ego : FC) : 타인을 의식하지 않고 기능하는 어린이 자아이거나 쾌락을 추구하며 감정을 억제하지 않고 자유로이 표출하는 반응을 보인다.

(나) **어린이 교수 자아**(little professor ego : LP) : 이 역시 어른 자아의 축소판으로서 창조적, 탐구적이며 조정적인 기능을 지닌 선천적 지혜라 할 수 있다.

(다) **순응적 어린이 자아**(adapted child ego : AC) : 아이가 부모나 주위의 어른들로부터 관심과 주위를 끌기 위해 순응하는 행동을 보인다.

(2) 세 가지 자아상태(P-A-C)의 구조와 기능

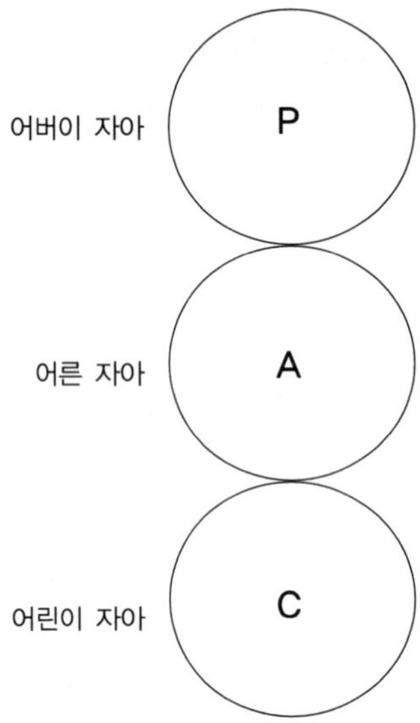

[그림 6-2] 자아상태의 구조

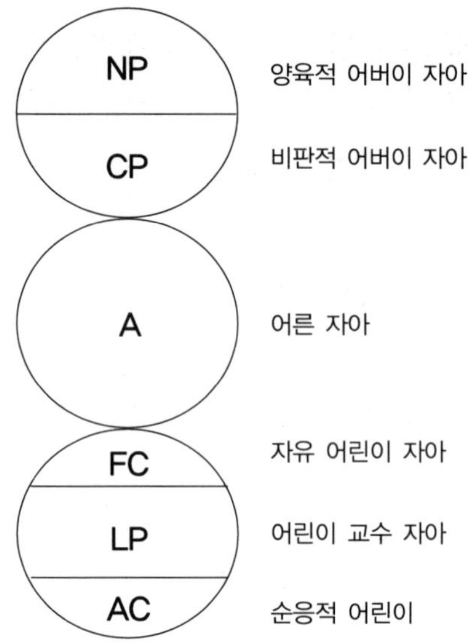

[그림 6-3] 기능분류

2. 인간관계의 발전

생활의 대부분은 인간관계가 중심이 되고 있다. 아마도 친구, 연인, 가족들과의 관계가 매일매일의 사고와 행동의 대부분을 차지할 것이다.

다음에 제시하는 자기 평가 테스트인 "당신의 인간관계는 자신의 행동에 어떠한 영향을 미치는가?"로 자신의 과거나 현재, 또는 어떤 특정한 시기의 인간관계를 점검해 보는 것이다. 자기 테스트를 통해 인간관계에 따른 장점과 단점을 알 수 있다.

1) 자기 평가

당신의 인간관계는 자신의 행동에 어떠한 영향을 미치는가? 우정, 로망스, 가족, 일 등과 같은 일반적인 관계를 주로 하거나 배우자, 자녀, 아주 절친한 친구 등과 같은 특별한 관계에 치중한다. 또는 우정과 같은 한 종류의 인간관계(대인관계)에만 몰입하기도 한다.

그러면 다음의 인간관계 기능에 자신이 어느 정도인지 응답해 보기 바란다.

각 물음에 대해 1에서부터 10까지의 점수를 준다. 1점은 전혀 그렇지 않은 경우에, 10점은 전적으로 그런 경우에 기입한다. 중간 정도(보통)인 경우에는 5를 기입한다.

______1. 나의 대인관계는 외로움을 경감시킨다.
______2. 나의 대인관계는 나의 취약점을 노출시켜 불편한 위치에 있게 한다.
______3. 나의 대인관계는 지적, 육체적, 감정적 자극을 갖도록 한다.
______4. 나의 대인관계는 의무를 증가시킨다.
______5. 나의 대인관계는 자아를 알며 자존감을 얻도록 한다.
______6. 나의 대인관계는 또 다른 관계를 발전시키는 것을 방해한다.
______7. 나의 대인관계는 육체적, 감정적인 건강을 증진시킨다.
______8. 나의 대인관계는 와해되기 어려운 것이어서 나에게 두려움을 준다.
______9. 나의 대인관계는 기쁨을 크게 해 주고 고통은 줄여 준다.
______10. 나의 대인관계가 나를 해치고 있다.

채점은 홀수의 문항(1, 3, 5, 7, 9 - 대인관계의 장점)과 짝수의 문항(2, 4, 6, 8, 10-대인관계의 단점)으로 나누어 한다. 각 5문항의 합계가 장 · 단점의 점수가 된다. 홀수 문항의 합이 25점이면 보통의 장점을 갖는 것이고 숫자가 높아질수록 지금의 당신의 인간관계가 원만함을 의미한다.

각 문항이 함의하는 바를 풀어 보면 다음과 같다.

(1) 대인관계의 주요한 장점의 하나는 외로움을 경감시킨다는 것이다. 대인관계는 여러분이 누군가에게 관심을 가지며, 누군가가 여러분을 좋아하고 보호할 것이라는 것을 느끼게 한다.

(3) 식물이 굴광성으로 햇볕을 향하듯이 인간은 자극 지향성을 갖고 있다. 사람들의 상호 접촉은 지적, 육체적, 감정적 자극을 받기 위한 다양한 방법의 하나이다. 비록 상상적인 대인관계라 할지라도 관계가 전혀 없는 것보다는 낫다.

(5) 타인과의 접촉을 통해서 여러분은 자신에 대해서 다른 아이나 부모로서, 직장 동료로서, 관리자로서, 또는 친구로서의 관점이나 역할로 자신을 바라보게 된다. 건전한 대인관계는 자존심과 자부심을 증진시킨다. 단순히 친구나 연인을 갖는 것만으로도 생활을 의욕이 넘치고 가치 있게 만든다.

(7) 다수의 연구에서 대인관계가 육체적 · 정신적 건강과 상당한 관련이 있음을 보여주고 있다. 친밀한 대인관계가 없으면 쉽게 우울해지며 이 우울증은 육체적인 질병을 일으키기 쉽다. 고립은 고혈압이나 높은 수치의 콜레스테롤이나 비만, 흡연이나 운동 부족과 같은 많은 치명적인 질환을 유발하기도 한다.

(9) 대인관계가 기여하는 가장 주요한 기능, 즉 다른 모든 것을 포함하는 기능은 기쁨을 극대화하며 고통을 최소화시킨다는 것이다. 예를 들면, 좋은 친구는 행운을 더 좋게 느끼도록 하는 반면 슬픔은 반감시킨다.

짝수의 문항(2, 4, 6, 8, 10)은 많은 사람들이 말하는 인간관계에서의 단점이다.

(2) 너무 긴밀한 대인관계는 상대방의 취약성을 드러나게도 한다. 친밀한 대인관계는 일반적으로는 서로를 지지하고 돌봐 주는 가치 있는 일이지만, 대인관계가 악화될 경우에는 이 취약점이 나쁜 방향으로 악용될 수도 있다.

(4) 너무 긴밀한 대인관계는 상대방에 대한 의무를 상당 부분 증가시킨다. 우리의 시간이 전적으로 자신만의 것은 아니다. 우리는 특별히 친한 사람에게 많은 시간을 할애하지만, 즐겁지 않은 경우에도 우리는 시간이나 경비를 사용해야 한다.

(6) 너무 긴밀한 대인관계는 또 다른 대인관계를 포기하도록 할 수도 있다. 때때

로 그 대인관계가 당신은 좋아하지만 당신의 배우자는 싫어하는 경우일 수도 있다. 흔히 대인관계는 시간과 열정을 요구하는데 우리는 대인관계가 깊지 않은 사람에게는 시간과 열정을 덜 투자하기 마련이다.

(8) 대인관계가 긴밀할수록 감정적으로 헤어지기는 더욱 어렵다. 어떤 이들에게는 불편을 줄 수 있는 느낌이다. 대인관계가 악화되면 절망하거나 우울을 느끼게 된다. 예를 들면 어떤 문화권에서는 종교적인 압력 때문에 부부가 이혼하는 것을 막기도 한다. 만일 많은 돈이 저축되어 있다면, 대인관계를 끊는 것은 자신이 축적해 놓은 부를 포기하는 것을 의미할 수도 있다.

(10) 물론 배우자가 자신의 마음을 상하게 할 수도 있다. 간청이나 약속에도 불구하고 배우자가 떠나버릴 수도 있다. 그 마음의 상처는 얼마만큼 배우자를 돌보고 필요로 했는가에 비례할 것이다. 지극 정성으로 보살폈다면 큰 상처가 될 것이고 건성으로 보살폈다면 별로 상처를 받지 않을 것이다. 참으로 아이러니한 일이다.

어떻게 하는 것이 좋겠는가? 자기 테스트의 결과를 가지고 어떻게 대인관계의 단점을 줄일지를 생각해 보는 것이 좋다. 적어도 이러한 단점들은 어느 경우에나 우리의 대인관계에 존재하는 것이다. 그러나 자신의 행동이 이와 같은 단점에 기여하고 있는지 생각해 봐야 한다. 또한 우리는 자신이 몇 개의 특정한 인간관계에 몰입하여 다른 사람들과의 발전을 억제하는가를 살펴봐야 한다. 동시에, 우리는 인간관계로부터 얻을 수 있는 장점을 어떻게 극대화시킬지를 생각해 봐야 한다.

2) 인간관계 발전 6단계

개인과 개인이 만나서 인간관계가 형성되는 과정을 살펴보는 것은 인간관계의 제 면모를 이해하는 데 유용하다. 즉, 어떤 인간관계에서, 예를 들면 철수와 영희 사이의 관계는 실제로 몇 가지 차원의 관계가 있다.

(1) 철수의 관점에서의 관계, (2) 영희의 관점에서의 관계, (3) 철수가 원하거나 열망하는 관계, (4) 영희가 원하거나 열망하는 관계가 있다.

물론 친구나 측근들의 관점에서의 관계도 있는데 이는 그들의 의사소통에서 표출된다. 예로, 영희를 싫어하는 철수의 어머니의 관점은 어머니와 아들의 대화 속에서 나타나게 된다. 그리고 별 관련이 없는 연구자나 관찰자의 인간관계 관점도 있다. 이렇게 인간관계는 매우 복합적이고 다양하다. 많은 실제적 인간관계가 존재하면서 동시에 동일하지 않은 인간관계 때문에 사람들은 자주 여러 가지 문제와 인간관계의 평가에서 합의점을 찾지 못한다.

인간관계를 상호 인간적으로 만드는 요소는 상호 의존성이다. 즉 한 사람의 행동이 다른 사람에게 영향을 미친다. 초과 근무나 직장 동료와 바람을 피는 것과 같은 타인의 행동은 별로 영향을 미치지 않는다. 타인과는 상호 독립적이고 이 경우의 행동은 서로 간에 별 영향을 미치지 않는다. 그러나 인간관계가 형성된 상태에서 배우자가 초과 근무를 하거나 직장 동료와 바람을 핀다면 그것은 인간관계에 어느 정도 영향을 주게 된다.

Devito(2009)는 인간관계 발전 6단계 모형을 제시한 바 있다. 인간관계의 발전, 또는 어느 경우는 인간관계의 와해일 수 있는 일반적인 모형으로서 이들 각 단계는 표준이 될 수 있다. 이들 단계는 우정이든, 사랑이든, 직접 대면하든, 컴퓨터로 하든 모든 인간관계에 적용된다. 이들 6단계는 접촉, 연루, 친밀, 악화, 회복, 해체이다. 각각의 단계는 처음과 끝으로 나누어질 수 있다.

(1) 1단계: 접촉

① 지각적 접촉

접촉의 단계에서는 먼저 지각적 접촉이 있다. 우리는 사람의 용모, 음성, 심지어는 체취까지 느낀다. 이로써 상대방의 성별, 개략적 나이, 신장 등 외관상의 그림을 그릴 수 있다. 다음은 함께 할까요, 음료수를 사드릴까요?와 같이 상호작용을 개시하고 대화를 시작하는 상황의 단계이다.

외모는 특히 초기의 관심 단계에서 중요한데, 그것이 지각의 검증에서 가장 특징적인 것이기 때문이다. 그러나 언어나 비언어적인 행동이든 간에 다음과 같은 자질

들, 즉 친근함, 따뜻함, 개방성, 역동성 등도 역시 접촉 단계에서 나타난다.

② 개인적인 정보 발견하기

직장 내에서 누군가와 이성적으로 끌리는 경우를 상정해 보자. 인간관계가 진전되기 전에 그는 우선 상대방의 내력이나 성 태도 등에 대해 알고 싶어한다. 단절없이 어떻게 목적을 달성할 수 있는가? 어떠한 경로로, 무슨 말을 해야 하는가?

사람들은 각기 상대방이 자신에 대해 어떻게 느끼는지를 알고 싶어한다. 예를 들면, 단도 직입적으로 상대가 어떻게 느끼는지를 직접 묻거나, 상대방이 자신을 드러낼 것이라는 가정 하에 자신의 감정을 드러내 놓기도 한다. 또는 함께할 미래에 대해서 농담을 하거나 좀 더 친밀하게 신체 접촉을 하거나, 인간관계에 대해서 심각하게 생각하고 있음을 암시하기도 하며 상대자의 친구에게 상대방의 감정에 대해 물어 보기도 한다.

(2) 2단계: 연루

연루 단계에서는 서로 간에 연결이 이루어지는 상호감정이 발전한다. 이 단계에서는 상대방에 대해서 탐색하거나 배우려고 한다. 초기 연루 단계에서는 일종의 예비 테스트가 실시된다. 우리는 아마도 접촉 단계에서 형성된 초기의 판단이 타당한지의 여부를 알고자 한다. 그래서 근무처나 전공 등과 같은 것에 관하여 질문을 하게 된다.

상대를 더 잘 알게 되면 상호작용을 강화함으로써 연루를 계속하게 된다. 이 과정에서 우리는 상대방을 잘 알게 될 뿐 아니라 자기 자신을 밝히기 시작한다. 그리고 자신의 느낌과 감정을 공유하기 시작한다. 이것이 로맨틱한 관계라면 데이트를 하게 된다. 우정이라면 상호간에 관심과 관련된 활동을 공유하는데 영화를 보러 가거나 스포츠를 함께 하거나 한다. 인간관계 형성 과정에서, 특히 연루나 초기의 친밀의 단계에서 배우자는 상호간의 테스트를 계속한다.

(3) 3단계: 친밀

① 위임

친밀을 정의하는 한 방법은 자신에 대해서 말할 때 정직하며 열린 마음을 느끼는가 하는 것이다. 우리는 호감이 가는 사람한테는 다른 사람과의 관계에서는 밝힐 수 없는 생각과 감정을 표현한다. 친밀 단계에서는 상대방에게 좀 더 헌신함으로써 가장 절친한 친구가 되거나, 연인이나 동료가 되는 관계로 발전한다. 대화는 보다 더 사적인 것으로 바뀌며, 좀 더 동조하게 되고 대화하기가 쉬워진다. 보통 친밀 단계는 두 가지의 국면이 있다. 상호 개인 위임국면은 자신을 서로에게 사적인 면에서 위탁하게 되는 국면이며, 사회적 결합국면은 위임이나 책임이 공공연하게 되는 단계이다. 가족이나 친구, 아마도 공식적인 의식을 통해서 대중에게 알려지고, 비로소 두 사람은 하나의 친밀한 쌍이 된다.

이에 더하여, 친밀 단계에서는 우호관계의 암시로 자신을 드러내려고 노력하게 된다. 이는 자신이 상대방을 인정하거나 사랑한다는 것을 보여주는 신호로 여기에는 머리 끄덕임, 각종 제스처, 그리고 몸을 앞으로 기울이는 것과 같은 행동이 포함된다.

위임은 다양한 형식을 취할 수도 있다. 자신의 특급 비밀을 공개한다는 위임이나 함께 하거나 돕겠다는 위임, 약혼이나 결혼을 하겠다는 것일 수도 있다. 그것은 애인이 되는 것에 동의하거나 함께 살겠다고 약속하는 것일 수도 있다. 위임의 형태는 개인에게나 관계에도 변화를 준다. 그 중요한 특징은 위임을 한다는 것이 어떤 특별한 하나가 된다는 것이다. 우리 각자는 어떤 주어진 시간에서 매우 적은 사람을 위해 친밀의 수준을 마련해 둔다. 때로는 한 사람일 수도 있고, 때로는 둘, 셋, 혹은 넷, 컴퓨터 통신에서는 더 많은 수의 친구가 있을 수 있다. 친밀해지기 위한 한 가지 중요한 방법은 더 깊게 더 사랑스럽게, 더 다정하게 말하는 것이다.

② 마음 표현방법

자신의 마음을 표현하는 행동은 특히 다른 사람에게 확증을 주거나 호의적 대화를 증가시키는 통찰력 있는 방법이다. 마음을 표현하는 행동은 당신의 동반자가 짓는 미소나, 윙크, 꼭 껴안는 것, 키스, 전화 걸기나 당신을 즐겁게 하는 작은 제스처와 같은 것을 말하는 것이다.

마음을 표현하는 행동으로 Lederer(1984)는 다음의 4가지 방법을 제시하고 있다.

- 특별하고 긍정적인 것을 말한다. 너무 일반적이고 부정적인 것은 피한다.
- 상대방과 과거에 행한 것보다는 현재와 미래에 초점을 두는 것이 좋다.
- 매일 수행할 수 있는 것이면 더 좋다.
- 쉽게 성취할 수 있는 일을 택하고 이의 성취방법을 강구한다.

실제 관계에서는 각 동반자는 목록을 준비하는 것이 좋다. 일주일에 한번 등산하기, 매일 3번 이상 메일 보내기 등, 그 다음에 동반자들은 목록에 변화를 준다. 다음으로 각 동반자는 상대방이 그들의 정상적인 활동을 하는 동안 선택한 마음을 표현하는 행동을 일상적으로 수행한다. 이때, 이들 행동은 당신들의 상호작용에 있어서 정상적인 부분이 될 것이다. 이것은 당신들이 확실하게 성취하고자 하는 것이다. 마음을 표현하는 행동의 목록은 또한 당신의 관계에 대한 욕구나 동반자가 원하는 소통에 대한 것을 알 수 있는 식견을 줄 수도 있다.

(4) 4단계: 악화

비록 많은 관계가 친밀 단계에 남아 있다 해도, 몇몇은 악화 관계의 단계로 들어간다. 인간관계에서의 악화를 나타내거나 당사자 사이의 악화된 유대를 보여주는 단계이다. 관계는 많은 이유 때문에 악화된다. 함께 할 이유가 더 이상 존재하지 않거나, 둘 사이에 커다란 변화가 있을 때 관계는 악화될 수 있다. 예를 들면 관계가 고독을 완화시키거나 흥분이나 자기 인식을 제공하지 못할 때, 또는 자존감을 높이거나 최고의 쾌감과 최소의 고통을 주는데 실패했을 때 관계는 악화의 과정으로 갈 수 있다. 악화의 다른 이유는 성적 불만족이나, 일에 대한 불만족,

재정적 어려움 등이 있다.

악화의 첫 번째 국면은 대개 내적 불만족에 있다. 일상의 상호작용에서 개인적인 불만족을 경험하게 되고, 함께 할 미래를 부정적으로 바라보기 시작한다. 만약 불만족이 계속되거나 커진다면, 상대방(배우자)과 이 불만족에 대해 논의하는 인간관계 악화의 두 번째 국면으로 넘어가게 된다.

악화 과정 동안 의사소통의 형태는 철저하게 바뀐다. 이 바뀐 형태는 어느 정도 악화에 대한 반응에 달려 있다. 당신은 관계를 악화시킨다고 느끼는 의사소통 형태 때문에 당신이 한 대로 소통한다. 그러한 소통방식은 관계의 파괴에 영향을 준다. 악화 단계 동안, 약속의 취소 횟수가 증가하거나, 소통을 하지 않거나 메일에 아주 짧게 반응하거나 답장을 상당히 지연하거나, 자기 노출을 하지 않을 수도 있다.

관계의 유지뿐만 아니라 관계의 악화 과정에 영향을 미치는 중요한 요소는 개인이 관계에 대하여, 그리고 상대방에 대하여 갖는 서약의 강도에 달려 있다. 서약의 세 가지 형태는 종종 다음의 질문에 답함으로써 구분지어지고 확인될 수 있다(Knapp & Taylor, 1995).

- 나는 이 관계가 지속되기를 원하는가, 나는 이 관계가 계속 유지되기를 바라는 욕구를 가지고 있는가?
- 나는 이 관계를 유지할 도덕적인 의무를 가지고 있는가?
- 나에게 이 관계를 지속할 필요성이 있는가?

모든 관계는 부분적으로 욕구, 의무, 필요성에 의해, 혹은 이들 요소의 어떤 결합으로 유지된다. 관계의 활력은(악화 가능성 있는 관계의 저항을 포함) 서약의 강도와 관련 있다. 관계가 악화의 신호를 보이고 있음에도 불구하고 관계를 유지하려는 강한 서약이 있다면, 개인은 장애를 잘 극복해서 상황을 바꿔 놓을 것이다. 서약이 약해서, 개인이 함께 유지해야 할 좋은 이유에 대해 의심한다면, 관계는 더 빨리 그리고 더 강력하게 악화된다.

(5) 5단계: 회복

관계회복 단계의 첫 번째 국면은 개인 내적인 회복과 관련된 잘못된 것에 대한 분석이나 당신과 관련된 어려움을 푸는 방법을 고려하는 것에서 시작된다. 이 단계에서는 당신의 행동 변화나 아마도 동반자에 대한 기대의 변화를 고려해야 할 것이다. 또한 당신은 관계가 끝남으로써 예상되는 보상의 철회와 관계 지속으로 생기는 보상을 비교해야 할 것이다.

만약 관계의 회복을 원한다면, 당신은 인간관계 회복 수준에 대해 동반자와 의논해야 할 것이다. 여기서 당신은 관계에서의 문제에 대해 말할 것이다. 당신이 알기를 원하는 것에 대한 수정, 그리고 어쩌면 당신이 기꺼이 할 수 있는 것이나 다른 사람이 하기를 원하는 것 등의 문제를 말할 수 있다. 이것은 새로운 서약이나 새로운 행동에 대한 협상 단계이기도 하다. 당신과 당신의 동반자는 스스로 문제를 풀거나 친구나 가족에게서 조언을 듣거나 혹은 전문가의 상담을 받을 수도 있다.

다음의 여섯 가지 제안의 조건에서 관계회복을 위한 전략을 찾을 수 있다. REPAIR 한자 한자 읽는다. 이는 다음의 6가지 사항의 이니셜을 딴 것이다. 사용상 조언이 있다면 회복이 한 단계가 아니라 다중단계 과정이라는 것이다. 문제의 인식(Recognize), 생산적인 논쟁 결의를 위한 몰입(Engage), 가능한 해결책을 취함(Pose), 서로 확인함(Affirm), 정상적인 행동으로 해결책들을 통합함(Integrate), 그리고 손실 감수(Risk)의 각 단계를 다 거쳐야만 관계의 회복이 가능하다.

① 문제를 인식한다.

구체적인 용어 중에서, 당신의 현재의 관계에 문제가 되는 것은 무엇인가, 더 좋은 관계를 만들기 위해 어떤 변화가 필요한가? 원하는 관계의 그림을 떠올려 보고 현재의 관계와 비교해 본다.

② 생산적인 논쟁 결의에 몰입한다.

인간관계의 충돌은 삶에서 피할 수 없는 부분이다. 이것은 관계의 어려움에서 오는 충돌이라기보다 접근 방법상의 문제이다. 만약 생산적인 전략으로 대비한다면 충돌을 피할 수 있을 것이고, 관계는 실제로 더 강하고 건강해질 것이다. 그러나 비생산적이고 파괴적인 전략을 사용한다면, 관계는 더욱 악화될 것이다.

③ 가능한 해결책을 취한다.

원하는 것을 얻기 위해 우리가 할 수 있는 것은 무엇인가?

④ 서로 확인하라.

행복하게 결혼한 커플은 더욱더 긍정적인 행동 교환에 몰두한다. 그들은 불행한 결혼을 한 커플이 하는 것보다 더 긍정적 정서를 나타내거나 더 많은 칭찬을 하거나 더 잘 약속을 지킨다.

⑤ 당신의 삶 속에서 해결책들을 통합하라.

당신의 일상 행동의 부분으로 해결책을 구성하라.

⑥ 교환의 어떤 필연성 없이 호의를 베푸는 손실을 감수하라.

미안하다고 말하거나 구성을 위한 첫 번째 행동을 만드는 것에 대한 거절을 감수하라. 기꺼이 새로운 일과 책무를 떠맡고 적응하고 변화하도록 하라.

(6) 6단계: 해체

우정과 연애에 있어서 해체의 단계는 함께 있도록 묶어 주었던 유대를 끊는 것이다. 처음에는 보통 인간관계에서의 이별 형태를 취한다. 그들은 더 이상 서로 만나지 않고 메시지도 주고받지 않는다. 만약 함께 살고 있다면 분리된 아파트로 이사를 가거나 서로 따로따로의 생활을 보내기 시작할 수도 있다. 결혼생활에서 이 국면은 이혼을 말한다. 해체의 중요한 확인된 특징 중에는 서로 간의 회피나 혼자 생활하는 것이 있다. 그러나 몇몇의 경우, 과거의 동반자들은 관계의 한정에 변화를 준다. 예를 들어 전 사랑이 친구가 되고, 전 친구가 단지 사업 파트너가 된다.

해약의 마지막 굿바이 국면은 당신이 전 사랑이나 전 친구가 된다는 점이다. 결국은 끝인 것이다. 다른 경우에 이것은 불안과 좌절의 단계이고, 죄책감과 후회의 단계일 수도 있고, 아픔으로 보낸 시간에 대한 분노와 상실의 단계일 수도 있다. 물질적인 관점에서 보면, 굿바이 국면은 재산 분할을 하는 법적 싸움에서 누가 무엇을 얻을지 결정하는 단계이기도 하다.

비록 호의적인 관계가 깨졌을지라도, 해체는 어떤 감정적인 어려움을 초래할 수 있다. 여기에 이것을 해결하기 위한 몇 가지 제안이 있다.

① 고독을 깨라.

슬픈 복종을 피하고, 스스로 미안한 느낌이 드는 사태를 피하고 홀로 있는 것을 피하고 우는 것을 피하라. 대신에 활동적인 고독(운동, 글쓰기, 공부, 컴퓨터 게임하기)에 몰두하라. 또는 오락을 찾아라(마음의 고독을 끄집어 낼 수 있는 것을 하라: 예를 들면 긴 드라이브나 쇼핑을 하라). 고독을 다루는 가장 효과적인 방법은 사회활동을 통해서이다. 특히 도움이 필요한 사람을 도와라.

② 중단하라.

자신을 위해 얼마간의 시간을 가져라. 자신과의 관계를 새롭게 하라. 유일한 개체로서의 자신을 깨달아라. 비록 지금은 혼자일지라도 미래에 중요한 관계에 충분히 참여할 수 있을 것이다.

③ 자부심을 가져라.

긍정적이고 성공적인 경험은 자부심을 높이는데 많은 도움이 된다. 외로움을 느낄 때, 다른 사람을 돕는 것이 자신의 자부심을 높이는 가장 좋은 방법 중의 하나이다.

④ 다른 사람의 조력을 받아라.

친구나 가족의 지지가 자신에게 도움이 되게 하라. 이것은 관계의 종결에서 오는 불행감이나 불안을 효과적으로 해결하는 방법이다.

⑤ 부정적인 행동의 반복을 피하라.

새로운 관계를 시작할 때, 과거와 같은 형태의 관계를 반복하고 있지 않은지 스스로에게 물어 보아라. 만약 답이 Yes이면 특히 주의하라. 하지만, 비운의 예언자가 되는 것을 피하라. 과거의 흔적으로 새로운 관계의 모든 것을 판단하지 마라. 여과기로서가 아닌 안내자로서 과거의 관계와 경험을 참고하라.

3. 인간관계 행동의 특성

1) 자기 노출과 인간관계

서로 간에 마음을 터놓고 사적인 부분을 이야기하게 되면 더욱 친해진다. 그러나 일방적인 자기노출은 오래 계속되지 않는다. 즉, 한 사람만 지속적으로 노출을 하고 다른 사람은 노출을 하지 않는 관계는 지속되기 어렵다.

노출은 상대방에게 호응을 요구하고 이러한 호응이 있을 경우에만 다음 단계의 더 깊은 부분까지의 노출이 계속되며 관계가 친숙해진다. 즉, 상대방이 어떻게 호응하느냐에 따라 수위가 조절된다는 것이다. 그 이유에 대해서 Chaikin과 Derlega(1974)는 상대가 나보다 훨씬 더 많은 노출을 하는 경우 준비 없이 갑자기 친숙한 관계로 끌려가는 기분이 들거나 상대가 무분별한 사람으로 여겨지기 때문이고, 상대가 또 너무 노출을 하지 않는 경우는 자신이 손해 보는 듯한 생각이 들고 상대가 냉정하고 무관심한 사람으로 여겨지기 때문에 꺼리게 된다는 것이다.

자기를 노출하는 데 있어서 여자와 남자가 조금 다른 양상을 보이는 것으로 나타나는데, Caldwell과 Peplau(1982)의 연구에서 보면 동성과의 관계에서 남성보다는 여성이 더 노출을 많이 하는 것으로 나타났다. 여대생들의 경우 친한 친구와 이야기하는 것을 더 많이 즐기고, 남자들은 이야기보다는 활동을 같이 하는 것을 더 즐겼다.

이성과의 관계에서는 상대방이 연인인 경우 남녀 모두 자기 노출을 상대방의 자기 노출에 맞추어서 균형을 이루는 경향이 있지만, 대부분의 경우 여자가 남자보다 노출을 더 많이 하는 경향이 있다. 이에 대해 Hacker(1981)는 여자는 자신의 약점을 보이고 강점을 숨기는 경향이 있는 반면에 남자는 반대로 강점을 보이고 약점을 숨기는 경향이 있는 것으로 보았다. 남자는 자신이 취한 남성적인 행위, 예를 들면 다툰 일, 용감한 행동, 모험적인 행위에 대한 노출을 즐기고, 여자는 여성적인 행위, 예를 들면 연민이나 외모에 대한 관심에 관한 이야기를 많이 하였다.

Jourard는 건전한 성격과 자기노출(폭로) 사이의 관계를 연구한 바 있다. 그는 자기노출은 건전한 성격, 만족스러운 인간관계의 징후이자 동시에 궁극적으로는 건전한 성격, 만족스러운 인간관계를 이루기 위한 수단이기도 하다는 결론을 내리고 있다. 즉, 건전한 성격의 소유자인 동시에 만족스러운 인간관계를 유지하는 사람은 최소한 의미있는 타인에게 자기 자신을 충분히 알릴 수 있는 능력을 보인다는 것이다.

상호간의 개방성 여부가 대인간의 적절성의 주요 요인이 된다는 사실은 Josep과 Harris에 의해서도 지지되고 있는 데, 이들은 'Johari의 창문' 이라는 도식 [그림 6-4]를 통해 '나와 너에게 개방된 자유영역(1의 영역)', '너에게는 보이나 나 자신은 지각 못하는 영역(2의 영역)' 등 4영역을 설정하고, 1의 영역이 넓어질수록 효율적인 대인관계가 형성된다는 주장을 하고 있다(Luft, 1970).

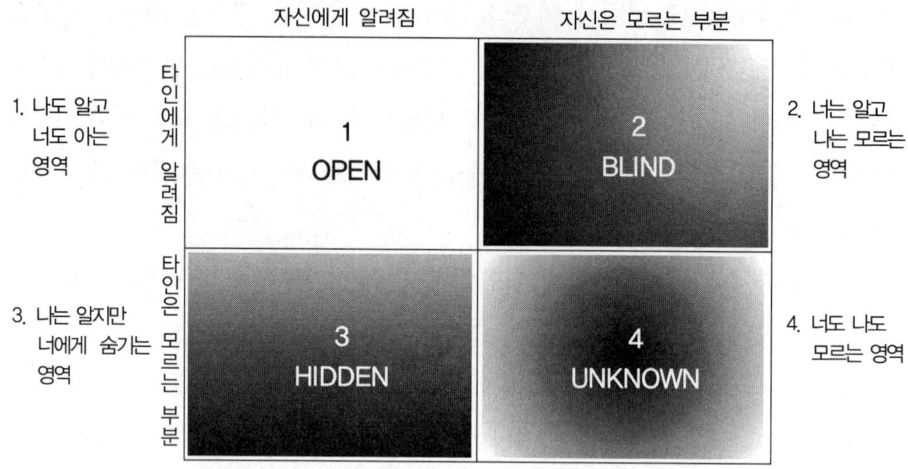

[그림 6-4] Johari의 창문

2) 상응의 규범

상응(相應)의 규범, 즉 주고받는 행위의 당위성을 규정하는 것으로 인간관계 이론의 하나인 사회적 교환이론으로 설명할 수 있다.

(1) 사회적 교환이론

사람들이 인간관계에서 보상을 최대화하고 손실을 최소화하려고 하기 때문에, 교류에서 득을 보는 경우에는 상대방에게 접근하고, 손실이 예상되는 경우에는 거리를 멀리 한다는 것이다.

(2) 상응규범의 문화 차이

Ting-Toomey(1986)의 연구 결과를 보면 상응 규범이 문화권에 따라 차이를 보이는 것으로 나타났다. 개인주의 문화권으로 분류되는 미국, 프랑스, 호주 사람들은 자발적인 상응을 강조하는데 비해, 집단주의 문화권으로 분류되는 일본, 중국 등에서는 의무적인 상응을 강조한다는 것이다.

3) 공평성

대인관계에서 공평을 추구하고자 한다는 원리로 공평을 보는 방식은 상대방이 누구인가에 따라, 개개인에 따라, 문화적 특성에 따라 각기 다른 양상으로 나타난다.

- **균등의 원리**: 두 사람이 똑같은 몫을 취하는 방식
- **형평의 원리**: 작업이나 성과에 대한 기여도에 따라 몫을 결정하는 방법
- **필요의 원리**: 일에 대한 기여도와는 무관하게 각자의 필요에 따라서 많이 필요한 사람이 많이 갖는 방식

공평한 분배는 자본주의와 사회주의에서도 핫 이슈가 되는 문제이다. 일반적으로 친구 사이에는 균등한 분배를 원하지만 대인적 거리가 멀어질수록 형평원리를 선호함을 볼 수 있다.

표 6-1 분배정의의 문화 차이

개인주의	집단주의
형평 원리선호 자본주의 경제의 기본 요체	낯선 사람의 경우 : 형평원리 선호 친구 : 균등의 원리를 선호

Berman(1985) 등의 연구에서 능력도 있고(그래서 성과도 높음) 경제적 여유도 있는 작업자와 평범하고(성과 낮음) 가난한 작업자 사이에 보너스를 배분하는 방식에 대해 미국 학생과 인도의 학생에게 물어 보았더니 미국 학생들은 반수가 형평원리가 옳은 것으로 보았고, 인도의 학생은 반수가 필요의 원리에 따라야 한다고 보았다.

미국 학생 : 형평(49%) 〉 균등(34%) 〉 필요(16%)순
인도 학생 : 필요(51%) 〉 균등(32%) 〉 형평(16%)순

4) 관계의 유지 및 단절

인간관계의 유지 및 단절에 영향을 주는 요인은 만족도와 구속성이다.

(1) 만족도

만족도는 관계에 대해 주관적으로 느끼는 평가로 상대방과의 관계에서 얻는 것이 기대 이상이거나 기대에 어긋나지 않을 경우 높아진다. 이러한 만족도에 강한 영향을 주는 것은 관계에서 얻는 득과 실의 정도가 된다.

Jourard(1971)는 만족스러운 관계를 구축하고 유지하는 능력은 건전한 성격의 주요 요소임을 지적하고 인간관계의 적절성을 유지할 수 있는 요소로 7 가지 특성을 들고 있다.

첫째, 서로가 서로를 잘 안다. 즉, 타인의 특이성을 정확히 파악할 줄 안다.

둘째, 상대방의 특성을 싫어하기 보다는 좋아한다.

셋째, 서로가 상대방의 행복과 성장에 관여하고 있다고 생각한다.

넷째, 서로가 상대방의 성장과 행복을 증진시킬 수 있는 방식의 행동을 한다.

다섯째, 서로가 효율적인 의사소통을 할 수 있으며, 자신을 상대방에게 충분히 드러낼 줄 안다.

여섯째, 서로가 상대방에게 적절한 선에서의 요구와 기대를 한다.

일곱째, 서로가 상대방의 자율성과 개성을 존중한다.

(2) 구속력

구속력은 당사자들을 관계에 묶어 두는 역할을 하는 모든 힘의 총합으로 볼 수 있다. 이에는 대략 다음과 같은 5가지 요인이 작용한다.

① 사회적 관습

부모 자식 간의 관계는 부모의 능력에 크게 구애됨 없이 유지된다. 사제 관계도 그런 유형의 관계이다.

② 당사자들의 투자

경제적 투자는 물론 시간이나 관심 등 상대방이 보이는 투자의 수준에 따라 유지와 유대의 관계가 달라진다.

③ 관계를 유지하려는 동기

상사에게 잘 보여 빠른 승진을 도모한다거나 애인에게 잘 보이려 하는 동기, 정보를 제공받고자 하는 동기, 능력 있는 상대방과 사귐으로써 자신을 과시하고자 하는 동기 등 많은 동기적 요인이 관계를 유지시킨다.

④ 관계의 단절이 지니는 어려움

부부간의 단절(이혼)이 가져올 자식 양육의 문제이다. 애인과의 단절이나 상사나 동료와의 단절에 따른 보복의 두려움 등은 관계의 단절을 어렵게 한다.

⑤ 대안적 관계의 결여

지금의 상태를 개선할 만한 특별한 대안이 없으면 관계는 지속된다.

여기서 유의할 점은 만족과 구속력의 관계는 서로 대칭적인 관계가 아니라는 것이다. 즉, 만족은 관계의 구속력을 증가시키지만 구속력이 높다고 만족을 증가시키는 것은 아니다.

(3) 구속력의 문화 차이

① 개인주의 문화

개인이 지닌 특성, 태도, 신념, 성격, 계층, 희망, 외모 등에 의해 서로 끌림을 느끼거나 거부감을 느끼기도 한다. 교류의 양상은 개인적 매력과 교류에서 얻는

득실에 의해 결정된다.

② 집단주의 문화

개인적인 특성뿐만 아니라 혈연, 학연, 지연 등 연고에 의해서 맺어진 관계가 크게 영향을 미친다.

5) 인간관계와 건강

Veroff, Douvan 그리고 Kulka(1981)는 결혼을 한 사람들은 동년배의 안한 사람들보다 행복한 것으로 나타나고 있는데 이는 특히 남자의 경우 뚜렷하게 나타난다. 이것은 두 사람이 서로 주고받는 미소, 안도감이나 서로 필요한 것들을 보충해 주는 물질적, 심리적 지지 때문일 수도 있고 여러 가지 활동을 같이 함으로써 오는 만족감 등이 이유가 될 수 있다.

Berkman과 Syme(1979)은 캘리포니아 주에서 6,900명의 성인을 대상으로 9년간 조사를 한 결과, 연구 기간 동안 8%가 사망을 했는데, 각 연령층에서 친밀한 대인관계가 없는 사람들이 사망하는 비율이 훨씬 높았다. 특히 연구를 시작할 때 50대였던 남자들의 경우 이 경향이 두드러지는데 이들 중 친밀한 관계를 지니고 있던 사람들 가운데에서는 9.6%만이 사망했지만 인간관계가 소원한 사람들은 30.8%가 사망한 것으로 나타났다.

한편, 스웨덴 카롤린스카연구소(Karolinska Institute) 노인병학연구실은 인간관계가 치매에 어떤 영향을 미치는지를 연구하고, 그 결과를 영국의 의학전문지 랜싯(Lancet)에 실었다.

75세 이상의 노인 1,200명을 대상으로 한 이 연구는 ① 혼자 살고 있는지, ② 말을 주고받는 친구가 있는지, ③ 자녀들과 사이가 좋은지 여부에 따라 치매가 어떻게 진행되는지를 3년 동안 살펴보았다. 그 결과 혼자 살고 있거나 친구가 없거나 자녀들과 관계가 좋지 않은 노인군은 인간관계가 만족스러운 노인들에 비해 치매 위험이 60%나 높았다.

이를 보다 구체적으로 살펴보면 ① 혼자 살고 있고, ② 친구가 없고, ③ 자녀와 사이가 안 좋은 3가지 그룹 중 2가지 이상이 해당되는 그룹은 한 가지만 해당되는 그룹에 비해 치매 위험이 평균 60%가 높게 나타난 것이다.

특히 혼자 사는 노인이나 친구가 없는 노인들은 치매 가능성이 50%였는데, 자녀와 사이가 좋지 않은 노인들은 이들보다 치매 가능성이 두 배나 높은 것으로 나타났다. 가족이 없는 노인들보다는 가족은 있지만 사이가 좋지 않은 노인들이 치매에 더 취약하다는 것이다.

이는 인간관계, 특히 가족관계가 개인의 육체적 건강은 물론 정신건강과도 밀접한 관련이 있음을 시사해 주는 결과라 할 것이다.

구본용(1991)은 고독한 사람들은 대개 대인관계가 원만하지 못하거나 관계에서 만족을 느끼지 못하는 사람들인데 이들의 특징은 다음과 같다.

- 대인관계를 교환의 관계로 보는 시각이 강하고,
- 공정성에 바탕을 둔 교환논리를 모든 대인관계에 적용하며,
- 가족관계의 만족도가 낮고, 타인과의 만족도도 낮고, 물질추구 경향이 높은 경향이 있다.

제 7 장

동기와 인간관계

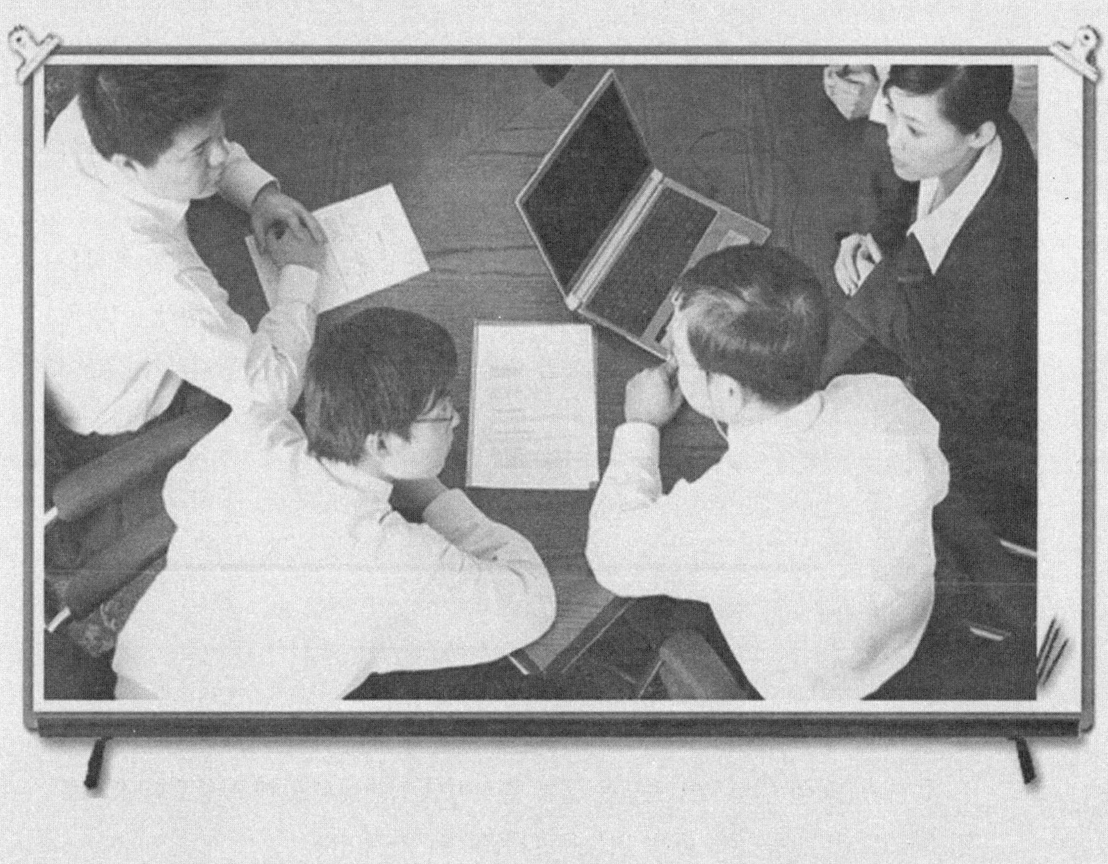

1. 동기의 기능
2. 동기의 일반적 원리
3. 동기유발을 위한 분위기 조성
4. 동기이론
5. 조직에서의 동기유발 전략
6. 자기 동기유발 전략

2008 베이징 올림픽에서 8개의 금메달을 딴 마이클 펠프스는 어려서 주의력 결핍과잉 행동장애라는 진단을 받았다. 그는 누나들의 영향을 받아 7살에 수영을 시작하게 되었고, 15살의 나이에 2000년 올림픽에 출전할 자격을 받을 만큼 성장하였다. 펠프스의 11살 때부터 코치를 맡았던 Bob Bowman은 그가 성공할 수 있었던 이유로 다른 것에 산만하지 않으려는 마음가짐과 우승을 위해 집중하는 노력에 있다고 했다. 이를 위해 그는 일주일에 50마일을 수영하는 등 적극적인 훈련을 하였다. 무엇이 그를 이토록 노력하도록 만들었을까? 사람들의 욕구는 매우 다양하기 때문에 사람이 어떤 일을 하도록 하는 동기에 대해 설명하기란 쉽지 않다.

유능한 조직 관리자가 되기 위해서는 조직의 특성은 물론 인간에 대한 폭넓은 이해가 필요하다. 조직 구성원의 동기와 욕구, 일에 대한 그들의 생각, 그밖의 사소해 보이는 일에 이르기까지 이해의 폭을 넓히는 것이 유능한 관리자가 갖추어야 할 기본 조건이다.

1. 동기의 기능

동기는 행동의 원인적인 측면은 물론 결과적인 측면에서도 매우 중요한 요소로 간주되고 있다. 동기가 갖는 기능은 다음의 세 가지이다.

1) 시발적(始發的) 기능

행동을 촉발시키는 기능으로서 학습태도를 유발시키고, 학습활동을 개시시킨다.

2) 지향적(指向的 또는 志向的) 기능

행동의 방향을 규정짓는 기능으로서 학습의 목표를 향한 학습태도를 갖게 한다. 뜻을 두고 나간다는 점에서 指向, 대신 志向이라는 한자를 썼다.

3) 강화적(强化的) 기능

행동의 결과가 주는 만족의 정도, 행동의 적부성(適否性)을 결정짓는 기능으로서 결과가 만족스러우면 보다 의욕적인 태도를 갖게 하고, 또 만족의 유인(誘因)에 대해 강한 결합을 하게 한다.

흔히 동기의 기능은 행동을 촉발시키는 시발적 기능 위주로 설명되어 온 경향이 있으나, 동기의 강화적 기능은 시발적 기능보다 더 중요한 것으로 볼 수도 있을 것이다. Tolman(1959)에 의하면 동기화에는 두 가지 형태가 있다. 결핍은 욕구 증진의 내적 상태를 일으키고, 보상은 동기의 강도를 결정짓는다는 것이다. 즉, 우리는 작은 것보다는 큰 것을 얻을 수 있는 일에 더 동기화된다. 그는 행동을 동기화하는데 있어서의 보상의 영향을 받는 현상을 유인동기(incentive motivation)라 부르고 있다. 그리고 이러한 보상의 효과는 그와 유사한 상태에서의 그 일을 하게 하는 강한 추진력이 될 것이다.

Thorndike의 효과의 법칙 — 반응의 결과가 만족스러우면 자극과 반응 간의 결합, 즉 학습이 잘 일어난다는 — 과도 밀접히 관련된 강화적 기능이 강조되면 동기유발이 최종적으로 겨냥하고 있는 내재적 동기 유발이 보다 용이해질 것이다.

2. 동기의 일반적 원리

사람마다, 그리고 각자 처한 상황에 따라서 동기는 다를 수 있다. 그러나 동기가 갖는 다양성 못지않게 동기에도 공통되는 점이 있다. 그러한 동기의 일반적 특성을 정리하면 다음과 같다.

(1) 모든 행동은 동기에 의한 것이다. 모든 사람은 동기화된다. 다만 그 지향하는 바가 다를 뿐이다.

(2) 동기는 개인 내부의 욕구나 열망으로부터 나온다.

(3) 동기는 부실한 책, 부실한 수업, 또는 부실한 학습 환경 하에서는 활성화되기 어렵다.

(4) 문화에 따라 동기화의 유인도 다르다. '청소년'이라는 것도 그 자체가 하나의 문화이다. 따라서 각기의 세대는 그 세대의 흐름에 맞는 동기 체제를 갖게 된다.

(5) 사람들마다 각기 다른 성공에 대한 견해가 있을 수 있으므로 자신의 잣대로 동기화가 성공적이라 판단하기는 어렵다.

(6) 특정 과제를 개인이 선택해서 시도해 보아야 과제에 대한 책임감을 갖게 된다.

(7) 사고는 동기화의 과정이다. 무시당하는데 대한 두려움 없이 생각한 것을 말할 수 없는 분위기라면 수업에서의 동기는 활성화되지 않는다.

(8) 상호작용을 통해 많은 동기화가 이루어진다. 지역사회라는 것도 따지고 보면 상부상조하는 가운데 안전과 동일시, 공동의 가치를 나누는 상호작용 집단인 것이다.

(9) 매슬로우의 욕구위계이론에 의하면 공포는 안전의 욕구를 위협하여 상위 단계 욕구로의 진입을 어렵게 한다. 하위의 욕구가 충족되어야 상위 요구로의 이행이 가능하다는 것이다.

3. 동기유발을 위한 분위기 조성

동기유발에 앞서 효율적으로 동기를 유발할 수 있는 토대가 조성되어 있으면 동기유발이 보다 쉽게, 그리고 효율적으로 이루어질 수 있다. 그러한 분위기 조성의 방법으로는 다음과 같은 것들이 있다.

(1) 당신이 대접받고 싶은 방식으로 남을 대하라. 타인(학생)들을 존중과 존엄성을 가지고 대하며 개인의 독특성을 존중하라.

(2) 소속감을 증진시킨다. 상호협력하며 지역사회 발전에 기여할 수 있는 과제를 제공한다. 긍정적 기대감을 가질 수 있게 하고 모두가 성공할 수 있다는 점을 부각시킨다.

(3) 개개인이 자신의 견해를 십분 피력할 수 있으며, 남과 다른 견해도 아무 거리낌 없이 표현할 수 있는 심리적으로 안전한 분위기를 창출한다.

(4) 모두에게 성공의 기회를 자주 맛보게 하며 실패의 위험은 극소화시킨다. 동기는 그(학생)의 성공과 흥미를 증진시키는 마력을 지닌 독특한 심리기제이다.

(5) 성취, 그 자체에 대해서만 아니라 그들의 노력에도 가치를 부여한다. 비록 그(학생)들의 시도가 실패했더라도 그 노고 자체가 값진 것이며, 실수나 실패도 학습의 하나의 경험임을 주지시킨다.

(6) 서로를 잘 알 수 있는 기회를 마련하고, 그들이 서로간의 경험을 공유할 수 있는 시간을 가지게 한다.

(7) 동료들이 공동의 목표를 세우게 하고 이의 수행과정을 정기적으로 평가해 주며 필요한 경우 전략을 바꿀 수 있게 돕는다.

4. 동기이론

1) Maslow의 욕구위계이론

(1) 욕구의 위계

인간의 행동에 대한 Maslow의 기본 가정은 대부분의 인간 행동은 자신의 삶을 의미있고 가치있는 것으로 만드는 개인적인 목표를 달성하려는 욕구에서 비롯된다는 것이다. 이러한 욕구에 대해 매슬로우는 자아실현의 욕구라는 말을 썼는데 이는 '개인의 선천적이고, 긍정적인 가능성을 개발하고 성취시키려는 경향'(Bruno, 1977)을 뜻한다.

그는 인간의 여러 욕구는 생득적인 것이며, 각기의 강도와 중요성에 따라 위계를 이루는 것으로 보았다. 그는 인간의 욕구를 다음과 같은 7단계(편의상 6, 7단계는 5단계에 포함시켰음)로 구분하여 제시하고 있다(Maslow, 1970).

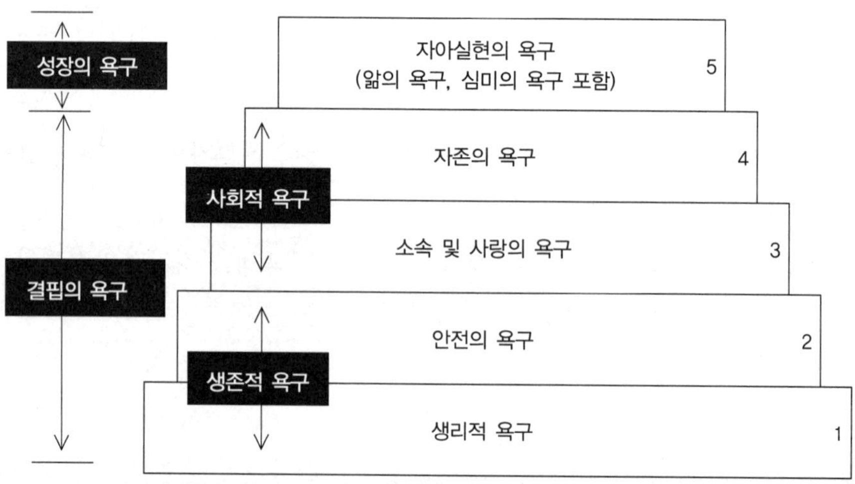

[그림 7-1] Maslow의 욕구위계

매슬로우에 의하면 인간은 여타의 동물과 마찬가지로 생리적인 욕구를 지니고 있으며, 안전에 대한 욕구를 충족시키고자 노력한다. 일단 이러한 생물학적 욕구가 충족되면 그 다음으로 사랑 및 소속의 욕구가 나타나고, 이것이 충족되면 자기 존중에 대한 욕구가 나타나게 된다. 이러한 하위의 욕구가 순차적으로 위계에 따라 충족되면 마지막으로 나타나는 것이 자아실현의 욕구라는 것이다.

1~2단계의 욕구는 생존을 위해 필요한 것이므로 생존적 욕구라 하고, 3~4단계의 욕구는 사회관계 속에서 성립되는 욕구이므로 사회적 욕구라 하며, 이 단계까지는 부족한 것을 채우기 위한 욕구이므로 결핍 욕구라고도 한다. 이에 비해 5단계의 자아실현의 욕구는 개인적 성장을 도모하는 단계이므로 성장 욕구라 칭한다.

매슬로우의 욕구위계가 행동과 어떤 관계에 있는지 Dembo(1977)는 다음과 같은 예를 들어 설명하고 있다.

> 교사는 어떤 아동은 숙제를 안해 오고 수업시간에 놀기만 하며, 수업 활동에 왜 전혀 관심을 보이지 않는가 등의 이유를 이해하는 데 어려움을 겪는다. 그는 학습하고자 하는 욕구가 모든 아동에게 중요한 욕구일 것으로 가정하고 있는 것이다. 그러나 매슬로우는 하위의 기본적 욕구가 충족되지 않으면 공부에 대한 관심이나 동기유발이 일어나지 않는다는 것이다. 아침식사를 걸렀거나 충분한 잠을 자지 못한 학생, 불안이나 공포를 지닌 학생 등은 그들의 잠재력을 개발하는 수단으로서 학습하는 일을 통해 자아실현하는 데 관심이 없는 것이다(p. 303).

요컨대, 낮은 단계의 욕구의 충족이 있어야 더 높은 단계의 욕구에 대한 인식과 동기 부여가 있게 된다는 것이다. 매슬로우는 이러한 동기의 위계적 배열에 예외가 있을 수 있음을 인정하고 있다. 어떤 창조적인 사람들은 고된 시련 속에서도 업적을 남기고, 사회개혁가들은 온갖 억압을 무릅쓰고 투쟁을 하기도 한다. 그러나 낮은 욕구 단계일수록 그 강도와 우선 순위가 앞서는 것임은 누구나가 인정할 수 있다.

Maslow가 제시한 인간의 욕구가 인간의 행동에 미치는 영향을 보면,

첫째, 인간은 욕구를 갖는 존재로 항상 무엇인가를 원하고 만족하면 또 다른 것을 원한다.

둘째, 만족된 욕구는 더 이상 행위의 동기 변인이 되지 못한다.

셋째, 인간의 욕구는 일련의 욕구 체계를 이룬다는 것이다. 인간의 동기는 강한 것으로부터 약한 것으로 위계를 가진 보편적이고 선천적인 욕구들에 의해서 동기가 유발된다고 하였다(Arkes & Garske, 1982).

각각의 욕구에 대한 설명은 다음과 같다.

(2) 욕구의 종류

① 생리적 욕구

인간이 지닌 모든 욕구 중에서 가장 기본적이고, 강력하고, 분명한 생물학적 생존을 위한 욕구이다. 이에는 음식물, 물, 공기, 활동과 수면, 극단적 기온의 조절, 그리고 감각적 자극에 대한 욕구가 포함된다. 이러한 생리적 충동들은 유기체의 생물학적 유지와 직접적으로 관련되어 있고, 따라서 이 욕구 수준을 충족시키지 못하면 더 높은 단계로의 진전은 거의 어렵다. 굶주린 상태에서 이의 극복보다 더 시급한 과제는 없는 것이다. 매슬로우는 '항상 배가 고픈 사람에게 있어서 유토피아란 단지 음식이 충분히 있는 곳'으로 정의된다고 말하고 있다. '사흘 굶어 도둑질하지 않는 사람 없다'는 우리 속담과 같은 맥락이다.

② 안전의 욕구

이 동기를 생성하는 힘은 개인이 자신의 환경 내에서 확실성, 질서, 구조, 그리고 예측 가능성을 적절한 수준에서 보장받기 위한 필요에서이다. 따라서 이 욕구는 안전(safety) 및 보장(security)에 대한 욕구라 할 수 있다.

생리적 욕구가 비교적 잘 채워지면 우리가 대개 안전의 욕구라고 말할 수 있는 일련의 새로운 욕구들이 나타난다(안전, 안전성, 의지, 보호, 공포, 불안, 혼란에서 벗어남, 구조, 질서, 법, 제한의 필요, 안전장치의 강화 등등). 이 동기는 개인의 환경 내에서 확실성, 정돈, 조직, 그리고 예측성을 알맞은 정도로 보장받고자 하는 동기이다(Kweskin, 1997).

취직도 중요하지만 큰 실수가 없는 한 직업에 대한 보장이 있어야 안전감을 느낀다. 우리나라의 노사문제에 있어서 해고자의 복직문제가 끊임없이 제기되는 것은 이 '보장'에 대한 노동자의 생존적 차원에서의 투쟁의 성격 때문이다.

어린이의 경우 부모간의 불화, 별거, 이혼 등은 이들의 안전감 확보에 치명적인 악영향을 미친다. 이들은 자신이 처한 환경이 불안정하고, 예측불허의 상태이며, 불완전하다는 인식을 갖게 된다.

저축, 보험가입은 부분적으로 안전의 추구 때문에 동기가 부여되며, 종교도 부분적으로는 이 영향을 받는다. 어떤 강박 신경증 환자는 큰 재앙이 곧 임박할 듯이 행동하는 것을 볼 수 있는데, 이러한 환자의 안전욕구는 자신이 의지할 수 있는 강력한 보호자, 지도자, 신을 찾으려는 노력으로 동기화된다.

③ 소속 및 사랑의 욕구

이 단계에서는 타인과의 애정적 관계, 자기 가족 내에서의 확고한 위치, 소속감을 주는 집단에의 소속과 집단의식에 동기 부여된다. 가족간의 불화로 가족에 대한 소속감과 애정이 결여될 경우, 이 아이는 자연 유사한 환경의 아이들과 어울림으로써 자신의 소속감을 확보하려 할 것이다. '고향 까마귀만 보아도 반갑다'는 말은 인간의 보편적 소속의식을 잘 나타내 주고 있다.

④ 자존의 욕구

매슬로우는 이 단계의 욕구를 '자기 자신에 대한 스스로의 존중'과 '타인에 의한 존경'으로 구분하여 설명하고 있다. 전자는 개인의 능력, 신뢰감, 개인적 힘, 자기 적절감, 성취, 독립, 자유 등을 포함한다. 개인은 자신이 자신에게 주어진 과업을 완수할 수 있는 능력이 있으며, 생에 도전할 수 있는 능력을 지닌 가치 있는 존재임을 확인하고 싶어한다.

다른 사람으로부터의 존경은 명성, 인정, 수용, 지위, 평판, 인식 등을 포함한다. 자신의 능력이 중요한 의미를 지닌 타인으로부터 인정받음으로 인해 자신이 가치 있는 존재라는 인식을 하는 것이다.

이 단계에서의 확고한 자리매김에도 불구하고, 이전 단계인 사랑과 소속의 욕구에 이상이 생기면 4단계를 포기하고, 전 단계로 회귀하는 것이 일반적이다. 어떤 여성활동가가 맹활약하여 명성을 얻었는데, 그 과정에서 가정에 소홀하여 남편과 헤어질 위기에 처하면 그녀는 남편(단, 남편이 마음에 드는 경우)의 환심을 사는 일에 몰두하게 되는 것이 일반적이다.

자존의 욕구가 좌절되는 경우 열등감, 어리석음, 약함, 무력감, 자기비하 등의 부정적 정서가 생긴다. 그리고, 자신의 실제 능력에 근거한 자존감이 아닌 타인 의존형 자존감은 자칫 심리적 위기를 초래할 수 있다.

⑤ 자아실현의 욕구

앞 단계의 모든 욕구가 충족되면 자아실현의 욕구가 생긴다. 자아실현은 자기가 성취할 수 있는 모든 것을 성취하고자 하는 욕구이다. 자기가 자기인 것을 실현하는 것, 자기가 원하는 모습의 사람이 되고자 하는 것이다. 자신의 재능, 능력, 잠재력을 유감없이 발휘하고자 하는 욕구이다.

그러나 자아실현의 욕구는 그 자체 내에서 갈등을 일으키기도 한다. Maslow (1962)에 의하면 인간은 한편으로는 자신의 장점을 드러내고자 하지만, 다른 한편으로는 자신의 뛰어난 면, 재능, 추진력, 창조성을 내심 두려워하는 측면도 지니고 있다는 것이다. 자아실현은 개인에게 충족감, 만족감을 주지만 이는 또한 그에 따르는 책임감과 미지의 불확실한 것에 대한 두려움을 불러일으키기도 하는 것이다.

자아실현은 반드시 창조적이거나 예술적이거나 해야 할 성질의 것은 아니다. 매슬로우는 창의성을 특수재능의 창의성과 자아실현의 창의성으로 구분하였는데, 전자는 천재적인 재질을 지닌 과학자, 발명가, 문필가 등의 속성인 한편, 후자는 모든 개인이 지니고 있는 보편적인 창의성을 뜻한다(Foster, 1971, p. 41). 그가 어디에 있든 어떠한 일을 하든 최선을 다한다면 자아실현을 하고 있다고 볼 수 있을 것이다. 영국 런던에 세워진 성 바울 성당 공사장에 찾아간 설계가 크리스토 페렌 백작이 몰타르 작업을 하고 있는 인부에게 “당신 지금 무엇을 하고 있소?”라고 묻자 그는 자신 있게 "네, 저는 지금 성 바울 성당을 짓고 있습니다."라고 답했다 한다. 그런 태도와 자세로 일하는 것이 바로 자아를 실현하는 일이다. 자아실현의 형태와 내용은 사람마다 크게 다를 수밖에 없다. 욕구 중에서 가장 개인차가 크게 나타나는 것이 바로 자아실현의 욕구이다.

매슬로우에 의하면, 인구의 약 1% 정도만이 진정한 의미에서의 자아실현을 하는 것 같다는 추정을 하고 있다. 자아실현이 어려운 까닭은 많은 사람들이 자신의 잠재력에 대해 잘 모르고 있다는 점과, 자아고양이 주는 보상에 대해서도 잘 모르며, 오히려 그들은 자신의 능력을 의심하고 심지어는 두려워하는 경향이 있으므로 자아실현의 기회를 스스로 포기한다. 그 밖에 사회적 환경이 이를 제한한다. 우리나라와 같이 중 · 고등학생이 모두 공부에만 매달려 있는 상황에서 그들의 잠재력 계발이란 원천적으로 불가능한 일이며, 따라서 이들 중 자아를 실현하는 경우는 공부를 뛰어나게 잘하는 극소수(1%는커녕 0.5%도 되기 어렵다)만이 궁극적으로는 자아를 실현한다 할 것이다. 사회에 따라 다소간의 차이는 존재하겠지만 모든 구성원의 자아실현을 완벽하게 촉진시켜 줄 수 있는 사회는 없지만 우리의 경우는 너무 심하다 아니할 수 없다.

자아실현에 장애가 되는 큰 요인의 하나는 안전의 욕구가 미치는 부정적 영향이다. 성장과 실현은 위험과 실패를 무릅쓰고, 구습을 타파하겠다는 지속적 의지와 용기가 전제된다. 막대한 노력도 기울여야 된다. 따라서 그렇지 못한 대다수의 사람들은 이에 따른 두려움에서 도피하여 현실적인 안전과 보호막 아래 숨어버린다. 잘 살게만 해 주면 독재를 해도 괜찮고, 쫓아내지만 않는다면 악조건 하의 직장이라도 그냥 넘어간다. 사업을 확장하다 실패하느니보다는 지금의 작은 사업이 좋다고 위안한다.

개인의 기본적 욕구가 위협받지 않는 건강한 상태 하에서 성장이 이루어지며 개인은 그가 할 수 있는 최선에 도달하기 위한 노력을 하게 된다. 보다 많은 사람이 자아실현을 할 수 있게 하려면, 누구나가 기본적 욕구를 충족시킬 수 있는 그런 사회를 만들어야 할 것이다.

(3) 결핍욕구와 성장욕구

결핍욕구를 Maslow는 부족에서 기인하는 것이라 하여 deficiency, 혹은 D 동기라고 했다. 결핍욕구의 유일한 목적은 결손상태, 즉 배고픔, 추위, 불안 등으로부터 야기될 유기체의 긴장을 미리 막는 것이다. 이러한 의미에서 D 동기는 행동결정에 있어서 긴급한 요인인 것이다.

D 동기와는 대조적으로, 성장욕구(metaneed, 또는 B 동기, being need)는 인간의 잠재력을 실현하려는 선천적 충동과 연관된 목표이다. 성장욕구의 목적은 경험을 넓힘으로써 삶을 풍요롭게 하고, 삶의 기쁨을 증대시키는 것이다. 성장욕구는 주로 D 동기가 만족된 후에 작용한다.

2) Alderfer의 생존 · 관계 · 성장이론

Alderfer는 욕구위계의 범주를 세 가지로 줄였다. 그의 생존 · 관계 · 성장이론(ERG Theory)에서는 욕구의 범주를 ① 생존 욕구(existence needs), ② 관계 욕구(relatedness needs) 및 ③ 성장 욕구(growth needs)로 나누었다. 첫째 범주는 육체적인 생존과 안녕을 유지하려는 욕구로서 Maslow가 말하는 생리적 욕구와 안전에 대한 욕구를 포괄한다고 볼 수 있다.

둘째 범주의 욕구는 자기에게 중요한 사람들과의 인간관계를 잘 유지하려는 욕구이며 여기에는 Maslow가 말하는 소속 및 사랑의 욕구와 자존의 욕구가 포함된다.

셋째, 성장 욕구는 자기발전을 도모하고 자신감을 가지고 일에 임하려는 욕구이다. 여기에는 자존의 욕구와 자아실현의 욕구가 포함된다고 볼 수 있다.

Alderfer와 Maslow는 다 같이 욕구의 범주를 열거하고 있으며 욕구 발로의 단계적 전진성을 시인한다. 그리고 Alderfer의 성장 욕구와 Maslow의 자아실현의 욕구는 유사한 것이다.

그러나 Alderfer는 욕구만족에 의한 욕구 발로의 단계적 전진성 뿐만 아니라 욕구좌절로 인한 욕구 발로의 후진적 · 하향적 진행(frustration regression)을 인정한다.

그리고 하나의 행동에 두 가지 이상의 욕구가 동시에 작용할 수 있음을 원칙적으로 강조한다.

3) McClelland의 학습된 욕구에 관한 이론

McClelland의 학습된 욕구에 관한 이론(Learned Needs Theory)은 인간의 욕구(충동)를 사회 문화적으로 학습되는 것이라고 규정하고 욕구의 범주를 세 가지로 분류하였다.

McClelland가 분류한 세 가지 욕구 범주는 다음과 같다.

(1) 성취욕구(Need for Achievement : *n* Ach)
(2) 친화욕구(Needs for Affiliation : *n* Aff)
(3) 권력욕구(Need for Power : *n* Power)

성취욕구는 복잡한 과제의 숙달, 문제의 해결 등을 위해 무엇인가를 더 잘하려는 욕구이다. 성취욕구가 강한 사람은 일에 대한 책임을 지는 것, 달성 가능하고 도전적인 목표를 추구하는 것, 그리고 자기 업무수행에 대한 환류를 받는 것을 원한다.

친화욕구는 다른 사람들과 따뜻하고 우호적인 관계를 만들고 유지하려는 욕구이다. 이 욕구가 강한 사람은 인간관계와 의사전달의 기회를 중요시한다.

권력욕구는 다른 사람들을 통제하고 그들의 행동에 영향을 미치거나 그들을 책임지려는 욕구이다. 권력욕구가 강한 사람은 다른 사람들에게 영향을 미치고 사람들의 관심을 끌고 인정을 받는 것을 중요시한다.

McClelland는 욕구는 문화를 반영하며 사람들이 삶의 경험을 통해 욕구를 배우는 것이라고 보기 때문에 교육훈련을 통한 욕구의 개선을 강조한다. 그리하여 사람들의 욕구를 측정하고 그것을 조직의 목표와 양립할 수 있도록 발전시키기 위해 훈련시킬 것을 처방한다.

4) Murray의 욕구와 압력이론

Murray는 그의 명시적 욕구이론(Manifest Need Theory)에서 27 가지의 욕구를 제시한 바 있다. Murray는 욕구의 계층을 인정하지 않았다. 어떤 욕구이든 언제나 나타날 수 있다는 것이다. 그리고 여러 욕구가 동시에 나타날 수도 있다고 하였다.

(1) 욕구, 동기 및 환경적 압력

성격에 대한 욕구 — 동기론적 접근은 몇 가지 다른 국면의 이론과 관련되어 있다. 예를 들면 욕구의 개념은 Hull(1952)이 주장한 동기의 추동 — 습관 이론(drive-habit theory of motivation)과 관련이 있는 바, 이 이론은 학습의 한 변인으로써 중요한 의미를 갖고 있다. Hull의 추동-습관 이론은 동기를 추동과 습관 강도에 의해 설명하는 이론으로서 유기체의 욕구가 행동에 앞서 존재하거나 행동을 수반하기 때문에 욕구가 이와 같은 관련되는 활동을 동기화시키거나 충동한다고 보는 이론이다.

동기(motivation) = **추동**(drive) × **습관 강도**(habit strength)

추동-습관 이론은 또한 내부에서 발생하는 어떤 힘에 의해 행동이 발생한다는 정신역동적 견해와 연결되어 있다. 이 이론들 간의 연결고리는 행동은 개인 내부적 긴장 상태에 의해 야기된다는 관점이다. 욕구이론의 경우 개인의 내부적 상태는 그가 지닌 어떤 부족, 또는 결핍이 결정한다는 것이다.

욕구가 행동에 어떤 영향을 미치는가를 보다 상세히 살펴보기 위해서는 동기의 보다 일반적인 개념이 과연 무엇인지를 살펴보아야 한다. 동기라는 개념은 다음과 같은 행동의 두 가지 국면을 이해하는 데 도움을 주기 위해 심리학에서 차용한 개념이다(Carver & Schneier, 1988).

첫째, 동기는 행동의 방향성을 제시해 준다는 것이다. 이는 어떤 특수한 행위는 다른 많은 가능한 행위 중에서 선택되는 것임을 의미한다.

둘째, 동기는 행동의 강도를 결정짓는다는 것이다. 이는 사람들의 행위가 어떤 때는 느리고, 빠르기도 하고, 성의가 없는가 하면 어떤 때는 활발하고, 정력적이며, 철두철미한 이유를 설명해 준다. 모든 동기 이론은 행동이 어떻게 선택되며, 그 강도는 어떻게 조절되는 것인지를 설명해 주어야만 한다.

욕구는 항상 지향하는 대상이나 사상(事象)이 있기 마련이다. 욕구는 방향성을 가짐으로써 행동을 일으키게 된다. 물에 대한 욕구는 갈증을 일으키는 바, 이것이 바로 행동 지시의 동기적 상태인 것이다. 욕구는 그 목표물로 접근할 것인가 아니면 피할 것인가를 결정한다. 당신이 어떤 욕구를 지녔다면 당신은 어떤 것을 얻거나 피하거나 둘 중의 하나의 일을 하게 된다.

욕구는 인간의 동기에 영향을 미치지만 그것이 동기를 결정짓는 유일한 요소는 아니다. 동기는 부분적으로는 외부 환경의 영향을 받는다. 동기에 대해 외부적 영향력을 발휘하는 것은 압력(press)이다. 압력이란 어떤 것을 얻고자 하는 외부적 자극 상황이다. 그림에서 보는 바와 같이 압박 역시 동기에 영향을 미친다.

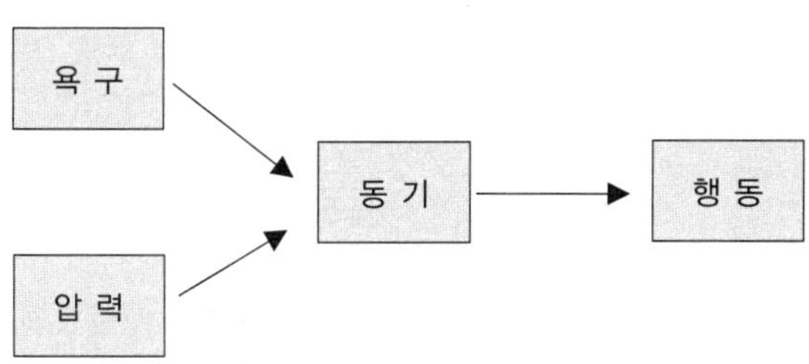

[그림 7-2] 욕구와 압력과 행동

배고픔이나 목마름 같은 생물학적 동기를 살펴보면 욕구와 압력이 어떻게 작용하는지를 쉽게 알 수 있다. 배고프면 식욕이 증가하게 되고 따라서 음식물을 먹는다. 배불리 먹고 나면 식욕은 전혀 존재하지 않는다. 그런데 친구가 맛있는 피자를 들고 와서 같이 먹자고 하면 먹고자 하는 동기가 다시 생긴다. 결국 환경적 압력에 의해 자신의 욕구와는 상관없이 또 포식을 하게 된다.

(2) 욕구 체계

욕구와 동기를 주개념으로 하여 성격이론을 제시한 최초의 학자가 Murray이다. 그는 사람들이 주변 환경에서 대상을 찾고 상황에 어떻게 대처하는가를 결정짓는 내적인 힘을 욕구라 정의했다. 머레이와 그의 동료들은 인간의 욕구에 대해 설득력 있는 목록을 개발했다. 그는 1차적인 욕구를 생리적 욕구, 이차적인 욕구를 심리적 욕구로 구분했다. 1차적인 욕구는 공기, 음식, 성욕, 배설, 고통에 대한 두려움과 같이 아주 분명하다. 그러나 심한 더위나 추위를 피하려는 욕구처럼 대뇌에 늦게 전달되는 생리적 욕구도 있다.

성격과 관련하여 우리가 관심을 갖는 것은 2차적 욕구이다. 머레이는 27가지 주요한 심리적 욕구 목록을 다음과 같이 제시하고 있다.

표 7-1 주요 욕구 목록

주요영역	욕구이름	표현되는 행동
야심	성취욕구	장애가 되는 것 극복
	인정욕구	성취를 자랑
	과시욕구	놀래키는 일, 스릴 추구
	획득욕구	물질의 획득
	보존욕구	소유물을 수리함
	질서욕구	물건을 깨끗이 다루고 정돈함
	보유욕구	물건을 저장
	건설욕구	무언가를 만들거나 세움
지위 방어	불가침욕구	심리적 거리를 유지함
	굴욕회피욕구	배내점이나 약점을 숨김
	방어욕구	설명을 하거나 변명을 함
	저항욕구	어떤 일에 응수함
힘관련 반응	지배욕구	타인에게 행동을 지시함
	복종욕구	협동, 복종, 순종
	동조욕구	타인과 친해짐
	자율욕구	권위를 세움
	반박욕구	반대 입장에 섬

주요영역	욕구이름	표현되는 행동
	공격욕구 굴종욕구 비난회피욕구	공격하거나 얕잡아봄 사과하거나 참회함 비난받지 않으려 발버둥을 침
타인과의 애정	친애욕구 거부욕구 양육욕구 구원욕구 유희욕구	타인과 시간을 보냄 타인 무시, 구박하는 행동 타인을 돌봄 타인의 도움을 받고자 함 타인을 통해 즐거움 추구
정보의 교환	인지욕구 제시욕구	타인에게 질문함 타인에게 정보를 알려 줌

Murray는 이러한 욕구들이 광범위한 인간의 행동의 저변을 설명하는 동기가 된다고 보았다. 그는 또한 이러한 욕구들이 여러 가지 방식으로 상호 연관된 것으로 보았다. 다른 것에 우선하여 충족되어야 하는 욕구가 있으며, 상호 융합되거나 갈등을 일으키는 욕구도 있다. 지배욕구와 양육욕구가 동시에 작용하는 경우 그 사람의 교육 태도는 지배적이면서 부드러운 모습으로 나타날 수도 있는 것이다. 자율욕구는 친애욕구와 갈등을 일으킬 수 있다.

남편으로부터 독립하고자 하는 욕구와 그와 교감하고, 의존하고자 하는 욕구는 어느 정도 갈등을 일으킬 수밖에 없다. 어떤 욕구는 다른 욕구의 충족을 도와주는 보조 역할을 하기도 한다. 성취에 대한 강한 욕구는 질서욕구와 건설욕구의 도움을 받아 상승되기도 한다.

환경적 압력은 동기를 유발케 하여 개인의 욕구를 자극한다. 누군가가 어떤 일로 칭찬을 받거나 돈을 벌거나 하면 당신도 그렇게 하고 싶은 충동이 일어나는 것이다. 욕구가 복잡한 형태로 상호 연결되듯이 욕구와 압력 또한 상호 관련이 있다. 대표적인 압력으로는 다음과 같은 것을 들 수 있다.

표 7-2 대표적 압력의 유형

압력	정의, 또는 행동의 예
친애압력	친절한 동료
공격압력	자기를 공격, 비판, 얕보는 타인
저항압력	말, 또는 신체적으로 공격당하는 것
지배압력	자기를 억제, 금지시키는 사람이나 사물
결핍압력	가난하게 사는 것
인정압력	보상과 명예를 위한 경쟁
거부압력	클럽이나 조직의 가입을 거부 당함

(3) 성취욕구

Murray의 업적으로 크게 부각되는 것 중의 하나가 인간이 지닌 여러 가지 욕구를 측정하기 위하여 그가 TAT(Thematic Apperception Test-주제통각검사)를 개발한 점이다. 이는 투사기법(投射技法)을 사용한 대표적 성격검사로 자리를 굳히고 있다. 성취욕구도 물론 이를 통하여 측정하였다. 피험자에게 이미지가 분명치 않은 애매모호한 상황의 인물 중심의 그림을 제시하고, 그것에 관해 몇 가지 질문을 통해 유도하면서 5분간의 이야기를 쓰게 하는 것이다.

[그림 7-3] 성취동기를 측정하는 주제통각검사의 한 장면

대표적인 TAT 그림은 [그림 7-3]에서 보는 바와 같은 것이다. 총이 있고, 누워있

는 사람에게 칼을 들이대고 있는 그림이다. "자, 이 소년은 지금 무엇을 생각하고 있는가?"

"유명한 의사가 되기를 꿈꾸고 있다."는 식의 이야기가 나오면 그는 성취욕구가 높은 사람인 바, 성취욕구가 높은 사람들 중 상당수의 답변이 실제로 그런 식으로 나온다.

그는 성취욕구가 강한 사람의 특성으로 다음의 다섯 가지 사항을 꼽고 있다.

① 어려운 일을 달성하고자 함

② 물체, 인간, 관념 등에 대해 가능한 한 신속하고 독립적으로 숙달하고, 이를 조작하고 조직하려 한다.

③ 장애를 극복하고 높은 목표에 도달하고자 한다.

④ 자신을 탁월하게 만들고자 한다.

⑤ 경쟁하고 타인을 능가하고자 한다.

성취욕구가 높은 사람과 낮은 사람이 성취와 관련된 상황에서 어떻게 반응하는가에 대한 연구 결과를 보면 흥미로운 사실이 발견된다.

Atkinson(1965)의 연구에 의하면 높은 성취욕구를 지닌 사람은 중간 정도의 어려움(intermediate difficulty)을 지닌 과제를 선호하는 경향을 보였다. 이에 비해 낮은 성취욕구를 지닌 사람은 아주 쉽거나 매우 어려운 과제를 택하는 경향을 보였다.

그 이유에 대해 Trope(1979)는 중간 수준의 곤란도를 지닌 과제가 자신의 수행에 관한 가장 많은 정보를 제공해 주기 때문인 것으로 풀이했다. 쉬운 과제는 누구나 다 잘하기 때문에 자신이 수행한 부분의 능력에 대해 알 수 없고, 너무 어려운 과제는 누구나 다 실패하기 때문에 이 역시 자신의 능력에 대한 정보를 주지 못한다는 것이다. 중간 수준의 과제만이 자신에 대한 많은 정보를 준다.

다른 한 가지 이유로는 성취욕구가 강한 사람은 성취에 대해 강화를 받으므로 성취할 수 있는 일만 골라서 한다고도 볼 수 있을 것 같다. 여러 가지 선택의 기회가 있는 경우라면, 이들은 성취할 수 있고, 그에 따른 만족감을 느낄 과제를 선택할 것이 틀림없다(안범희, 1993).

낮은 성취욕구를 지닌 사람(또는 실패 회피 성향의 사람)이 쉽거나 매우 어려운 과제를 택하는 경향을 보이는 것은, 쉬운 과제는 실패의 위험이 거의 없어서 괜찮고, 아주 어려운 과제는 누구도 못하니까 실패에 대한 추궁이나 힐난이 따르지 않을 것이기 때문이다.

(4) 욕구의 상호관계

① 우위성의 원리

인간의 생존추구 과정에서 상대적인 중요성의 정도에 따라 서열이 정해진다.

예) 어떤 사람이 총을 나의 머리에 겨누고 어떤 것을 명령한다(신체적 위험을 피하기 위한 욕구)면 이를 거역하고 내가 다른 사람을 도와주러(양호의 욕구) 갈 수는 없을 것이다.

② 융합의 원리

한 행동의 수행과정에서 둘 이상의 욕구가 수행되는 것을 일컫는다.

예) 사회부인클럽에서 자원봉사활동을 한다.

③ 종속의 원리

어떤 욕구가 비교적 덜 강력한 욕구의 충족을 통해서만 만족되는 현상이다.

예) 상사를 끊임없이 찬양하고 복종하는 사원은 종속적인 공경욕구를 통하여 실제로는 숨겨진 성취욕구, 즉 빠른 승진을 받기 위해 시도하는 것일 수도 있다.

④ 갈등의 원리

동등한 힘을 가진 욕구들은 흔히 서로 다른 것과 갈등의 상태에 있을 수 있으며, 그래서 긴장을 초래한다.

예) 강한 자율성과 독립심의 욕구를 가지고 있으면서 애인과 결혼을 원하기도 하는 어떤 젊은이의 상황이다.

5) Herzberg의 욕구충족 요인 이원론

1950년대에 Herzberg와 그의 동료들은 동기와 생산성의 관계를 분석하기 위해 미국 Pittsburgh시에 있는 산업체의 종사원 가운데서 200명의 기사와 회계사들을 선정하여 면접조사를 실시하였다. 조사에서는 직무만족도를 현저히 향상시켰거나 저하시킨 사건을 묻고 자기의 직무에 관해 특별히 좋게 느껴진 때를 상기하도록 해서 그 이유를 알아내려 하였다. 그리고 직무에 관련된 만족감이 직무수행, 인간관계 및 복지에 영향을 미쳤는가에 대해서 물었다.

조사의 결과에서 조직참여자들에게 만족을 주는 요인과 불만을 주는 요인은 서로 다르다는 것을 발견하고 그에 따라 욕구충족 요인 이원론(Two Factor Theory)을 발전시켰다. Herzberg의 이론은 Maslow의 영향을 많이 받고 있으며, 옛날부터 내려오는 종교나 철학에서 흔히 규정하는 인간 본성의 이원성과도 일맥상통하는 면을 가지고 있다. 인간의 본성을 이원화하는 관점에 따르면 인간은 한편으로 동물적·본능적 측면을 가지고 있으며 다른 한편으로는 고급의 정신적 측면을 가지고 있다는 것이다. Herzberg는 전자를 사람의 아담과 같은 본성(Adam nature)이라 부르고, 후자를 사람의 아브라함과 같은 본성(Abraham nature)이라 부른다.

Herzberg는 그의 욕구충족 요인 이원론에서

(1) 인간은 이원적인 욕구 구조를 가지고 있으며,

(2) 불만과 만족은 별개의 차원으로 불만을 야기하는 요인과 만족을 주는 요인은 서로 다르다는 것이며,

(3) 불만 요인의 제거는 소극적이며 단기적인 효과를 갖는데 비해 만족요인을 크게 하는 것은 적극적이며 장기적인 효과를 갖는다는 것이다.

그는 이에서 더 나아가서 욕구충족에 관한 이해를 정신건강에 관한 이론에 연결시켜 동기요인 추구자와 위생요인 추구자의 차이를 구명하려 하였다.

위생요인은 봉급, 부가급부, 작업환경, 사회관계, 조직 정책 등이다. 이것들은

동기로 작동되지는 않으나 부족되면 고용인의 사기나 생산성이 저하된다. 동기요인은 인정, 발전, 더 큰 책임 등을 위한 기회 등이 있다. 노동자는 개인 뿐만 아니라 조직의 성취를 위해 새롭고 창의적인 방법을 모색한다. 노동자가 동기요인을 찾지 못하면 봉급 인상, 보다 나은 작업 환경 등을 위한 위생요인을 요청하게 된다.

하지만, 모든 사람이 인정, 발전, 더 큰 책임 등을 위한 기회 등에 의해 동기가 부여되지는 않는다. 어떤 사람들은 안정된 생활, 예견된 일, 일정한 수입 등의 위생요인을 더 선호하는 경향이 있기 때문이다.

(1) 동기요인과 위생요인

조직 생활에서 사람에게 만족을 주고 직무 수행의 동기를 유발하는데 작용하는 동기요인(Motivator)과 사람들에게 불만을 느끼게 하거나 그것을 해소하는데 작용하는 위생요인(Hygiene Factor)은 서로 다르며 두 가지가 중첩되는 경우는 매우 드물다.

① 동기요인

동기요인, 즉 직무에서의 만족요인(satisfier)은 직무상의 성취, 직무성취에 대한 인정, 보람 있는 직무(직무내용 자체), 책임, 성장, 또는 발전 등이다.

이 가운데서도 보람 있는 직무, 책임, 성장, 또는 발전의 요인이 더욱 중요하며, 직무행태에 지속적 영향을 미친다. 동기요인은 직무, 즉 사람이 하는 일과 사람 사이의 관계에 관한 것으로 보다 나은 직무수행과 노력을 위한 동기유발의 요인이 된다.

② 위생요인

위생요인, 즉 직무에서의 불만요인(dissatisfier)은 조직의 정책과 행정, 감독, 보수, 대인관계, 작업조건 등 다섯 가지이다.

이러한 요인들이 직무 행태에 미치는 영향은 동기요인의 경우보다 훨씬 단기적인 것이다. 위생요인은 사람이 직무를 수행하는 상황, 또는 환경과 사람 사이의 관계에 관한 것으로 이것을 개선하면 불만을 줄이는데 도움이 된다.

만족을 주는데 기여하는 요인과 불만을 야기하는데 작용하는 요인은 서로 구별될 뿐 아니라 양자는 별개의 차원에 있다. 만족과 불만은 반대되는 개념이 아니다. 다시 말하면 만족의 반대가 불만인 것은 아니다. 만족의 반대 개념은 '만족이 없는 것'이다. 마찬가지로 불만의 반대개념은 '불만이 없는 것'이다. 이러한 관계는 시각과 청각의 관계에 비유할 수 있다. 빛은 시각에, 그리고 소리는 청각에 영향을 미친다. 시각과 청각은 반대개념이 아니다.

(2) 이원적 욕구 구조

동기요인과 위생요인의 이원적인 관계는 욕구 구조의 이원성을 반영하는 것이다. 사람의 욕구는 서로 반대 방향을 가리키는 두 개의 평행선과 같이 양분될 수 있다. 두 가지의 욕구체계 가운데 하나는 동물적인 것으로서 불유쾌한 것을 피하려는 욕구이며, 다른 하나는 인간적인 것으로서 성장과 자기실현을 도모하려는 욕구이다.

불유쾌한 것, 또는 고통을 피하려는 욕구가 있기 때문에 불유쾌하거나 고통스러운 요인, 즉 불만요인이 있으면 불만을 느끼게 된다. 그리고 성장과 자기실현에 대한 욕구가 있기 때문에 그것을 충족시켜 주는 동기요인이 작용하면 만족을 느끼게 된다.

Herzberg는 위생요인에 관계되는 욕구 체계를 동물적인 것이라고 부르지만 그것은 비교적 하급의 욕구를 지칭하는 것이지 동물에게서만 찾아볼 수 있는 욕구를 지칭하는 것은 아니다. Maslow의 욕구위계 중에서 생리적 욕구, 안전에 대한 욕구, 소속 및 사랑의 욕구, 그리고 자존의 욕구의 일부가 이른바 동물적 욕구에 해당한다고 생각할 수 있다. 동기요인에 관계되는 인간적 욕구에는 자존의 욕구의 일부, 그리고 자아실현의 욕구가 포함된다고 볼 수 있다.

불만요인이 없는 환경은 불만을 막아 주지만 심리적 성장의 달성을 필요로 하는 적극적인 의미의 행복을 가져다 주지는 못한다. 위생적 환경은 사람에게 성장감을 줄 수 있는 요소를 지니고 있지 않기 때문에 적극적인 만족을 가져오지 못한다. 성장은 직무의 성취에 직결되어 있는데 위생요인은 직무 자체와는 무관하기 때문에 성장감이나 성취감을 부여하는 데는 무력하다. 반면 동기요인은 성장에 필요한 직무요인으로서 자기실현을 추구하도록 하는 심리적 자극을 줄 수 있다.

(3) 정신질환과 정신건강

동기요인과 위생요인을 이원화하여 생각하는 관점은 정신적 균형의 유지를 위한 적응의 문제 내지는 정신건강의 일반적인 개념에까지 연관지어 볼 수 있다.

정신적 균형(mental equilibrium)을 유지하기 위한 적응에는 두 가지 양태가 있다. 그 하나는 환경에 대한 회피적 적응이고, 다른 하나는 심리적 성장과 자기실현을 도모함으로써 자기 자신에게 적응하는 것이다. 전자는 위생요인에 관계된 것이며 후자는 동기요인에 관계된 것이다.

동기요인과 위생요인이 서로 별개의 것이 듯 정신적 불건강(정신질환)과 정신적 건강은 별개의 것이다. 즉 정신질환과 정신적 건강은 같은 차원에 있는 것이 아니다. 그리고 정신질환과 정신적 건강 역시 상반되는 개념은 아니다. 정신질환의 정도는 위생요인에 대한 반응에 관계된 것이며 정신적 건강의 정도는 동기요인에 대한 반응에 관계된 것이다.

과거에 직무 행태를 연구한 사람들은 위생요인에만 관심을 가졌었고 인간심리를 연구하는 사람들은 정신질환에만 주의를 기울이는 경향이 있었다. 동기요인과 정신건강의 문제는 너무 소홀하게 다루어져 왔다. 사람의 긍정적 적응은 부정적 부적응을 해결하면 얻어질 수 있는 부산물로 생각한 것 같다. 조직을 관리하는 사람들은 조직이나 조직 구성원을 위해서 동기요인에 중점을 둔 관리전략을 펴나가야 할 것이다.

(4) 동기요인 추구자와 위생요인 추구자

건강하고 심리적으로 성숙한 사람은 대개 동기요인이 제공되면 만족을 느끼고 직무수행의 동기를 거기서 얻는다. 이런 사람들은 동기요인 추구자라 할 수 있다.

그런가 하면 위생요인 추구자도 있다. 위생요인 추구자들은 자기실현의 욕구가 발현되는 성격 발달단계에 도달하지 못한 사람들로서 불만을 없애 주는 일에만 이끌린다. 그들은 경험이나 훈련을 통해서 직업상황(환경)에만 반응하는 것을 배운 사람들이다.

위생요인 추구자들은 환경의 희생물이며 자기실현이 아닌 방향의 욕구에 사로잡혀 회피적인 행동으로 행복을 추구한다. 일시적인 효과밖에 없는 위생요인의 개선에 의하여 동기가 유발되기 때문에 만성적으로 불만을 느끼게 된다. 계속되는 불만과 만성적인 불행감, 그리고 성장의 실패는 신경병적 성격을 형성하게 된다.

표 7-3 위생요인 추구자와 동기요인 추구자의 특징

	위생요인 추구자	동기요인 추구자
1	환경적 요인에 의하여 동기가 유발된다.	직무 요인에 의하여 동기가 유발된다.
2	보수, 감독, 작업조건, 지위, 직업적 안정, 조직의 정책과 행정, 동료직원 등 직무여건의 국면들에 대해 불만을 가진다.	불만야기 요인에 대해 높은 관용성을 보인다.
3	위생요인의 개선에 대해 만족감의 과잉반응을 보인다.	위생요인의 개선에 대해 비교적 작은 반응을 보인다.
4	위생요인의 개선에서 얻는 만족은 단기적이다.	위생요인의 개선에서 얻는 만족은 단기적이다.
5	위생요인이 개선되지 않는데 대해 불만의 과잉반응을 보인다.	위생요인의 개선이 필요한 경우에 비교적 가벼운 불평을 나타낸다.
6	업적성취에서 얻는 만족을 거의 인식하지 못한다.	업적성취에서 커다란 만족을 얻는다.
7	담당 직무의 종류와 질에 대해서 관심을 거의 보이지 않는다.	담당 직무를 즐길 수 있는 능력을 나타낸다.
8	직무와 인생 전반의 긍정적인 가치에 대해 냉소적이다.	직무와 인생 전반에 대해 긍정적인 자세를 갖는다.

	위생요인 추구자	동기요인 추구자
9	직무상의 경험으로부터 성장에 필요한 도움을 얻지 못한다.	직무상의 경험을 통해 직업인으로서의 성장에 도움을 얻는다.
10	외부의 영향력에 말려들기 쉽다. 예컨대 과격한 자유주의자가 되거나 극단적인 보수주의자가 되기 쉽다. .	사려 깊고 신념체계가 진지하다.
11	재능 때문에 직업생활에서 성공할 수도 있다.	초과 성취자가 될 수도 있다.

바람직한 조직 구성원은 동기요인 추구자이다. 위생요인 추구자도 불만 요인을 해소해 주면 단기적으로는 일을 잘할 수 있다. 그러나 위생요인 추구자들의 장기적인 반응은 바람직한 것이 아니다. 조직이 위기에 처하여 불만 해소 요인을 충분히 공급하지 못하면 그들은 조직에 등을 돌릴 것이며, 부하에게도 자기들과 같은 반응 유형을 전파시킬 위험이 있다.

동기요인 추구자와 위생요인 추구자라는 두 가지 범주를 일곱 가지 유형으로 세분해 볼 수도 있다.

첫째 유형은 건강한 동기요인 추구자이다. 만족을 얻으려는 욕구와 불만을 피하려는 욕구를 다 같이 충족시키고 있는 사람이다.

둘째 유형은 불행한 동기요인 추구자이다. 직무 자체로부터는 만족을 얻고 있지만, 불만요인 때문에 고통을 받고 있는 사람이다.

셋째 유형은 동기요인 추구자로서 만족을 얻고 불만을 피하려 하지만 불만의 회피에만 성공한 사람이다.

넷째 유형은 비참한 동기요인 추구자이다. 만족을 얻지도 못하고 불만을 회피하지도 못한 사람이다.

다섯째 유형은 위생요인 추구자로서 불만의 해소에는 성공하였기 때문에 정신질환은 모면하고 있지만 정신적 건강은 얻지 못한 사람이다.

여섯째 유형은 위생요인 추구자로서 불만해소에 실패한 사람이다. 정신질환 환자라 할 수 있다.

일곱째 유형은 수도사형 위생요인 추구자로서 불만해소의 필요를 스스로 부인함으로써 그 충족을 얻으려는 사람이다.

6) McGregor의 X이론과 Y이론

McGregor(1960)는 인간관을 두 가지로 대별하고 그에 따라 관리전략도 두 가지로 나누었다. 인간의 하급욕구에 착안한 관리전략의 설정을 X이론으로 설명하고, 인간의 고급욕구에 착안한 관리전략의 설정을 Y이론으로 설명하였다.

X이론의 관리자들은 노동자들의 잠재력에 대한 비관적인 태도를 갖고 있다. 관리자들은 노동자들이 일에 대한 책임이나 야심보다는 돈이나 질책 등에 더 민감한 기본적으로 게으른 사람들이라는 생각을 갖고 있다.

반대로, Y이론의 관리자들은 노동자들의 야심에 낙천적인 관점을 갖고 있다. 그들은 노동자들이 일을 원하며 일에 최선을 다할 것이라는 믿음을 갖고 있다.

그는 전통적 관점에 바탕을 둔 관리전략으로서의 X이론은 시대적 요청에 부합하지 않으며, 따라서 앞으로의 조직관리 체제는 Y이론에 입각한 것이어야 한다는 주장을 하였다.

이론의 소개에 앞서 다음의 자기 평가를 해 보자.

(1) 자기 평가

〈대인 가치관 질문〉
이 질문지는 당신이 인간 및 인간의 본성에 대해 갖고 있는 기본 관점을 이해할 수 있도록 만들어진 질문지 입니다. 10개의 진술문이 있습니다. 각기 짝지워진 진술문들에 대해 당신이 믿는 강도에 따라 0점에서부터 10점에 이르기까지 점수를 매기십시오. 두 개의 짝지워진 문항의 합이 반드시 10이 되어야 합니다.
(예, a가 7이면 b는 3이어야 함)

1. 그럴수만 있다면 가급적 일을 덜 하려는 것이 인간의 속성이다. ______(a)
사람들이 일을 피하고자 한다면 그것은 대개 그 일에 의미가 없기 때문이다. ______(b)
10

2. 만일 조직원들이 그들이 원하는 정보를 입수하는 것이 허락되면 그들의 태도는 더 좋아지고 보다 책임있는 행동을 하게 될 것이다. ______(c)
만일 조직원들이 지금의 과업을 수행하는데 필요한 것보다 더 많은 정보를 입수하게 되면

그들은 이를 오용할 것이다. ______(d)

10

3. 조직원들에게 아이디어를 구하는데 있어서의 문제점은 그들의 견해가 너무 실용적인 가치에만 편중되어 있다는 것이다. ______(e)

조직원들에게 아이디어를 구하는 일은 그들의 안목을 넓히고, 유용한 제안을 가능케 한다. ______(f)

10

4. 사람들이 그들의 직업에서 많은 상상력을 발휘하지 않고 발명도 하지 않는 이유는 아마도 그러한 능력은 소수의 사람들에게만 있기 때문일 것이다. ______(g)

대개의 사람들은 상상력과 창조력을 지니고 있지만 감독이나 직업 자체의 속성 때문에 이의 발휘가 제한되고 있다. ______(h)

10

5. 만일 사람들에게 자신의 행동에 대한 책무가 지워지고 자신의 잘못을 교정할 기회를 갖게 되면 그들의 행동 수준은 향상되는 경향을 보인다. ______(i)

사람들이 잘못된 행동이나 실수에 대해 벌을 받지 않는다면 이들의 행동 수준은 낮아질 것이다. ______(j)

10

6. 조직원들은 비록 그것이 고통스러운 일일지라도 사건의 전모를 알기 원하므로 좋은 소식이나 나쁜 소식을 다 알려주는 것이 좋다. ______(k)

대부분의 조직원들은 실제로는 좋은 소식만 듣기를 원하므로 사업에 관한 나쁜 소식은 알려주지 않는 것이 좋다. ______(l)

10

7. 상급자는 조직 내의 부하보다 더 존경받을 권리가 있음으로 그것이 위축된다는 것은 부하가 옳고, 그가 틀렸다는 것을 나타낸다. ______(m)

사람들은 모두 동등하게 존경받을 권리가 주어졌으므로 상급자의 위신은 부하가 옳을 수 있고 그가 잘못했음을 인정할 수 있을 때 증진된다. ______(n)

10

8. 사람들에게 충분한 보수를 주게 되면 책임이나 인정 같은 것에 대해 적게 신경을 쓰게 될 것이다. ______(o)

사람들에게 흥미롭고 도전적인 일을 하게 하면 보수나 그 밖의 부수적인 이득에 관해 불평이 적어질 것이다. ______(p)

10

9. 사람들에게 스스로 목표와 수행 기준을 정하게 하면 이들은 상사가 기대하는 것보다 더 높은 수준의 것을 제시하는 경향을 보일 것이다. ______(q)

사람들에게 스스로 목표와 수행 기준을 정하게 하면 이들은 상사가 기대하는 것보다 낮은 수준의 것을 제시하는 경향을 보일 것이다. ______(r)

10

10. 개인이 자신의 직업에 대해 더 많은 지식과 자유를 갖게 되면 그를 더 많이 감독해야

할 것이다. ______(s)
개인이 자신의 직업에 대해 더 많은 지식과 자유를 갖게 되면 만족할 만한 직무수행을 함에 있어서조차도 통제가 적어질 것이다. ______(t)
10

[채점방법]

이는 McGregor(1960)의 X이론, Y이론에 근거한 것이다. 다음과 같이 점수를 합한다.

X이론의 점수는 a, d, e, g, j, l, m, o, r, s 문항의 점수를 합한 것이다.
계=
Y이론의 점수는 b, c, f, h, i, k, n, p, q, t 문항의 점수를 합한 것이다.
계=

X이론 문항의 점수 합계가 Y이론 합계보다 높다면 당신은 인간에 대해 부정적인 관점을 갖고 있는 것으로, Y이론의 점수 합계가 높다면 긍정적인 관점을 갖고 있는 것으로 볼 수 있다. 자세한 내용은 다음의 설명을 참고로 하면 된다.

(2) X이론 : 전통적 관점

X이론은 인간의 하급욕구에 착안하여 권위주의적, 통제 지향적 관리전략을 처방하는 전통적 접근방법이다.
X이론의 인간에 대한 가정은 다음과 같다.

① 일에 대한 피동성

보통 사람은 본질적으로 일을 싫어하며 될 수 있으면 일을 하지 않으려 한다는 것이다. 사람의 본성은 게으르며 금전적 보상이나 처벌의 위협 등 외적 압력에 피동적으로 따라갈 뿐이다.

② 책임 기피

보통 사람은 야망이 없으며 책임지는 것을 싫어하고 외재적인 지휘를 받으려 한다.

③ 변동 저항적 성향

보통 사람들은 안전을 원하고 변화에는 저항적이다.

④ 자기중심적 성향

보통 사람들은 본래적으로 자기중심적이며 조직의 필요에 대해서는 무관심하다.

⑤ 인간의 어리석음

보통 사람들은 영리하지 못하며 속기 쉽고, 사기에 넘어가기 쉽다.

(3) X이론에 따른 관리전략

관리자는 조직 구성원의 행동을 수정하고 동기를 부여하기 위해 지도하고 통제하는 임무를 해야 한다. 관리자의 이 같은 적극적인 개입이 없으면 사람들은 조직의 필요에 대해 회피적으로, 심지어는 저항적으로 나가기 쉽다.

관리자는 일을 싫어하는 인간의 본래적 속성을 타파할 수 있는 방안을 채택해야 한다. 인간의 노동 기피성을 억제하려면 생산성, 적절한 작업량, 업적에 대한 보상 등을 강조하여야 한다. 조직의 목적을 달성하기 위해 적정한 노력을 바치게 하려면 강제, 조종, 지시, 처벌의 위협 등이 있어야 한다.

관리자는 일반적으로 다음의 두 가지 중 한 방식을 택하게 된다.

① 강경한 접근방법(hard approach)

가장 많이 쓰이는 방법으로 강제와 위협, 면밀한 감독, 행동의 엄격한 통제를 수단으로 사용하는 것이다.

② 부드러운 접근방법(soft approach)
인간의 하급욕구 충족, 대인관계 개선 등 인간관계론적 수단을 동원하는 것이다.

위의 두 가지 방법이 비효율적이라 생각하는 관리자는 양 접근방법의 이점을 살리려는 이른바 강경하면서도 정중한 접근방법(firm but fair approach)을 채택하기도 한다.

(4) X이론에 대한 비판

X이론에 입각한 조직 관리가 많은 산업조직에서 시행된 바 있지만 이에 입각한 관리는 인간의 동기를 효과적으로 유발하는 데에는 실패하고 있다. 사람들의 하급욕구가 일단 충족되면 그것은 동기유발 요인으로서의 의미를 상실한다. 조직 구성원의 하급욕구가 대체로 충족되어 있는 상황 하에서 관리층이 그러한 욕구를 충족시키기 위해 아무리 힘을 쓰더라도 조직 구성원들은 일을 열심히 하려는 생각을 하지 않을 것이다. 따라서 처벌 위협의 사용이 불가피하게 된다. 즉 강압적 통제수단이나 조종적 수단을 계속하여 쓰면 조직 구성원들은 피동성, 저항적 행동, 책임회피 등의 성향을 나타내게 된다. 그러나 이것은 강압적 · 조종적 전략의 결과이지 그 원인이라 할 수는 없다.

피동성, 책임회피, 저항적 행동 등은 인간의 본성이 아니라 고급욕구를 충족시킬 기회를 박탈하는 관리전략의 결과를 설명하는 것에 불과할 수도 있다. 인간은 계속하여 성장하는 존재인데 X이론은 인간이 미성숙한 채 굳어 있는 것으로 간주한다. 인간의 미성숙성에 기초를 둔 관리 체제의 기본적인 지향성을 바꾸지 않는 한 인간의 성장과 자아실현을 도우려는 부분적인 기법들을 도입하더라도 그 효용성이 발휘되는 것을 기대할 수는 없다는 것이다.

(5) Y이론의 현대적 관점

Y이론은 인간의 고급욕구에 착안하여 통합형의 관리전략을 처방하는 현대적

접근방법이다.

(6) Y이론의 인간에 대한 가정

Y이론의 인간에 대한 기본적 가정은 다음과 같다.

① 일에 대한 능동성

보통 사람은 본성적으로 일을 싫어하는 것이 아니다. 일을 위해 정신적 · 육체적 노력을 바치는 것은 휴식을 취하거나 놀이를 하는 것처럼 자연스러운 것이다.

② 자율규제적 성향

사람은 자기가 받아들이기로 마음먹은 일에 기여하기 위해 자율적으로 자기규제를 할 수 있는 존재이다.

③ 조직목표와 개인목표의 통합 가능성

조직목표에 기여하려는 동기는 업적에 결부된 보상의 기능이라 할 수 있다. 그러한 보상 가운데 가장 중요한 것은 긍지와 존경에 대한 욕구의 충족과 자기실현욕구의 충족이다. 조직의 목표에 기여하려는 노력의 성공은 그러한 욕구를 충족시켜주고, 욕구의 충족은 조직목표에 기여하려는 동기를 유발한다. 이렇게 볼 때 조직의 목표와 개인의 목표는 서로 통합될 수 있는 것이라고 할 수 있다.

④ 책임지향성

적절한 조건만 갖추어지면 보통사람은 책임을 받아들일 뿐만 아니라 책임맡는 것을 원한다. 책임을 피하려는 것, 야망이 없는 것, 안전만을 중요시하는 것 등은 대체로 경험의 산물이며 사람의 본성은 아니다.

⑤ 창의적 성향

대부분의 조직 구성원은 조직의 문제해결에 있어서 비교적 높은 수준의 상상력과 창의력을 발휘할 수 있다.

⑥ 인간의 잠재력 발휘를 제약하는 전통적 조직

오늘날 볼 수 있는 조직생활의 조건 하에서 보통사람의 지적 잠재력은 그 일부만이 활용되고 있다.

대체로 보아 Y이론은 Maslow가 말한 인간의 욕구 가운데서 자아실현의 욕구, 자존의 욕구, 그리고 소속 및 사랑의 욕구 등을 반영한 것으로 볼 수 있고, X이론은 생리적 욕구, 안전에 대한 욕구 및 일부의 애정적 욕구를 반영한 것으로 볼 수 있다.

(7) Y이론에 따른 관리전략

Y이론에서 도출되는 관리의 중심 원리는 통합(integration)의 원리이다. 이것은 조직 구성원들이 그들의 노력을 조직의 성공에 지향시킴으로써 그들 자신의 목표를 가장 잘 달성할 수 있도록 하는 조건을 형성해야 한다는 원리이다. 여기서 말하는 통합이란 개인의 목표와 조직의 목표를 부합시키는 것이다. 따라서 통합의 원리는 조직의 필요와 개인의 필요를 함께 인정할 것을 요구한다.

통합의 원리에 입각한 관리의 기본적인 임무는 사람들이 조직의 목표를 위해 일함으로써 자기들의 목표도 최대한 달성할 수 있도록 여건을 조성하는 것이다. 그러한 여건의 조성에는 성취의 기회를 제공하고 성취의 장애를 제거하는 것, 그리고 기본적인 행동방향을 제시하고 성장을 촉진하는 것이 포함된다.

X이론에 입각한 관리체제는 인간행동의 외재적 통제에 의존하는데 반해서 Y이론에 입각한 관리체제는 사람들의 자율적 행동과 자기규제에 의존한다. 이러한 차이는 사람을 어린애로 취급하는 것과 성숙한 어른으로 취급하는 것의 차이에

비유할 수 있다.

(8) Y이론의 한계

Y이론을 관리체제에 적용하려면 많은 어려움이 따를 것이다. 왜냐하면 오랫동안 X이론에 입각한 관리체제의 지배를 받아온 사람들의 타성화된 행태를 근본적으로 바꾸는 일은 쉽지 않을 것이기 때문이다. Y이론은 조직사회의 현실에 비추어 보았을 때 이상적이라는 비판을 받고 있다.

Y이론에 입각한 획기적 관리체제의 개선이 쉽지 않으므로 처음에는 Y이론의 적용이 용이할 것으로 보이는 영역을 골라 한정적으로 적용하는 것이 바람직할 것이다. 예컨대 고급관리자나 전문직업인을 관리하는데 Y이론을 적용하는 것은 바람직할 것이다. 그리고 외재적 통제를 완화하고 자율성과 책임성을 높이기 위한 분권화와 위임, 책임 있는 직무수행과 성장을 촉진하기 위한 직무 풍요화, 참여관리, 목표설정에 의한 업적평가 등은 Y이론에 부합되는 관리체제의 구축에 유용한 수단이 될 수 있을 것이다.

7) Lundstedt · Lawless · Ouchi의 Z이론

McGregor가 관리체제에 관하여 X이론과 Y이론을 발표한 이후 이 방면의 연구자들 가운데 몇 사람은 X이론이나 Y이론에 부합되지 않는 조직관리 상황을 확인하고 거기에 Z이론이라는 이름을 붙였다. 그러나 Z이론의 내용이 통일되어 있는 것은 아니다. Lundstedt, Lawless, Ouchi 등은 각기 자기가 관찰한 어떤 조직관리 상황에 대한 설명을 Z이론이라 부르고 있지만 Z이론이라는 이름만 같을 뿐 그 내용은 서로 다르다.

(1) Lundstedt의 Z이론

Lundstedt는 조직에 관한 여러 이론들이 지나친 단순화로 인한 오류를 범하고 있다고 지적하면서 바람직하지 못한 단순화의 예로 McGregor의 이론을 들었다. 그리고 McGregor는 관리체제의 한 가지 중요한 양태를 간과하였다고 지적한 후 Z이론(방임형 또는 비조직형 관리체제)을 추가해야 한다고 주장하였다. Lundstedt는 X이론이 독재형 또는 권위형이고 Y이론이 민주형에 해당하는 것이라면 Z이론은 자유방임형 또는 비조직형에 해당한다고 하였다.

McGregor의 X이론과 Y이론은 인간관과 그에 관련된 관리모형에 대한 이론인데 반해서 Lundstedt의 Z이론은 조직의 특정한 상태, 또는 그러한 상태를 노정하는 조직 양태에 관한 이론이라 할 수 있다. 즉 무정부 상태와 같은 방임적 상태가 나타나 있는 일반적 조직 양태를 묘사하여 Z이론이라 부르고 있다. 조직 내에서 흔히 볼 수 있는 비조직화된 상태, 또는 방임된 상태는 바람직하지 않은 경우도 있지만 순기능적일 때도 많다. 리더십의 결여(리더의 책임회피) 때문에 자유방임의 상태가 야기되면 집단적 응집력은 약화되고 조직의 생산성은 떨어지는 경우가 있다. 그러나 조직 생활에서 관찰할 수 있는 여러 가지 사회관계의 비조직화가 순기능적이고 유용한 경우는 적지 않다. 휴식 시간이나 점심 시간의 활동은 자발적이고 방만한 것으로서 무정부 상태를 방불케 하지만 개인의 욕구 충족을 위해서 최대의 기회를 제공할 수 있다. 뿐만 아니라 업무의 종류에 따라서는 방만한 조직 상태 하에서 훌륭한 결과를 가져올 수도 있다. 실험실에서 수행되는 업무나 대학에서 수행되는 업무가 그 좋은 예이다.

조직 생활에 있어서 일정한 기간의 순기능적 비조직화는 조직 내의 사회적 변화를 수반하는 것이 보통이다. 어떤 비조직화가 조직의 발전에 선행되는 것을 흔히 볼 수 있다. 조직의 궁극적인 생존은 비조직화된 상태가 지속되는 기간뿐만 아니라 그러한 기간에 조직 구성원이 누리는 생활의 질에 의해서도 영향을 받는 것으로 보인다.

이상과 같은 Lundstedt의 견해는 방임형이라는 조직유형이 있다는 점, 그리고 그것은 중요시되어야 한다는 점을 강조한 것으로 이해할 수 있다. 그러나 방임형의 조직 양태가 항구적인 것인지 아니면 일시적인 현상인지에 대해서 분명한 의견을 밝히지 않고 있다. 그리고 Z이론의 구체적인 내용, 또는 가정에 대해서도 별로 언급한 바가 없다.

(2) Lawless의 Z이론

X이론과 Y이론 이외에 제 3의 관리이론을 탐색하면서 Lawless 역시 그러한 제 3의 이론에 Z이론이라는 이름을 달고 있다. Lawless의 주장은 다음과 같다.

X이론이나 Y이론이 절대적인 적합성을 가진 것은 아니다. 때와 장소에 따라서, 그리고 조직의 특성에 따라서 그 적합성은 달라질 여지가 많기 때문이다. 관리기능은 조직과 별개로 존재하는 것이 아니다. 관리는 조직의 기능이기 때문에 조직이 변동하면 관리전략도 변동해야 한다. 마찬가지로 조직이 다르면 관리의 전략도 달라져야 한다.

고정적이고 획일적인 관리전략의 절대성을 의심하는 것이 Z이론의 입장이다. Z이론은 변동하는 환경 속에 존재하는 조직과 집단, 그리고 사람은 변동한다는 사실을 객관적으로 파악하여 그에 대응하는 관리전략을 펴야 한다고 주장하는 이론이다. Z이론은 관리방식이 구체적인 조직의 형편에 적응해야 한다고 주장한다.

구체적인 조직 · 집단 및 개인의 고유한 필요를 객관적으로 파악하여 거기에 융통성 있게 대응해야 한다는 것이 Z이론의 이상이다. 이와 같은 이상을 실현하는 것은 어려운 일이다. 그러나 정의 · 아름다움 등을 추구할 때와 마찬가지로 Z이론의 이상 성취가 완벽하게 될 수 없음을 알면서도 우리는 그것을 추구해야만 한다. 그러한 이상의 실현이 하나의 가능성으로 존재한다는 것을 알고 그 실현을 위해 기꺼이 노력한다는 사실이 중요하다는 것이다. Lawless의 Z이론은 복잡한 인간모형의 가정에 입각한 관리전략의 처방인 것으로 보인다.

(3) Ouchi의 Z이론

Ouchi는 미국 사회에 실재하는 조직들 가운데서 일본식 관리방법과 유사한 관리의 원리를 채택하고 있는 조직들을 관찰하고 거기서 귀납적으로 Z이론을 구성하였다. 그는 미국 사회에 적응된 일본식 조직형에 Z이론이라는 이름을 붙인 것이다. Z이론의 조직형은 '미국판의 일본식 조직'(American version of the Japanese style organization)이라 할 수 있다.

Z이론의 관리는 조직 구성원 사이의 상호의존성 · 동류의식 · 평등 · 참여, 그리고 공동 노력을 강조하는 참여관리이다. Z이론의 조직형 또는 관리체제의 특성은 다음과 같다.

① Z이론의 관리 특징

첫째, 장기적인 고용관계를 유지한다.

임용 구조는 폐쇄형에 가까우며 한 번 채용된 사람은 조직에 오래 남아 있게 하는 인사 방침을 채택한다. 비공식적으로 종신고용제와 같은 관계가 설정되는 예를 흔히 볼 수 있다.

둘째, 직원에 대한 평가는 빈번하지 않으며 평가의 많은 부분이 비공식적으로 이루어진다.

셋째, 직원의 승진 속도는 비교적 완만하다. 장기 근속체제 하에서 승진이 비교적 느린 것이다.

넷째, 직원들의 직무상 전문화 수준은 비교적 낮으며 일반능력자 지향적(generalist oriented) 인사관리를 한다. 순환근무제 또는 순환보직제가 널리 활용된다.

다섯째, 의사결정은 합의의 과정, 즉 집단적 과정을 통해서 한다. 그러나 집단적인 결정의 책임은 궁극적으로 어떤 개인에게 돌아간다. 이 점에서 집단적 결정에 집단적 책임을 내세우는 일본식 관리와 구별된다.

여섯째, 공식적 · 계서적 통제보다는 비공식적 · 사회적 통제가 강조된다.

일곱째, 관리층에서 직원들에 대해 갖는 관심은 전인격적 관심이다. 즉 직원들에 대한 관심은 매우 포괄적이다.

② Z이론의 조직형

Z이론의 조직형은 구성원의 높은 단체 정신에 힘입어 높은 효율을 도모할 수 있는 이점을 가지고 있으나 미국 사회의 구조에 잘 부응하지 못하는 단점도 있다.

미국식 조직보다 배타성이 강하다는 것, 전문화의 요청에 제대로 부응하지 못한다는 것, 조직의 근본적인 변동이 요청되는 상황이나 급변하는 환경에 적응하기 어렵다는 것, 인종차별 · 성적 차별의 경향이 강하다는 것 등이 단점으로 지적되고 있다.

이러한 관리의 특성은 전형적인 미국식 기업조직의 관리 특성과 현저히 대조된다. Ouchi는 미국식 관료제를 A형(A Type)이라 부르고 있다. A형의 특성으로는

① 단기적인 고용관계,
② 전문화된 경력 발전 계통,
③ 개인적인 의사결정,
④ 잦은 평가,
⑤ 공식적 통제의 강조,
⑥ 빠른 승진,
⑦ 노사 간의 부분적 결합(직원에 대한 부분적 관심) 등을 열거하였다.

Z이론의 준거가 된 일본식 관리형은 J형(J Type)이라 부르고 그 특성으로

① 종신고용제,
② 장기적이고 완만한 평가와 승진,
③ 경력 발전 계통의 비전문화,
④ 내재적이고 비공식적인 통제장치,
⑤ 집단적 의사결정,
⑥ 집단적 책임,
⑦ 직원에 대한 전인격적 관심 등을 열거하였다.

5. 조직에서의 동기유발 전략

조직은 사람들의 욕구, 열정, 포부 등에 대해 인식하고 있어야 하며 그들의 동기부여를 위해 먼저 사람들을 이해해야 한다.

1) 직업설계를 통한 동기부여

직원을 본질적으로 만족시킬 수 있도록 작업을 재설계하는 것은 가능하다. 다음의 3가지 선택조건을 살펴볼 수 있다.

(1) 작업 로테이션

일정한 기간 동안 미리 정의된 방법에 의해 다양한 작업 형태를 경험하게 한다.

(2) 작업 확대

새로운 기술이나 책임을 위해 직원의 의무나 책임을 확대시키는 것을 의미한다.

(3) 작업 강화

작업을 더 바람직하고 만족하도록 하여 내재적 동기를 강화시키려는 시도이다.

위의 세 선택 조건은 일을 할 때 오직 외부적 보상에만 가치를 두지 않는 Y이론 노동자들에게 호소력이 있다.

2) 인센티브를 통한 동기부여

인센티브는 종종 질의 향상, 사고의 감소, 판매 및 참여 생산성의 증가 등을 위해 사용된다. 많은 회사들은 새로운 아이디어의 개발을 위한 보상 프로그램으로 이것을 사용한다.

Intrapreneurship(사내기업가 정신)으로 알려진 이 프로그램은 직원의 아이디어, 생산성, 공정 개발 등을 위해 사용된다.

3) 배움의 기회를 통한 동기부여

배움의 기회는 일에서나 일상에서나 강한 동기부여가 될 수 있다. 직원들은 개인의 성장과 발전을 위해서 교육과 연수(훈련)의 중요함을 깨닫게 된다. 많은 회사들은 발전된 통신 기술을 교수방법에 사용하고 있으며, 어떤 조직들은 대학들에서 받을 수 있는 온라인 강의에 대한 등록금을 제공하기도 한다.

4) 능력 확장을 통한 동기부여

능력의 확장은 정보, 권력, 책임을 조직의 일원들이 나누어 갖는 것을 의미한다. 고용인들은 좋은 조직의 결정을 위한 자신의 능력의 확대를 경험했을 때 자긍심, 자기표현, 주인의식 등을 경험한다.

5) 타인의 기대를 통한 동기부여

자기충족예언에서 보는 바와 같이 타인의 기대도 동기부여에 큰 힘을 발휘한다. Rosenthal과 Livingston의 교실에서의 피그말리온 연구에서처럼 학생에 대한 교사의 기대가 학생의 성취를 높여주는 것을 예로 들 수 있다.

6) 목표의 설정과 실행

목표는 사람들을 다음과 같은 4가지 방식으로 동기화시킨다.

⑴ 목표는 특정 목적에 대한 주의를 집중시키는 힘이 있다.

⑵ 목표는 어려운 것에 노력을 쏟도록 격려한다.

⑶ 목표를 달성하는 것은 지속적인 노력을 필요로 하기 때문에 지속성을 독려한다.

⑷ 목표를 설정하는 것은 꿈과 이상 사이의 차이 극복을 위해 개인을 노력하도록 한다.

목표는 너무 쉽지도 어렵지도 않아야 하며 도전을 위해 적당히 어려운 정도가 되어야 한다.

6. 자기 동기유발 전략

1) 견실한 본성을 육성하라.

최근 연구에 따르면 어려운 일과 결정 등에서의 강인함이 주요 성공의 지표가 되고 있다. 지능(지성)은 성공을 위한 단편이 될 뿐이다. 그렇다면 이러한 강인함을 어떻게 키울 수 있을까? '자기 수양(훈련)이 그 해답이다.

2) 편안한 영역 밖으로 나가라.

많은 사람들은 편안한 영역 밖으로 나가는 모험을 두려워하기 때문에 그들의 모든 잠재력을 사용하지 못한다. 그들은 그들의 가치보다 적게 벌고 승진이나 높은 지위를 위한 노력을 하지 않는다.

3) 균형유지를 위해 노력하라.

자기 동기부여는 인생에서 균형감각을 가지지 못할 때 종종 감소된다. 일과 개인적인 생활과의 성공적 균형을 위해서 무엇이 당신에게 가장 중요한지 되돌아보는 시간을 갖고, 적응을 위해 노력을 해야 한다.

4) 행동하라.

당신이 일에 치여 지루하고 갇혀 있다고 생각이 된다면, 당신은 상황에 대한 책임을 맡거나, 일의 향상을 위해 노력을 하는 등으로 자기 동기를 강화할 수 있다. 현재의 일에 대한 책임을 맡는다는 것은 변화에 대한 두려움으로 쉽지 않다. 더 나아질 수 있다는 희망을 버리지 말고 주저하지 말라. 무엇인가를 시작해라.

제 8 장

의사소통과 인간관계

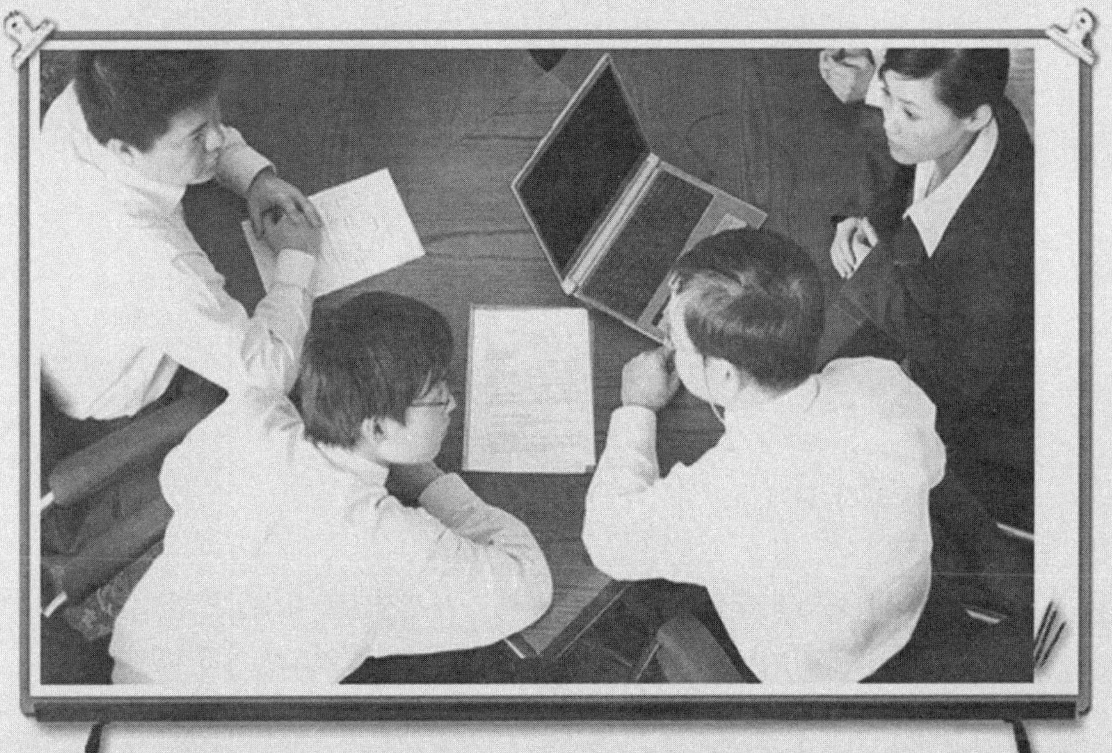

1. 대화의 5단계
2. 대화 지속하기
3. 대화에서 부인과 변명의 효과
4. 대화의 기술
5. 상호작용 관리 기술
6. 의사소통과 경청
7. 인간관계 증진을 위한 감수성 훈련

1. 대화의 5단계

[그림 8-1]은 대화과정 모델을 5단계로 나누어 제공하고 있다. (1) 시작, (2) 사전 준비, (3) 본 활동, (4) 피드백, (5) 마무리가 그것이다.

각 단계는 두 사람이 이야기할 때 언제 무엇을 해야 하는지에 대한 안내를 줄 것이다.

[그림 8-1] 대화의 과정

1) 시작 단계

대화의 첫 번째 단계인 열기는 보통 몇 가지 인사말로 시작된다. 인사는 보통 언어적, 비언어적인 것, 혹은 두 가지 모두를 포함하는 것으로 이루어진다. 예를 들면 언어적 인사는 언어 예절(안녕, 안녕하세요); 주제의 시작(내가 ~라고 부르는 이유는 ~); 다른 사람에게 말을 하기(안녕 재호, 요즘 어때?) 그리고 개인적 관심 표현(어떻게 지내니?)이다. 비언어적 인사는 손 흔들기, 미소, 그리고 윙크하기 등이다. 언어적 비언어적 인사를 동시에 하는 것이 일반적이다.

보통의 대화에서 당신의 인사는 상대방과의 관계(형식/비형식의 정도, 친근의 정도)에 따라 달라진다. 당신의 "좋은 아침이에요, 안녕하세요?"라는 친근한 인사에 어떤 사람이 냉담하게 반응하며 돌아선다면 당신은 뭔가 잘못되었다는 것을 알 수 있다. 시작단계는 대화의 중요한 부분으로 보통 일관적인 틀이 있다. 가족의 죽음에 대한 소식을 듣고 명랑하게 "오늘은 어때, 귀염둥이?"라고 말하지는 않는다. 그러나 이

틀은 문화마다 다르다. 예를 들어 핀란드에서는 "안녕하세요?"가 단순한 인사가 아니라(진짜 안녕한지에 대한) 성실한 정보를 요구하는 것으로 사용된다(Halmari, 1995).

대화를 시작할 때는 다음의 두 가지를 고려할 필요가 있다.

첫째, 긍정적인 표현으로 시작하라는 것이다. 예를 들어 "이 장소를 진짜 싫어하는 거 아니지?" 보다는 "난 정말 이 곳에 오게 되어 기뻐!"라고 말하는 것이 좋다.

둘째, 너무 노출하지 말라는 것이다. 대인관계의 시작에서 자기 스스로를 너무 빨리 드러내게 되면 상대방이 불편함을 느끼게 된다.

2) 사전 준비

두 번째 단계는 사전 준비의 단계이다. 이 때 당신은 다른 사람에게 대화의 초점을 알리는 일반적인 아이디어를 준다. "난 내 며느리에 대해 말하려고 해", "어제 교실에서 무슨 일이 있었는지 들었니?" 혹은 "우리는 휴가에 대해 이야기를 해야 해." 등이다.

피드포워드 역시 대화할 때 일정한 틀이 있다는 것을 확인할 수 있다("난 진짜 속상해. 그래서 너와 이야기하고 싶어"). 시간이 전제되기도 한다("이 얘기는 일분쯤 걸릴거야"). 혹은 당신은 이것을 대화를 시작할 때 당신 이야기를 이해할 수 있도록 하거나 당신에 대해 부정적인 반응이 나오지 않도록 하는데 사용할 수 있다.

효율적인 사전 준비에 대한 몇 가지 제안이 있다.

- 당신이 말하고자 하는 내용을 다른 사람이 알 수 있도록 피드포워드를 사용하라. 예를 들어 데이트를 신청하기 전에 당신이 승낙을 받을 수 있을지 미리 테스트를 하는데 이 방법을 사용할 수 있다. 당신은 그 사람이 다른 사람과 함께 저녁을 먹는 것을 즐기는지, 또는 요즘 누군가 사귀고 있는 상대가 있는지 물을 수 있다. 친구로부터 돈을 꾸기 전에 당신은 아마도 당신의 가난한 재정 상태를 말하거나 "난 내 차 할부금을 낼 30만원이 정말 필요해" 같은 말을 하고 누군가가

(당신이 바라는 말)"내가 좀 도와줄까?"라고 이야기하길 기다릴 것이다.

- 다음에 이어질 이야기와 일치하는 사전 준비를 한다.

만일 당신 이야기가 나쁜 소식이라면 당신이 사용하는 피드포워드는 다른 사람이 나쁜 소식을 듣고 이겨내는데 도움이 될 수 있는 것이어야 한다. 예를 들어 당신은 "난 너에게 뭔가를 이야기해야 하는데 너는 별로 듣고 싶어하지 않을 수도 있어. 여기 앉아보렴." 이렇게 말할 수 있다.

- 좀 더 중요하거나 복잡한 메시지는 역시 좀 더 중요하고 폭넓은 사전 준비가 필요하다.

예를 들어 공식석상에서의 연설인데 상대적으로 내용이 길다면 화자는 안내, 또는 오리엔테이션이라는 이름의 명확한 형태의 피드포워드를 주는 것이 현명하다. 사업회의의 시작에 사회자는 회의 스케줄이나 협의 사항에 대한 안내를 하는 것이 일반적이다.

3) 본 활동

3단계는 대화의 요지이자 중심이라고 할 수 있는 '비즈니스'다. 이것은 분명히 대화의 가장 긴 부분이고 오프닝과 피드포워드의 존재 이유이기도 하다. 비즈니스는 이 단계에서 사용하기 좋은 단어다. 왜냐하면 이것은 면대면, 전화, 이메일 등의 모든 대화에서 목적을 이루기 위해 강조하기 때문이다. 무엇을 배우거나, 관계 맺기, 영향 주기, 놀기, 혹은 돕기와 같은 한 개 혹은 몇 개의 목적을 달성하기 위해 이야기한다. 이것은 일반적인 면대면, 컴퓨터를 매개로 하는 이메일, 블로그, 사회적 네트워크 수다방, 혹은 핸드폰 같은 모든 종류의 상호작용을 통합하는데 충분하다. 이메일에서 당신은 다른 이메일 뿐만이 아니라 웹 사이트, 그리고 단어, 소리, 비디오 파일 등을 핫 링크로 연결함으로써 쉽게 당신의 이야기를 보충할 수 있다. 비록 당신이 면대면 대화에서 보충의 자료를 사용할 수 있다 할지라도 이메일 대화에 미치지는 못할 것이다.

대화의 비즈니스는 화자와 청자의 역할이 바뀌는 것을 통하여 이루어진다. 보통 말하기 순서가 빨리 바뀐다는(늦게 바뀐다는 것보다는 상대적으로) 것은 대부분 편안한 대화라고 할 수 있다. 당신의 '재호에 대해 말하기'나 '교실에서 있었던 일 이야기하기' 혹은 '휴가 계획에 대해 이야기하기'가 포함된다.

이메일과 면대면 상호작용의 중요한 차이점은 보통의 면대면 대화는 대화의 기록이 영원히 남지 않는다는 것이다. 기록은 단지 그 자리에 있었던 사람들의 기억 속에만 존재한다. 이와 대조적으로 이메일에서는 상호작용의 기록이 영원히 남으며 제3자에게 쉽게 전달될 수도 있다. 큰 조직의 직원의 이메일은 하드 디스크나 백업 테이프에 모두 저장되고 이 기록은 검색되거나 파괴될 수 있다. 이런 이유로 이메일을 사용할 때는 주의가 필요하다.

4) 피드백

대화의 네 번째 단계는 두 번째 단계의 반대이다.

이 단계에서 당신은 당신의 대화를 되돌아보고, 비즈니스가 완성되었는지에 관한 사인을 보낸다. 즉 "그래서 당신은 재호에게 안부 카드를 보내고 싶군요." "당신이 들었던 것처럼 나빴던 건 아니었다는 거지?" 혹은 "당신이 필요한 걸 구입하는 동안 난 예약을 할게."

물론 다른 사람들은 비즈니스가 끝났다는 것에 동의하지 않고 이의를 제기할 수도 있다. 예를 들어 "그런데 그 사람은 어느 병원에 있어?" 이럴 때 당신은 비즈니스 단계로 돌아가서 계속 진행하면 된다.

각 피드백의 기회는 다음의 5가지 종류 중에서 선택할 수 있다. '긍정적-부정적, 사람 중심-내용 중심, 즉시-나중, 대략적인 모니터-상세한 모니터, 그리고 지지적-비평적'이 바로 그것이다. 피드백을 효율적으로 사용한다는 것은 위의 내용들을 명확한 근거를 바탕으로 선택했을 때 가능하다. 위의 내용들은 서로 배타적이 아님을 명심해라. 피드백은 지지적이거나 비평적인 것이 아니다. 두 가지 모두가 가능하다.

예를 들어 누군가에게 좀 더 효율적인 리포터가 되는 것을 가르친다고 해 보자.

당신은 인터뷰 연습을 비평적으로 평가할 수 있지만 그 사람의 노력을 지지하는 표현도 같이 할 수 있다. 비슷하게 당신은 친구의 질문에 즉각 답을 할 수도 있고, 1, 2일 후에 좀 더 상세하게 답을 할 수도 있다. 각 상황들은 특별하기 때문에 당신이 피드백을 좀 더 효율적으로 사용할 수 있도록 확실한 제안을 하는 것은 매우 어렵다. 그러나 특별한 상황에 사용할 수 있는 몇 가지 제안이 다음에 있다.

- 이야기나 행동 뒤에 있는 동기보다는 이야기나 행동 그 자체에 초점을 맞춰라. 예를 들면 "넌 집중해서 글을 쓰지 않았구나." 혹은 "너는 정확하게 글을 쓰기 위해 충분히 노력하지 않았구나." 대신 "이 글은 고쳐 주기에는 너무 많은 오류가 있구나."라고 말하는 것이 낫다.
- 만일 당신의 피드백이 부정적이라면 뭔가 긍정적으로 바꿔 표현하라. 충분히 살펴만 본다면 항상 긍정적인 것을 찾을 수 있다. 청자는 긍정적인 몇몇 평가를 들은 후에 좀 더 쉽게 스스로 부정적인 부분을 찾을 수 있을 것이다.
- 적당한 시간과 장소를 선택하라. 피드백이 부정적일 때 특별히 조심스럽게 비공식적으로 한다. 그리고 모든 문제를 상세히 이야기할 수 있는 충분한 시간을 갖고 한다.
- 피드백에 대한 피드백을 요청하라. 예를 들면 "어때, 이치에 맞니","내가 말한 거 이해하겠니?"라고 묻는다.

피드백의 균형을 이루는 다른 한 부분은 피드백을 받아들이는 사람이다(Robbins & Hunsaker, 2006). 당신이 피드백을 받아들일 때는 다음과 같이 하라.

- 피드백에 관심이 있음을 보여라. 이것은 당신이 무엇을 하든지 간에 당신이 향상될 수 있도록 돕는 아주 중요한 것이다. 피드백을 주는 사람을 격려하라.
- 피드백을 기분 좋게 받아들여라. 싸우지 말고 방어도 하지 마라.
- 피드백이 이해되지 않는다면 방어적이지 않은 형태로 설명을 요청하거나. 질문

을 하라.

- 당신이 이해한 내용을 체크하라. 당신은 피드백을 이해했는가? 당신이 받은 피드백을 부연해서 설명하여 당신의 이해가 올바른지 확인한다. "당신은 메일이 오전 9시 전에 모든 임원에게 전달되어 사람들이 이 일을 먼저 하길 원하는 거지요?"

5) 마무리

다섯 번째 단계이자 마지막 단계는 첫 단계의 반대인 마무리 인사이다.

오프닝처럼 마무리도 언어적 · 비언어적 표현 두 가지 모두가 사용된다. 명확하게 대부분의 마무리는 이해하기 쉽다. 보통 마무리는 지지 정도를 나타낸다. 예를 들어 "당신과 이야기하니 정말 좋은 걸!"처럼 상호작용 속에 당신의 기쁨을 표현한다. 마무리는 상호작용을 요약하기도 한다.

이 메일에서의 마무리는 면대면 대화와 유사하다. 그러나 당신이 연락받고 싶은 전화번호, 좋은 인용구나 격언과 함께 사인을 하는 것이 다르다.

마무리 대화는 오프닝 대화만큼 어렵다. 자주 마무리는 대인간 상호작용의 거북하고 불편한 부분이 되기도 한다. 대화를 마무리할 때 사용할 수 있는 몇 가지 힌트가 있다.

- 대화의 끝을 반영하고 짧게 요약해서 마무리에 사용하라.
  예를 들면, "당신을 우연히 만나 동아리 모임에서 무슨 일이 있었는지 알게 되어 기뻐요. 아마 모임에서 당신을 보겠군요."
- 대화의 마지막에 직접적으로 당신이 희망하는 것을 말하라.
  예를 들면, "난 당신과 계속 이야기하고 싶어요. 그런데 난 지금 가야 해요. 다음에 다시 만나요."
- 다음 번 대화에 대해 언급하라.
  예를 들면 "리포트를 다 읽으면 나에게 이 메일을 보내세요." 혹은 "다음 주쯤 시간을 내서 이 토론을 계속하는 것은 어때요?"

- 마무리를 요청하라.
  예를 들면, "당신이 알고 싶어하는 것이 설명됐지요?"
- 상호작용을 즐겼다는 것을 말하라.
  예를 들면, " 난 당신과 이야기해서 즐거웠어요!"

2. 대화 지속하기

커뮤니케이션 연구자들의 다양한 시각을 종합해 보면 대화에서 다음과 같은 사항들이 고려된다(Burgoon, Buller & Woodall, 1996).

1) 화자의 역할

화자에게는 계속 말하는 역할과 순서를 양보하는 역할이 있는데 이것으로 대화가 조절된다. 확실하게 충분한 상호작용을 하는 것은 물론 즐거운 참여를 증가시키기 위해서도 이러한 역할은 효율적으로 사용되어야 한다.

각 문화권에서는 대화의 순서유형과 그에 대한 적절성이 다르게 정의되어 나타나곤 한다. 예를 들어, 복합 문화권(주로 개인주의 문화권)의 사람들은 자주 단일 문화권(주로 집단주의 문화권)의 사람들보다 대화 순서를 신경 쓰지 않을 것이다. 대화의 순서 규칙을 조심스럽게 사용하는 단일 문화권의 사람들은 복합 문화권의 사람들이 순서를 무시해 동시에 말하거나 다른 사람의 말을 방해하는 모습을 보며 교양이 없다고 생각할 것이다(Grossin, 1987). 어떤 문화권에서는 (넓은 의미의 개인주의 문화) 대화의 순서가 좀 더 자주 한 개인 개인에게 전달되고, 또 다른 문화권에서는(넓은 의미의 집단주의 문화) 대화의 순서가 몇몇의 사람에 의해 독점되는 경향이 있다.

2) 대화를 계속하거나 순서를 바꾸는 역할

대화를 계속하거나 순서를 바꾸는 역할은 화자 역할을 하는 사람이 계획하고 다양한 형태로 실행한다. 대체로 다음과 같은 방법이 효율적이다(Burgoon, Buller & Woodall, 1996).

(1) 자신이 이야기를 계속하고자 하는 경우

- 화자가 말할 내용이 더 있을 때 사람들이 들을 수 있게 숨을 들이쉬는 모습을 보인다.
- 생각이 아직 완전하지 않다는 것을 보여주는 제스처, 혹은 행동들을 계속하라.
- 말하는 순서가 바뀐다는 의미가 전달되지 않도록 청자와 눈맞추기를 피하라.
- 좀 더 말할 것이 남아 있음을 표시하는 억양 패턴을 사용하라.
- 청자에게 화자의 이야기가 아직 남아 있음을 나타내고, 말하는 것을 막기 위해 중단하는 소리(어, 음)를 내라.

대부분의 경우 우리는 화자가 상대적으로 짧게 이야기하고, 스스로 말하기 순서를 자진해서 넘기기를 기대한다. 이 규칙을 따르지 않는 사람들은 대개 부정적으로 평가된다.

(2) 대화를 넘기고자 하는 경우

이것은 화자의 이야기가 끝났고, 화자와 청자의 역할을 교대하고 싶을 때 청자에게 말하는 것이다. 그들은 청자에게(때때로 특별한 한 청자에게) 화자의 역할을 하라고 말한다. 예를 들어, 당신은 이야기의 끝에 "알았어요", "맞나요?"와 같은 말을 청자 중의 한 사람에게 하면서 화자의 역할을 넘긴다. 당신은 말을 중단하거나, 억양을 낮춤으로써 당신 이야기가 끝났음을 표시할 수 있다(Wennerstrom & Siegel, 2003).

또 청자와의 직접적인 눈맞추기, 특정한 한 사람을 향해 질문하거나 고개를 끄덕이며 표시할 수도 있다.

(3) 대화를 넘겨받고자 하는 경우

화자로 하여금 당신이 하고 싶은 말이 있고, 화자 역할을 하고 싶어하는 것을 알게 한다. 때때로 당신은 "말할 게 있는데요."라는 말로 간단하게 표시할 수 있다. 그러나 자주 당신이 말할 것이 있다고 화자에게 표시하는 '어' '음'을 통해서는 적절한 순간을 포착하기 어렵다. 말하기를 요청할 때 자주 얼굴이나 입의 제스처를 활용한다. 흔히 청자는 뭔가를 말하는 것처럼 눈이나 입을 움직이거나 손을 이용한 행동, 혹은 몸을 앞으로 기울이며 말하고 싶어하는 것을 전달한다.

(4) 맞장구치기

사람들은 화자의 역할을 하지 않으면서 화자와 다양한 종류의 정보를 공유하는데 '맞장구치기'를 사용한다. 맞장구로 다양한 메시지를 전달할 수 있다. 미소, 눈살을 찌푸리기, 찬성 혹은 반대의 제스처, "맞아", "절대" 혹은 "으-흠"같은 간단한 표현으로 당신의 동의나 반대를 화자에게 표현할 수 있다.

당신은 지루함, 또는 몰입의 정도를 나타낼 수 있다. 세심한 태도, 앞으로 몸을 기울이기, 눈맞추기 등은 당신이 대화에 몰입하고 있음을 말해 줄 것이다. 그리고 세심하지 못한 자세, 몸을 뒤로 기울이기, 눈맞추기를 피하는 것 등은 당신이 대화에 몰입되지 않았음을 나타낸다.

당신이 제공한 행동들은 화자의 말하기 속도를 조절한다. 예를 들어 당신은 손을 귀 근처로 가져감으로써 화자의 속도를 줄이게 할 수 있고, 몸을 앞으로 구부리거나, 계속해서 머리를 끄덕여 속도를 빠르게 할 수도 있다. 당신은 말로 이 목적을 달성할 수도 있다("천천히 해 주세요, 정확히 듣고 싶네요"), 비슷하게 당신은 "그래서요?" "어서요!"와 같은 말을 함으로써 화자에게 빨리 말해 줄 것을 요구할 수 있다.

설명을 요청하는 것은 맞장구의 또 다른 기능이다. 몸을 앞으로 기울이며 당신이

짓는 복잡한 얼굴 표정은 아마도 대부분의 화자들로 하여금 당신에게 설명이 필요함을 느끼게 할 것이다. 이와 유사하게 당신은 "누가", "언제", "어디서?" 같은 질문을 함으로써 설명을 요청할 수 있다.

이러한 맞장구의 몇몇 종류는 실제적으로 방해다. 그러나 이러한 방해는 일반적으로 부정적이라기보다는 긍정적인 의미를 갖는다. 그들은 당신의 말을 듣고, 몰입하고 있다는 것을 전달받고 있는 것이다(Kennedy & Camden, 1988).

3. 대화에서 부인과 변명의 효과

대화의 두 가지 전략인 부인과 변명은 다양한 경우에 도움이 된다는 것을 증명할 수 있다. 첫 번째 부인(포기, 기권)을 살펴보자.

1) 부인

당신이 청자들이 당신의 이야기가 현재 상황에 적당하지 않다고 생각하거나 끝까지 듣지도 않고 경솔하게 당신을 판단하려 하는 것을 두려워한다고 가정해 보자. 이런 경우 당신은 당신의 메시지가 잘 이해되도록 하고 당신이 부정적으로 비춰지지 않게 하기 위해 '부인'의 몇 가지 형태를 사용하게 될 것이다.

다음 5가지 형태의 '부인'의 글을 읽고 당신 자신을 위한 부인에 대해 생각해 보자(McLaughlin, 1984).

- 제한하는 말을 전제 조건을 달거나 의미를 제한시키는 말은 청자들이 당신이 말한 내용을 거부할 수도 있는 상황에서 당신 자신을 분리시키는데 도움이 된다. 그들은 당신을 거부하지 않을 것이다. 예를 들면, "내가 틀렸을지도 몰

라, 그러나…" 혹은 "나는 이 책을 전부 읽지는 못했어. 그러나 그것은 ~처럼 보이네!"라고 말할 수 있다.

- 자격증명(credentialing)은 당신이 한 말 때문에 어떤 자격을 잃게 하지는 않을 것이다. 예들 들면, 나를 오해하지 마세요, 난 대인기피증 환자가 아니에요. 라고 말할 수 있다.
- 잘못을 인정하는 것은 보통 일반적으로 통용되는 것과 다를지라도 청자의 승낙을 얻어 낼 수 있다. 예를 들면, 이곳이 사업 얘기하기에 적당하지 않다는 것을 나도 알아. 그렇지만이라고 말할 수 있다.
- 인지적인 부인은 당신의 능력(재능) 정도를 상세히 나타낼 수 있도록 도와 준다. 예를 들어, 난 당신이 나를 정신 나갔다고 생각하는 것을 알아. 그러나 내 설명을 논리적으로 들어 봐!라고 말할 수 있다.
- 판단 유보를 호소하는 것은 청자들이 판단을 하기 전에 당신의 이야기를 끝까지 듣도록 한다. 예를 들어, 내 입장의 이야기를 다 들을 때까지는 나를 평가하지 마!라고 말할 수 있다.

부인은 몇몇 상황에서 효력이 있다. 예를 들면, 부인은 일반적으로 당신이 농담으로 청자를 불쾌하게 했다고 생각될 때 효과적이다.

그러나 부인은 역시 당신을 곤경에 빠뜨릴 수도 있다. 예를 들면 당신이 이야기할 때 "나는 거짓말쟁이가 아니에요"라는 말로 시작을 한다면 청자들은 아마도 당신이 '거짓말쟁이' 일거라고 생각할 것이다. 그리고 만일 당신이 너무 많은 부인을 사용한다면 신념이 확실하지 않은 사람, 혹은 모든 것에 책임을 피하려고 하는 사람으로 인식될 수도 있다.

부인이 포함된 말로 대답할 때 흔히 부인과 말 모두에 대해 언급한다. 이렇게 한다면 화자는 당신의 부인을 듣고, 이 상호작용을 부정적으로 보지 않을 것이란 걸 알게 된다. 적절한 반응은 다음과 같다. "난 당신이 성차별주의자가 아니란 것을 알아요. 그러나…에 동의할 수는 없어요." 혹은 "글쎄요, 이것이 옳지 않더라도 우리는 지금 돈에 대해 이야기를 꼭 해야 할 것 같습니다."

2) 변명하기

과거에 의사소통이 되었던 사실도 때로는 의사소통이 되지 않을 수 있다. 이 사실 때문에 우리는 부정적으로 인식된 메시지를 정당화하거나 변호할 시간이 필요하다. 아마도 가장 보편적인 방법은 변명을 하는 것이다(Fraser, 2000).

변명은 다양한 형식의 의사소통과 행동으로 나타난다. 인간관계에서, 조직 내에서, 사회에서, 그리고 그밖의 여러 상황에서 변명이 이루어지고 있다. 어떤 일을 하다가 당신이 부정적으로 인식되는 어떤 행동을 하게 되는 경우, 잘못된 행동을 정당화하기 위해 변명이 필요하다는 것은 어려서부터 배운게 된다.

보통 변명이 필요한 경우는 다음의 3가지 조건이다(Snyder, 1984).

- 당신이 변명하고 싶을 때
- 당신이 한 말이 부정적으로 비추어져, 당신이 원하는 것과 맞지 않을 때
- 어떤 사람이 그 내용이나 대화 내용이 미치는 결과를 듣고, 그 '목격자'가 사장, 친구, 동료와 같은 외부인이거나 당신이 말한 내용의 목격자인 경우에는 당신 자신이 될 수 있다.

Snyder(1984)는 변명이란 '변명을 함으로써, 설명이나 행동이 적어지거나 부정적인 의미를 담고 있는 말하는 이의 행동을 자신과 다른 사람을 위해 긍정적인 이미지를 유지하는 것'이라고 정의 내린 바 있다.

변명은 특히 우리가 한 말이나, 일반적으로 그 사람이 속해 있는 집단이나 사회에서 기대하거나 올바른 것이라고 여겨지는 것과는 상반되는 것을 말해 비난을 받을 때 사용한다.

변명은 다음과 같은 3가지 형태로 정의된다(Snyder, 1984).

- "내가 하지 않았어." 타입은 당신이 비난받아야 하는 행동을 하지 않았다고 주장하는 것이다. "난 그런 말한 적이 없어." "난 그 일이 일어날 때 그 근처에조차 있지 않았어."

- "그게 잘못은 아니었어" 타입은 그 행동이 정말 나쁜 것은 아니었음을 주장한다. 다른 사람이 먼저 생각한 것이니 자기 잘못이 아니라는 것이다. "난 대답을 따라했을 뿐이고."
- "그래 맞아, 하지만…" 타입은 그와 같은 행동을 할 수밖에 없었던 어쩔 수없는 상황탓을 한다. "술 먹고 한 말이야." "실은 그 사람을 도와주려고 했는데, 그 사람 기분을 상하게 하려고 했던 뜻은 아니었어."

(1) 변명을 하는 몇 가지 동기

변명을 하는 주된 동기는 자신과 타인에게 긍정적인 인상을 주기 위해서와 자신의 자존감을 지키기 위해서이다. 또 자신의 잘못된 의사 표현 방식에 의해 발생하는 스트레스를 줄이기 위한 것도 있다. 변명의 좋은 점은 변명을 통해, 잘못된 의사 표현 방식에 따른 부정적 반응과 그에 수반되는 정신적 스트레스를 스스로 인지하고 교훈으로 삼을 수 있다는 점이다.

미리 생각되는 변명은 바람직하지 못한 행동으로 인해 야기되는 문제와 피해를 받아들일 수 있도록 해 준다. "내가 목이 심하게 아프지만 연설을 해 볼게."이러한 변명은 당신이 다소 실수를 하더라도 사람들이 양해해 줄 수 있는 여지를 준다.

또한 변명은 부정적인 상호작용이 있은 후에라도 상호 인간관계의 효율성을 유지시켜 주는데 도움이 될 수도 있다. 예를 들면, 친구의 행동을 비판하고, 그 비판에 대한 부정적인 반응이 있을 때 "용서해라, 그땐 내가 정말 피곤했어. 내가 직선적으로 생각한 것은 아니야"라고 변명을 하면 당신이 한 실수조차도 좀 더 호의적인 것으로 받아들일 수 있다.

(2) 바람직한 변명과 바람직하지 않은 변명

대부분의 사람들에게 가장 주된 의문점은 바람직한 변명이 무엇이고 바람직하지 않은 변명은 무엇인가이다. 어떻게 하면 바람직한 변명을 해서 문제 상황을 모면할 수 있으며 어떻게 하면 문제를 더 심각하게 만드는 바람직하지 않은 변명을 피할 수 있는 가이다.

- 바람직한 변명가는 절제된 변명을 하지만, 바람직하지 않은 변명가는 너무 자주 변명을 한다. 이와 비슷하게 부적절한 변명(환심을 사기 위해 종종하는 거짓말)은 거의 긍정적인 인상을 주지 못한다.
- 바람직한 변명가는 적절한 시기와 장소를 택해 변명한다. 바람직하지 않은 변명가는 적절하지 않은 상황에서조차 변명을 한다.
- 바람직한 변명가는 함께 일하는 다른 사람을 비난하는 일을 피한다. 바람직하지 않은 변명가는 동료조차 비난한다.
- 이와 비슷한 방식으로, 바람직한 변명가는 자신의 실수를 타인이나 조직의 탓으로 돌리지 않지만 바람직하지 않은 변명가는 남의 탓을 한다.
- 바람직한 변명가는 잘못된 것을 알아차리고 그 실수에 대한 자신의 책임을 인정하지만 바람직하지 않은 변명가는 실수에 대한 어떤 책임도 받아들이기를 거부한다.

(3) 변명하는 방식

변명을 하는 것이 늘 상황에 맞는 것은 아니지만 당신의 실수에 의해 발생하는 부정적인 효과를 교훈으로 삼는 데는 종종 효과적이다. 변명을 함으로써 당신의 잘못을 되돌리거나 부정적인 영향을 아예 없애 버릴 수는 없다. 하지만 변명은 대화나 관계가 잘못되는 것을 보완하는 데에는 어느 정도 도움이 된다.

최선의 변명은 5가지 요소를 가지고 있다(Coleman, 2002).

① 당신은 그 문제를 진심으로 이해하고 상대방의 기분이 정당하고 그럴 만하다는 것을 설명해 준다. 그리고 상대방의 감정이나 문제를 별것도 아닌 것으로 만드는 것을 피한다("그거 겨우 2만원 짜리잖아, 당신 너무 한다"라든가,"내가 겨우 1시간 늦었는데"라는

표현은 상대방을 언짢게 만든다).

② 당신의 책임을 인정한다. 책임을 회피하는 말(내가 잘못했다면 미안하다)이나, 진심이 결여된 표현("좋아, 미안해, 분명 또 내 잘못이지")을 피해라.

③ 당신이 한 행동에 대해 당신 자신도 불편하다는 것을 인정한다. 당신이 한 행동으로 인해 당신 자신도 기분이 좋지 않다는 것을 분명히 한다.

④ 당신이 한 것에 대해 용서를 구한다. 상세하게 설명한다.

⑤ 다시는 그런 일이 발생하지 않도록 할 것임을 분명히 한다.

가장 나쁜 변명은 "내가 하지 않았어" 형이다. 그런 사람들은 자신의 책임을 인정하지도 않고 다시는 그런 일이 일어나지 않는다는 확신조차 주지 않기 때문이다.

〈표 8-1〉은 좋은 변명이 연애나 사업에서 어떻게 활용되는지의 실례를 보여준다. 어떤 특정한 사례에서 사과를 효과적으로 표현하는 5가지 의도한 메시지가 여기에 나와 있다. 이 표를 읽을 때, 당신이 최근에 변명을 했던 구체적인 상황을 상상해 보라. 당신이 했던 말이 이 5단계의 구조에 알맞게 구성되었는가?

표 8-1 연애와 사업에서 변명하기

의도한 메시지	연애	사업
알아요	내가 당신에게 먼저 물어봐야했었는데, 당신이 화내는 것은 당연해요.	이 일로 고객을 놓치게 된 것을 압니다.
내가 그랬어	전적으로 제 책임이에요.	제가 달리 행동을 했어야 했습니다.
미안해	내가 먼저 물어 보지 않아서 미안해요.	지난번 요구에서 고객의 목적을 제가 잘 몰랐던 것이 잘못입니다.
용서해줘	용서해 줄 수 있니?	다른 기회가 주어졌으면 합니다.
더 잘할께	당신과 먼저 의논하지 않고는 누구에게도 돈을 빌려 주지 않을게요.	다시는 이런 일이 생기지 않게 하겠습니다.

4. 대화의 기술

대화에서 기술은 몇 가지 차원에 따라 맞출 수 있는 당신의 능력에 달려 있다. 예를 들어, 공감하기와 편견 없이 듣기처럼 효과적인 경청이 당신의 응용력에 달려 있다. 이와 비슷하게, 효율적인 대화는 특정한 기술의 차원에 따라서 응용할 수 있는 당신의 능력에 달려 있다. 여기서는 12가지 기술에 대해서 논하고자 한다. 대화, 유념, 융통성, 문화적 민감성, 초(超)커뮤니케이션(말이 아니라 시선 · 동작 · 몸짓 · 태도 등에 의한 커뮤니케이션), 개방성, 공감, 긍정성, 즉시성, 대화 조절, 표현성, 타인지향(배려) 그 외의 방침 등이다(Greene & Burleson, 2003; Apitzberg & Hecht, 1984; Rubin, 1985).

1) 대화

진정한 대화는 각각의 사람이 둘 다 함께 주고받고, 말하는 이가 되고 듣는 이가 된다. 이런 대화방식에서는 상대편과 둘 사이의 관계에 깊은 관심을 갖는다. 편견 없는 대화는 상호이해를 하는 것이며 지지와 공감을 하는 것이다. 이 사람이 무엇을 할 수 있는 능력이 있고 주기 때문이 아니라 단지 있는 그대로의 인격체이기 때문에 상대방을 존중하는 것이므로 정직하고 진심으로 대하는 것이다.

일방적인 대화는 그 반대이다. 한 사람은 말을 하고 다른 사람은 듣기만 하는 대화이다. 대화를 하는 사람 사이에 진정한 상호작용이 없다. 일방적인 대화를 하는 사람은 듣는 사람의 기분이나 태도에는 관심이 없고 오로지 자신의 목표에만 초점을 맞춘다. 이런 사람은 다른 사람이 자신의 목적을 이루어 줄 수 있을 때에만 그 사람에게 관심을 갖는다.

대화를 증진시키고, 일방적인 대화 성향을 줄이기 위해서 다음과 같이 해 보라.

〈대화 증진시키기〉

- 상대방에 대한 존중을 나타내라.

  강요, 처벌에 대한 공포, 두려움, 사회적 압력 없이 선택할 수 있는 권리를 사람에게 허락해 주어라. 상호대화를 하는 사람은 상대방이 결정할 수 있다는 것을 신뢰하고, 상대방이 어떤 선택을 하든 외적, 내적으로 알 권리가 있고 개인으로 존중받게 될 것임을 알려 준다.

- 부정적인 비판을 피하라.

  "난 그런 설명하고 싶지 않아." 부정적인 판단(넌 훌륭한 경청자가 아니지?) 대신에 긍정적인 비판하기 연습을 한다(처음에 말한 두 가지 설명이 가장 마음에 들었어. 그럴 만한 이유가 돼).

- 기꺼이 듣겠다는 의지를 보여줌으로써 대화의 통로를 열어 놓아라.

  상대방에게 간단한 단서(비언어적 끄덕임, 간단한 언어적 동의 표현, 부연 설명)를 제공함으로써 당신이 잘 듣고 있다는 것을 알게 해 주어라. 무슨 말을 했는지 의문점이 있을 때는 간단하게 설명해 달라고 하고 그 사람의 관점을 질문해라. 그러면 상대방과 상대방이 말하고 있는 것에 진정한 관심을 표현하는 것이 된다.

- 당신이 말하고 있는 것에 대해 상대방이 긍정적인 말을 하도록 유도하거나 상대방으로 하여금 억지로 어떤 특별한 방식으로 생각하고 믿고 행동하도록 강요하는 것을 피해라.

2) 유념

유념은 당신이 생각하고 행동하는 것에 대한 이유를 인식하고 있다는 것을 이해하고 있다고 말하는 것이다. 효과적인 대화 기술을 적용하기 위해서는, 당신이 처한 나름대로의 대화 상황을 유념해야 한다. 가능한 대화의 선택 상황에서 그 선택이 다른 것들보다 더 나을 것 같은 이유를 알고 있어야 한다.

〈유념 증진시키기〉

- 부류를 재구성하라.

  사물, 사건, 특히 폭넓고 다양한 부류에 속한 사람들을 이해하는 것을 배워라. 예를 들어 각 사람의 삶 속에 처한 어린 아이, 부모, 고용인, 이웃, 친구, 재정 기부자 기타 등등과 같은 다양한 역할을 이해하도록 해라. 어느 특정한 계층에 있는 사람의 인상을 기억 속에 저장하지 않도록 해라. 그렇게 한다면 당신은 나중에 그 사람을 재분류하는데 어려워지게 될 것이다.
- 당신이 가장 확고하게 갖고 있는 신념과 상충되는 상황에서조차, 새로운 정보와 관점에 개방적이 되어라.

  새로운 정보는 당신이 오랫동안 가지고 있었지만 현재 상황과는 잘 맞지 않는 신념이나 태도에 대해 도전을 할 수 있다. 예를 들어, 성별, 인종이나 종교와 같은 것이다. 당신과 다른 사람의 관점에서 당신 자신과 타인의 행동을 기꺼이 이해하도록 해라.
- 첫인상에 너무 강하게 의지하지 않도록 주의하라.

  추후 관찰이 필요한 첫인상은 불확실한 가정으로 취급해라. 이러한 첫인상을 바꾸고 거부하거나 받아들일 준비를 해라.

3) 융통성

융통성은 정해진 상황의 기본 틀에 의사소통 전략을 응용하는 능력이다. 융통성 평가 기준은 당신으로 하여금 당신이 어떤 말을 얼마만큼 신뢰성 있게 믿고 있는가 하는 것을 생각하도록 해 준다. 예를 들어, 사람들이 대화에서 솔직하고 거침없어야 한다거나, 화가 나면 어떤 사람은 말을 하기보다 가만히 있다가 나중에 미안하다고 하는 경우가 있다. 때와 상황에 따라 이러한 방법은 좋을 수도 있고, 그렇지 않을 수도 있다. 모든 대인관계 상황에서는 융통성의 중요성을 강조한다.

〈융통성 증진시키기〉

- 똑같은 상황이나 똑같은 사람은 없다는 것을 인식하라.
  당신 스스로에게 이 상황이나 사람과 무엇이 다른가를 질문해라. 그러면 당신이 무슨 말을 하고 어떻게 말해야 할지를 결정할 때 차이점을 고려하게 된다.
- 의사소통은 항상 전후 상황 속에서 일어나는 것임을 인식하라.
  개개의 상황에서 특별한 것이 무엇이며 이 특별함이 당신의 대화 내용에 어떻게 영향을 미치는가를 스스로에게 질문해라.
- 모든 것이 끊임없이 변하는 상황임을 인식하라.
  지난 날에 효율적이었던 의사소통 방식도 오늘이나 내일은 효율적인 것이 되지 못할 수 있다. 실직이나 치명적 질병과 같은 주요한 변화는 적절한 대화 내용인지 아닌지에 영향을 미칠 것이다.
- 의사소통을 하기 위해서는 모든 상황이 당신으로 하여금 다양한 선택을 하도록 함을 인식하라.
  이러한 선택에 관한 생각을 하여 각각의 선택이 미치는 효과를 예견할 수 있어야 한다.

4) 문화적 민감성

문화적 민감성은 문화적 다양성을 인정하고 이해하는 행동방식과 태도이다. 문화적 예민성은 세계 평화와 경제 성장을 위해서 노력하는 국제적 수준에서 뿐 아니라, 일반적인 인간관계의 성공과 효율적인 의사소통에서 매우 중요하다. 문화적 민감성이 부족하면 성별, 인종, 국적, 정서적 뿌리가 서로 다른 사람들 사이에서의 의사소통이 효율적이지 못하게 된다.

자신과 다른 사람과의 사이에 존재하는 문화적 이질감에 유념할 필요가 있다. 유럽계 미국인과 잘 통하는 대인관계 의사소통 기술이 아시아계 미국인과는 잘 되지 않을 수 있다는 것과 일본에서는 효율적인 것으로 입증된 것도 멕시코에서는 성공적이지 않을 수 있음을 유념해야 한다. 아랍 국가에서는 가까이 대면하는 것이 적절한 근접거리가 되지만 대부분의 미국과 북유럽 국가에서는 너무 가깝거나 지나치게 끼어드는 것으로 인정될지 모른다. 대부분의 미국인들은 공감해 주는 것을 좋아하지만 보통의 한국 사람에게 이는 불편한 것이 될 수도 있다(Yun, 1976).

〈문화적 민감성 증진시키기〉

- 문화적으로 영향을 미칠 수 있는 내용에 대해 공부하고, 그들의 이야기를 주의깊게 듣고 관찰한다.
- 문화가 다른 구성원과 함께 있을 때 부적절한 행동을 하는 것에 대한 두려움을 인정하고 정면으로 맞서 대면한다.
- 당신과 타인 및 다른 문화에 속한 사람들 간의 문화적 차이점을 진심으로 인정한다.
- 다른 사람의 문화적 규율과 관습을 이해하도록 하라.

당신의 문화에서 하는 것을 다른 문화에 속한 사람에게 꼭 그런 것으로 가정하는 유혹에 빠지지 않도록 한다.

5) 초의사소통 능력

초의사소통(Metacommunication) 능력은 다른 의사소통에 관해 언급하는 의사소통 기술이다. 의사소통에 대한 의사소통 기술이다. 언어적, 비언어적 대화내용이 초의사소통일 수 있다. 언어적으로 말할 수 있는 것을 예로 들면, "내가 말하려고 하는 것을 이해할 수 있겠니?" 비언어적으로 하면, 당신이 위로하고 있는 사람을 안아줄 수 있는 것이다.

인간관계의 효율성은 종종 초의사소통 능력에 달려 있기도 하다. 예를 들면, 갈등 상황에서는 당신의 다투는 방식에 대한 이야기를 하는 것이 종종 도움이 되고, 연애관계에서는 각자가 "차분한 태도"나 "진심으로 위로하는" 방법에 대해 이야기를 나누는 것이 효과적이며, 직장에서는 명령을 위임하거나 비판을 표현하는 방식에 대한 대화를 할 때 필요하다.

〈초의사소통 능력 증진시키기〉

- 당신의 생각과 함께 감정에 대해서도 설명하라.

  종종 사람들은 대화 내용에서 생각하는 부분에 대해서만 의사소통을 한다. 그 결과 듣는 이는 대화 내용의 다른 뜻(숨은 뜻)을 이해하지 못할 수 있다.
- 타인으로 하여금 이어질 대화 내용의 일반적인 정황을 이해할 수 있도록 사전 안내를 분명하게 제공해 준다.
- 알아듣기 쉽도록 부연 설명해 준다.

  당신이 말하는 의미를 분명하게 이해할 수 있도록 당신의 복잡한 대화 내용을 쉽게 부연 설명해 주어라. 다른 사람이 말하는 대화의 뜻을 당신이 생각한 것으로 쉽게 다시 설명함으로써 당신도 타인의 대화 내용을 이해하고 있는지를 확인하라. 그런 다음에 그 사람이 의미하는 것이 무엇인지를 질문한다.
- 당신과 다른 사람과의 사이에서의 의사소통 유형에 관해 이야기하는데 초의사소통을 이용해라.

  예를 들면, 전 당신이 저에 대해서 친구에게 이야기하는 방식에 관해서 대화하고 싶어요라든가, 전 우리가 성에 대해서 이야기하는 방식에 대해 대화를 해야 한다고 생각해요이다.

6) 개방성

개방성은 자연스럽게 자신에 대한 정보를 드러내는 것이다. 개방성은 타인의 대화 내용에 정직하게 반응하는 것이며 열린 마음으로 기꺼이 듣고자 하는 것과 관련되어 있다.

〈개방성 증진시키기〉

- 적절한 상황에서 자기개방을 하는 것이 좋다.

  친밀한 의사소통 방식에는 이점과 취약점이 둘 다 존재한다는 것을 명심하고 자기개방에 대한 생각을 신중하게 한다.

- 대화하고 있는 사람에게 자연스러움과 적절한 정직함으로 응대하되, 또한 자신이 말하고 있는 것에 대한 인지와, 발언 취지에 대한 결과가 어떠할지에 대하여 알고 있어야 한다.
- 자신의 고유한 느낌과 생각을 갖는다.
  말한 것에 대한 책임을 진다. You-message 대신에 I-message를 사용한다. "당신이 나의 견해를 묻지 않으면, 나는 수치감을 느끼게 된다."라고 말하는 대신, 자신의 느낌을 가지고 말한다. 예를 들면, "다른 사람들에게는 어떻게 생각하는지 묻고, 나한테는 묻지 않으면 어딘가 수치감이 느껴진다."라고 표현할 수 있다.
  자신의 느낌과 생각을 가지면, 즉 I-message 방식을 사용하면, 효과적으로 말할 수 있다. "나는 그 상황을 이렇게 본다.", "이게 내가 생각하는 바이다." I-message를 사용하면, 피부 바깥에서 일어나는 것(예 : 다른 사람의 말)과 피부 안에서 일어나는 것(예 : 자신의 선입견, 태도, 편견) 사이에서 상호작용으로 발생하는 느낌을 명료하게 할 수 있다.

〈자기 평가(대화에서의 융통성 평가)**〉**

나는 대화에 얼마나 융통성을 가지고 있을까?

다른 사람과 대화할 때 사람들이 어떻게 행동하는가를 묘사하는 상황들이 제시된다. 각 상황의 처음 부분은 당신이 바로 그 상황 하에 있다고 생각하고, 그런 다음 행동이 정의된다. 그리고 이 상황에서 묘사된 행동이 나의 습성과 얼마나 같은가를 질문받는다.

정확하게 같다면 5점, 상당히 같다면 4점, 어느 정도 같다면 3점,
그다지 같지 않다면 2점, 전혀 같지 않다면 1점을 기재한다.

______ 1. 지난 주, 가족들과 당신의 재정문제를 논의할 때, 가족들은 몇 가지 가능한 해결책을 제안했다. 당신은 이미 하나의 해결책을 마음에 정해 놓고 있었음에도 불구하고, 최종 결정을 내리기 전에 모든 가능성을 고려하는데 더 시간을 보내기로 마음 먹는다.

______ 2. 할로윈 파티에 초대되었고, 가장파티로 생각했기에, 호박으로 분장하였다. 파티에 도착하여 보니, 다른 모든 이들은 정장을 차려 입고 있는 것이다. 당신은 웃었고, 오해한 것에 대하여 농담을 던졌고, 파티에 남아서, 즐기기로 마음먹었다.

______ 3. 친구인 크리스와 늘 잘 지냈다. 그러나 크리스의 중간에 말을 끊는 습관은 싫다. 지난번 그를 만났을 때, 매순간 그는 당신의 말을 끊었고, 그래서 교훈을 주기 위하여 당신도 크리스의 말을 끊었다.

______ 4. 당신의 매일의 스케줄은 매우 확고하고, 달력엔 약속이 빼곡하다. 당신의 스케줄을 바꾸도록 요청받게 되면, 변경을 심사숙고하기도 전에 변경이 불가하다고 말한다.

______ 5. 50명이 넘는 사람들이 참가하는 파티에 참석했다. 아주 좋은 시간을 가졌는데, 대부분의 시간을 새로운 사람을 만나기보다는, 아주 친한 친구 한 명과 보냈다.

______ 6. 친구들과 개인적인 문제로 토론할 때, 여러 가지 다양한 해결책이 나오는 것을 알았다. 몇 가지의 해결책이 실현가능한 것으로 보였지만, 당신은 당신 나름대로의 견해가 이미 있어서, 다른 차선책의 어느 것도 귀담아 듣지 않았다.

______ 7. 당신은 한 친구와 즐거운 저녁을 계획하였고, 시간보다 일찍 옷을 차려 입었다. 친구가 오기 전까지 당신은 어떠한 일도 할 수 없음을 알았다.

______ 8. 야구장에서 당신의 자리를 찾았는데, 옆에 앉은 사람 중에 아는 사람이 아무도 없음을 알았다. 그러나 당신은 근처에 앉은 사람에게 자신을 소개하고, 대화를 트려고 시도한다.

______ 9. 친구인 크리스와 점심식사를 하는데, 크리스가 너무도 개인적인 가족

문제에 대하여 이야기했다. 당신은 점심을 서둘러 먹고는, 오후에 업무가 바빠서 가봐야 한다고 말한다.

_____ 10. 지인들로 구성된 모임에서 국제정치에 대하여 토론하게 되었다. 이 주제에 대하여 나만큼 구성원들이 해박할 것이라 생각했는데, 토론이 진행되어 감에 따라, 대부분이 이 주제에 대하여 잘 모르는 것을 알게 되었다. 당신의 견해에 대하여 피력하는 것 대신에, 이 토론에서 물러나기로 마음먹었다.

_____ 11. 당신과 친구들이 총기 소지 규제에 대하여 토론하게 되었는데, 한참 후에 당신의 견해가 나머지 친구들과 너무도 달랐다. 당신은 다시 한번 견해를 밝혔지만, 그들의 견해도 존중한다.

_____ 12. 당신이 속해 있는 단체에서 연사로 요청을 받았고, 30분짜리 프리젠테이션을 열심히 준비하였다. 그런데, 그 회합에서 주최자는 프리젠테이션 대신에 질의응답세션을 하라고 한다. 당신은 수락하고, 가능한 솔직하고, 충실하게 단체의 질문에 답변하였다.

_____ 13. 당신은 매일 새로운 업무와 도전, 하루하루 변화하는 일을 접하는 관리직을 부여받았다. 당신은 매일 안정된 일을 하는 직무 대신에 이 직위를 받아들이기로 마음을 먹었다.

_____ 14. 상공회의소 조찬 모임에서 연설하도록 요청을 받았다. 조찬 모임에서 아는 이가 없었고, 청중 중에 아는 이가 없어 불편을 느꼈기에, 이 초대를 거절하였다.

[채점방법]

1. 점수전환 (4, 5, 6, 7, 9, 10 그리고 14)

즉, 각 질문에서 다음과 같이 전환한다.

a. 5점으로 답한 경우, 1점으로 전환

b. 4점으로 답한 경우, 2점으로 전환

c. 3점으로 답한 경우, 3점으로 전환

d. 2점으로 답한 경우, 4점으로 전환

e. 1점으로 답한 경우, 5점으로 전환

2. 점수전환 후 14개 항목 전부의 점수를 더한다(4, 5, 6, 7, 9, 10, 14 항목은 전환된 점수를 사용함). 1, 2, 3, 8, 11, 12 그리고 13항목은 원래의 점수를 사용한다.

일반적으로, 아래와 같이 점수를 해석할 수 있다.

. 65-70 = 평균보다 상당히 높은 융통성

. 57-64 = 평균보다 높은 융통성

. 44-56 = 평균 정도

. 37-43 = 평균보다 낮은 융통성

. 14-36 = 평균보다 상당히 낮은 융통성

자료: "Development of a Communication Flexibility Measure", Matthew M. Martin and Rebecca B. Rubin in Southern Communication Journal, V. 59, Winter 1994, 171-178.

7) 공감

공감이란 자신의 정체성을 상실하지 않은 채, 다른 사람의 감정을 그 사람의 관점에서 느낄 수 있는 능력이다. 공감을 하게 되면, 다른 사람의 감정을 그와 유사한 방식으로 느끼게 되어, 다른 사람이 경험하고 있는 것을 감정적으로 이해하게 된다(반대로, 동정한다는 것은 바로 그 사람에 대하여 어떤 감정을 느끼는 것이다. 예를 들면, 그 사람이 불쌍하다거나, 그 사람 때문에 기쁜 것 등).

〈공감 증진시키기〉

- 다른 사람의 행동을 쉽게 평가, 판단, 비판하지 않는다.
  평가나 판단이 아니라, 이해하려고 노력하고 있다는 것을 명백히 한다.
- 주의를 집중한다.
  눈맞추기와 경청하는 자세, 근접 거리를 유지한다. 적절한 표정과 몸짓으로 관심을 표현한다.
- 내가 생각하고 있는 느낌을 화자에게 반향하여, 그에게 내가 알아들은 것의

정확성을 점검토록 하고, 그가 언급한 것에 대하여 이해하려고 노력한다는 성의를 보여줄 수 있다. 예를 들면, "아버지에 대하여 정말로 많이 화가 나 있구나." 혹은 "궁금해하는구나." 등이다.

- 적절할 때, 자신의 이해를 소통하기 위하여 자기토로를 한다.
  하지만, 주의하여 자기토로에 너무 몰입하지 않도록 하며, 논의에 다시 집중할 수 있도록 한다.

8) 긍정성

개인간의 대화에서 긍정적인 메시지가 부정적 메시지보다 효과적이다. 예를 들면, 부정적 사용, "내 의견을 무시하지 않았으면 해." 대신에 긍정적 사용의 차선책의 가치를 고려한다.
"내 의견을 물어 봐 주면 너무 기분이 좋아." 부정적 사용, "줄무니는 너에게 어울리지 않아." 대신에 긍정적 사용을 고려한다. : "단색이 네겐 더 잘 어울리는 것 같아."
긍정적인 태도는 육체적으로도 유익하여 질병에 잘 걸리지 않게 된다는 연구가 많다 (Goode, 2003).

〈긍정성 증진시키기〉

- 사람이나 그 사람의 업적에서 긍정성을 찾거나, 칭찬한다.
  일반적인 칭찬("네 프로젝트는 흥미롭구나")보다 상세하며 구체적인 칭찬이 더 효과적이다("네 제안으로 큰 경제적 절감을 얻을 수 있겠다.").
- 대화에 만족함을 표현한다.
  적절하고 적당한 물리적 거리를 유지하고, 눈맞추기를 하며, 오랫동안 상대방의 시선을 주시한다.

9) 즉시성

즉시성(immediacy)은 화자와 청자 사이에 친교와 일치감을 부여하는 효과적 특성의 하나이다. 즉시성을 통해 당신은 관심과 주목을 보여 준다. 즉, 상대방과 유대를 느끼고, 마음이 끌리고 있음을 전달하게 된다. 사람들은 즉각적이지 못한 대화보다 즉각적인 대화에 더 호의적으로 응답한다. 예를 들면, 즉시성을 가지고 의사소통하는 교사의 학생들이 그렇지 못한 교사의 학생들보다 더 교사의 지시가 보다 더 적절하며, 교과과정이 더 값지다는 느낌을 갖는다(Witt & Wheeless, 2001).

〈즉시성 증진시키기〉

- 심리적인 친밀과 개방을 표현한다.
  예를 들면, 근접 거리를 유지하고, 제3자(의 방해)를 배제할 수 있도록 몸을 배치한다. 적절한 eye contact를 유지하며, 다른 사람들을 둘러보는 것을 제한하고, 웃으며, 상대방에게 관심이 있음을 표현한다.
- 상대방의 이름을 불러 준다.
  예를 들면, "무엇을 생각하니?" 대신에 "무엇을 생각하니?, 재호야"라고 한다.
- 상대방의 말에 주목한다.
  화자로 하여금, 그가 말한 것을 듣고 있으며, 이해하고 있음을 알게 하고, 적절한 언어나 비언어로 화자에게 반향하도록 한다.
- 즉시성을 표현할 때, 문화적으로 민감해야 한다.
  미국에서는 상당수의 사람들이 즉시성 행동양식을 친절하고, 적절한 것으로 본다. 그러나 다른 문화에서는 그러한 즉시성 행동양식을 과도한 친밀함으로 보기도 한다.

5. 상호작용 관리 기술

상호작용 관리 기술(Interaction Management Skills)은 상호간의 대화를 조절하고, 잘 전달되게 하는 기술과 전략이다. 효과적인 상호작용 관리는 양측 모두 만족하는 대화를 만들어 낸다. 누구도 무시되었다거나, 무대에 올려져 있다거나 하는 느낌을 갖지 않는다. 상호 간의 교류에 서로 기여하며, 같이 득을 보게 된다.

1) 상호작용 관리

〈상호작용 관리 증진시키기〉

- 대화의 순서를 유지한다. 적절한 눈동작이나, 목소리로 표현하거나, 몸이나 얼굴 동작을 통하여 말하는 기회를 주거니 받거니 한다.
- 대화의 흐름을 유지한다. 길거나 갑작스런 중단을 피한다. 예를 들면, 의사와의 대화에 있어서, 의사의 말 사이에 침묵이 있거나, 답변이 너무 길어지면 환자들은 그 대화에 만족이 감하여 진다는 것이다.
- 일치되는 언어와 비언어 메시지로 대화한다. 조화되고, 상대를 복돋아 주는 메시지를 사용한다. 모순되는 신호를 보내지 않는다. 예를 들면, 감사의 표현을 하면서 신경질적인 얼굴 표정을 해서는 안 될 것이다.

2) 표현력

표현력(Expressiveness)은 참된 참여를 하는 의사소통 기술이다. 이것은 자신의 생각이나 느낌에 대하여 책임을 감수하는 것과 같은 능력을 포함하며, 다른 이들의 표현력이나 개방성을 진작시키고, 적절한 피드백을 제공한다.

〈표현력 증진하기〉

- 말소리의 속도, 높이, 성량, 리듬에 적절한 변화를 주어 연관되어 있음과 관심을 보낸다. 또한 단어에도 변화를 준다. 판에 박히거나 흔한 문구를 피하여, 창의성이 부족하다든가 개인적인 연관의 부족함을 나타내는 일이 없게 한다.
- 적절한 몸동작을 한다. 특히 자신에게 집중하는 것보다는 상대에 집중하는 몸동작을 취한다. 예를 들면, eye contact를 유지하고, 그 사람 쪽으로 몸을 기울인다. 동시에, 자신을 만지는 몸동작이나, 방에 있는 다른 사람을 바라보고 있는 등의 행동을 삼간다.
- 표현력을 소통할 때에는 문화적인 관점을 인지해야 한다. 어떤 문화(이태리, 그리스 등)는 표현력을 장려하며, 아이들에게 표현력을 기르도록 가르친다. 다른 문화(일본, 태국 등)에서는 보다 보수적인 스타일을 장려한다. 어떤 문화 (아랍, 다수의 아시아 문화 등)에서는 사업에 있어서, 여성의 표현력의 발현은 적절하지 않다고 여긴다 (Hall & Hall, 1987).
- 언어 및 비언어 피드백을 통하여 듣고 있음을 보여 준다. 이러한 피드백은 관계의 만족을 증가시킨다.

3) 타인지향

타인지향(배려, Other-orientation)은 자신의 메시지를 상대방에게 적용시키는 능력이다. 이것은 상대방이나 상대방의 말을 경청함과 관심에 대하여 소통하는 것이다.

〈타인지향을 증진시키기〉

대화하기 좋아하는 사람에게서 다음과 같은 행동이 나타남을 알게 될 것이다.

- 배려와 존경을 보인다.
  예를 들면, 자신의 고민을 토로하기 전에 그래도 되겠냐고 물어 본다. 또는, 대화를 시작하기 전에 전화가 오는지 물어 본다.

- 상대방의 감정이 적당한 것인지 알려 준다.

  "맞아요" 혹은 "재미있군요" 혹은 "왜 그렇게 화가 나셨는지 알겠군요, 나라도 그렇겠네요."라고 말함으로써, 대화를 상대방에게 중점을 두고, 상대방이 말하고 있는 것을 듣고 있음을 확신시켜 준다. 동시에, 상대에게 상대방의 느낌을 말해도 좋은지에 대한 승낙을 한다. "감정에 대해 털어놓은 것이 얼마나 어려운 일인지 알아요"와 같은 단순한 문장으로 감정에 대한 주제를 시작하며, 상대에게 그러한 대화를 해도 좋을지, 말지에 대한 승낙을 표현한다.

- 상대방의 존재와 중요성을 알려 준다.

  상대방의 제안이나, 의견을 물어 본다. 유사한 방법으로, 적절하게 설명을 요청한다. 이렇게 함으로써, 상대방이 말하고 있는 것을 상대방의 관점에서 이해하고 있다는 것을 확신시켜 준다.

- 자신의 메시지를 상대방에게 중점을 둔다.

  말로 하는 것일 때, 대화에 상대방이 연관될 수 있도록 개방형 질문(단순히 예, 아니오의 대답을 요구하는 것과는 반대로)을 사용하고, 그 사람에게 직접 요구하는 질문을 한다. 말로하지 않는 것일 때는, 상대방을 주목하는 eye contact를 취하고 적절한 얼굴표정을 지으며, 웃고, 고개를 끄덕이고, 상대방을 향하여 몸을 기울인다.

〈문화별 대화 금기 사항〉

별로 놀랄 일도 아니지만 각각의 문화는 나름의 금기시되는 대화, 특히 다른 문화에서 온 방문자들이 피해야 할 금기사항이 있다.

몇 가지 예를 들면, 노르웨이에서는 봉급과 사회 분위기에 대하여 언급을 피해야 하고, 스페인에서는 가족, 종교, 직업에 대한 토론은 금기이며, 투우에 대하여 부정적인 언급은 피해야 한다. 이집트에서는 중동지역 정치에 대한 언급은 금기이다. 일본에서는 2차 세계대전에 대한 대화가 금기이다. 필리핀에서는 정치, 종교, 뇌물, 외국 원조에 대하여, 멕시코에서는 멕시코-미국 간 전쟁과 불법 체류에 대하여, 카리브에서는 종족, 지역 정치, 종교에 대하여 언급하는 것이 금기이다(Axtell, 1993).

6. 의사소통과 경청

1) 자기 평가

다음 각각의 질문에 대해 당신의 대화에서의 듣기 습관과 가장 유사한 것을 골라 V표 하시오.

	항상	때때로	드물게
1. 나는 말하는 사람의 눈을 보면서 듣는다.	____	____	____
2. 나는 말하는 사람의 생각이 가치 있는 것인지 아닌지 간에 상관없이, 오직 말하는 사람의 태도나 말투에 관심을 갖는다.	____	____	____
3. 나는 나의 생각과 느낌을 말하는 사람의 생각이나 느낌에 맞추려고 노력한다.	____	____	____
4. 나는 말을 들을 때 전체적인 내용보다는 특별한 사건에 더 귀를 기울인다.	____	____	____
5. 나는 말의 내용을 사실 그대로를 받아들이면서도 그 안에 숨어 있는 감정 등도 알아차리려고 노력한다.	____	____	____
6. 나는 내가 들은 내용을 잘 이해하고 명확히 하기 위하여 질문을 하기도 한다.	____	____	____
7. 나는 말하는 사람이 말을 끝마칠 때까지, 그 사람이 말하려 하는 것이 무엇인지에 대해 성급하게 판단을 내리려 하지 않는다.	____	____	____

8. 나는 말의 내용을 논리성과 일관성에 비추어 평가하려고 노력한다.

_____ _____ _____

9. 나는 말을 듣고 있는 동안, 내게 기회가 주어졌을 때 무슨 말을 해야 할지 생각한다. _____ _____ _____

10. 나는 누구와 이야기할 때 의사 결정권을 가지려고 한다.

_____ _____ _____

[채점방법]

1, 3, 5, 6, 7, 8 의 질문에 대해서는 (항상)이라는 표시에 3점을, (종종)이라는 표시에 2점을, (가끔)이라는 표시에 1점을 주고, 2, 4, 9, 10의 질문에 대해서는 (가끔)에 3점을, (종종)에 2점을, (항상)에 1점을 준다.

점수를 낸 후에 모두 합산한다. 점수가 27점 이상이라면 당신은 아주 훌륭한 경청자이고, 점수가 22점에서 26점 사이라면 경청하는 기술(태도)이 약간 부족하다고 볼 수 있다. 점수가 22점 이하라면 몇 가지의 잘못된 경청 습관을 가지고 있음을 보여 준다.

우리는 종종 '듣기(hearing)'와 '경청(listening)'을 혼동하는 경향이 있다. "듣기"는 단지 소리를 듣는 것에 불과한데 비해 "경청"은 우리 귀에 들린 내용 중 우리가 듣고자 하는 것에 주의를 기울여 듣는 것을 의미한다. 즉 "hearing"은 의도성이 결여된 것을 말하고 "listening"은 의도적으로 듣는 것을 의미한다.

따라서 우리가 소리를 들을 때 "listening"은 주의 집중과 소리에 대한 해석과 기억을 필요로 하는 활동이다. "listening" 활동은 학습될 수 있는 기술이다.

'경청하기'는 대화 및 인간관계 기술 중 가장 중요한 기술이라고 할 수 있다. 대인관계 기술 중 경청하기 기술은 다른 대인관계 기술을 배우는데 아주 중요한 요소가 된다. 만약 여러분이 좋은 경청자가 되지 않는다면 여러분은 다른 대인관계 기술들을 개발시키는데 많은 어려움을 겪게 될 것이다.

2) 능동적인 경청 태도와 수동적 경청 태도

훌륭한 경청 태도는 수동적 태도보다는 능동적 태도를 보이는 것이다. 수동적 경청 태도는 마치 테이프 레코더와 흡사하다. 만약 화자가 여러분들이 관심을 가질 만한 흥미거리를 분명하고 재미있는 말투로 말한다면 여러분은 아마도 화자가 말했던 것들의 대부분을 알아들었을 것이다. 그러나 능동적 경청 태도는 대화자가 스스로 화자의 내면으로 들어가 그들의 입장을 이해하는 태도를 말한다. 이처럼 능동적으로 경청하기란 어려운 일이다. 화자가 말하는 것이 무엇인지에 주의를 집중해야 할 뿐만 아니라 내용을 완전하게 이해할 줄 알아야 한다. 만약 학생들이 50분 정도의 강의를 들을 때 능동적으로 경청하는 태도를 보인다면 강의가 끝날 무렵에는 강의를 한 강사만큼 지쳐 있을 것이다. 왜냐하면 강의를 하는 강사가 말하는데 힘을 다 소비하는 것처럼 학생들은 경청하는데 에너지를 다 소비해 버리기 때문이다.

능동적인 경청 태도를 보이기 위해서는 다음의 4가지 조건이 필요하다.

(1) 집중력, (2) 공감하기, (3) 수용력, (4) 책임감 있는 의사표현(Rogers & Fason, 1976) 등이다.

능동적인 경청자는 화자가 말하는 것들에 대해 의도적으로 주의를 집중하며 주의를 산만하게 하는 수천 가지의 잡다한 생각들을 떠오르지 않도록 한다.

능동적인 경청자는 자신을 화자의 내면 속으로 끌어들인다. 그래서 능동적 경청자는 자신의 생각과 맞는 것만을 이해하는 것이 아니라 화자가 말하고자 하는 것이 무엇인가를 이해하려 한다. 공감의 태도는 화자가 가지고 있는 생각과 여러분이 가진 생각을 융통성 있게 조정할 때 생겨난다.

능동적인 경청자는 수용적인 태도를 보여야 한다. 객관성을 띠고 무엇을 들어준다는 것은 쉬운 일이 아니다. 화자의 의견과 자신의 의견이 불일치할 때 혼란이 오는 것은 자연스러운 것이다. 우리가 어떤 것에 동의하지 않을 때, 우리는 자신에게 대응하는 의견에 맞설만한 논쟁점을 찾기 시작한다. 이러한 과정 속에서 우리는 상대방이 전달하고자 하는 나머지 것들을 놓치고 만다. 능동적인 경청자가 되고자 한다면 화자가 말을 끝마칠 때까지 내용에 대해 판단하거나 의견을 말하는 태도는 보류하는 것이 좋다.

능동적으로 경청하기의 마지막 요소는 책임감 있는 의사 표현을 해 주는 것이다. 능동적 경청자는 귀로 듣고, 눈으로 듣고, 마음으로 듣는다. 그들은 화자가 말한 것 그대로를 경청하고 그것을 (객관적으로)사실대로 받아들인다. 그러나 모든 메시지는 숨은 의미가 있을 수 있다. 화자들은 주관적인 정보(그들의 느낌이나 감정)를 소리를 통해서나 비언어적인 어떤 행동을 통해서 의미를 전달한다. 여기서 소리로 표현되는 것들은 억양의 크기나 어조, 혹은 머뭇머뭇 거리기, 말의 속도 등을 말하며 비언어적 표현들은 눈의 움직임이나 얼굴 표정들, 몸짓이나 손짓 등을 말한다.

화자가 말한 것을 문자 그대로 뿐만 아니라 느낌이나 감정을 통해 듣는다면 화자가 전달하고자 하는 메시지의 의미를 명확히 포착할 수 있을 것이다. 그러나 아무리 잘 듣는다고 해도 여전히 의미를 오해하는 경우가 있을 수 있다. 이때 능동적 경청자는 질문을 함으로써 오해할 수 있는 말의 의미를 명확히 한다. 질문은 왜곡된 것을 밝혀 내는데 이용된다.

성공적인 의사소통이란 오로지 화자에게 달려 있는 것은 아니다. 의미를 명료화 시킴으로써 능동적 경청자는 화자가 의도하는 메시지를 확실히 받아들이고 확실히 이해할 수 있는 것이다.

3) 좋은 경청 태도

능동적 경청 태도는 여러분들을 훌륭한 경청자로 만드는 기초가 된다. 다음의 요약한 14가지의 경청 기술은 유능한 경청자들이 자주 사용하는 기술들이다.

(1) 동기를 갖도록 하라

만약 경청자가 듣고 이해하려고 노력하지 않는다면, 듣기 능력을 향상시킬 수 있는 아무리 특별한 충고라 할지라도 소용없다. 앞에서 언급했듯이, 능동적으로 경청하는 것은 어려운 일이다. 훌륭한 경청자가 되기 위해 해야 할 첫번째 일은 의도적으로 들으려고 노력하는 것이다.

(2) 눈을 마주쳐라.

여러분이 말을 할 때 상대방이 당신을 쳐다보지 않는다면 어떤 느낌을 받겠는가? 만약 여러분이 다른 사람에게 그런 태도를 보인다면 여러분은 무관심하고 흥미가 없는 것으로 보일 것이다. "당신은 귀로 듣지만 사람들은 당신의 눈을 보고 당신이 듣고 있는지, 아닌지를 판단한다."

눈을 마주치는 것은 여러분의 주의력을 한 곳에 집중하는 것이고, 방해 요소를 경감시키는 것이다. 그리고 화자를 격려하는 것이다.

(3) 관심을 보여라.

훌륭한 경청자는 화자의 말에 흥미를 갖는다. 이러한 태도는 무언의 표시를 통해 나타낼 수 있다. 긍정의 표시로 고개를 끄덕인다던가 적절한 얼굴 표정을 지어 보일 수 있다. 이러한 표시를 할 때 상대방의 눈을 보면서 하게 되면 상대방은 당신이 듣고 있다는 것을 쉽게 알아차릴 것이다.

(4) 산만한 행동은 삼가라.

관심을 보이는 또 다른 행동으로는 주의가 산만한 행동을 하지 않는 것이다. 경청을 할 때, 시선을 딴 곳에 두지 말아라. 또 종이를 만지작거린다거나 연필을 가지고 장난을 치지 말아라. 이러한 행동은 당신이 지루해하고 있음을 보여주는 행동이다. 또 이러한 행동은 당신이 화자에게 관심이 없음을 지적해 줄 뿐 아니라 화자가 전달하고자 하는 메시지를 놓쳐 버릴 수 있다는 것을 명심하라.

(5) 공감을 하라.

능동적으로 경청할 줄 아는 사람은 화자의 내면으로 들어가 화자가 느끼는 것이 어떤 것인지를 이해하려고 노력한다. 절대로 자신의 생각이나 요구 조건을 화자에게 강요하지 말아라. 만약 그렇게 한다면 당신은 당신이 원하는 것만을 듣게 되는 것이다. 그렇기 때문에 우리는 화자의 말에 공감할 줄 알아야만 한다.

자문 자답해 보아라. 즉 화자는 어떤 사람이며 어디에서 왔는지? 그의 태도는 어떠한지, 그의 관심거리는 무엇인지, 그가 경험한 것은 어떤 것인지, 그에게 필요한 것은 무엇인지, 그리고 그가 기대하는 것은 무엇인지.

(6) 모든 상황을 자세하게 살펴보아라.

훌륭한 경청자는 말의 내용뿐만 아니라 느낌이나 감정까지도 이해할 줄 알아야 한다. 만약 당신이 화자의 비언어적인 표현이나 어조 등에 신경 쓰지 않고 듣는다면 포착하기 어려운 작은 메시지는 놓쳐 버리게 될 것이다.

(7) 질문을 하라.

좋은 경청자는 그가 들은 내용에 대해 질문을 한다. 질문은 이해를 하는데 도움을 줄 뿐 아니라 들은 내용을 명확히 해 준다.

(8) 부연설명하라.

부연설명이란 화자의 말을 반복하여 말하는 것을 의미한다. 훌륭한 경청자는 다음과 같은 말을 사용한다. "내가 듣기로는…" "네가 말한 것의 의미는…".

화자가 말한 내용을 반복하여 말하는 것은 화자에게 피드백을 주며 당신이 내용을 얼마나 잘 이해하고 있는지를 말해 준다.

(9) 방해하지 말아라.

화자가 말을 끝마칠 때까지 화자의 말을 방해하지 말아라. 절대로 화자의 생각에 대해 추측하려 하지 말아라.

(10) 내용을 통합시켜라.

화자가 말하는 내용을 부분별로 나누어 생각하지 말고 통합시켜서 이해하려고 노력하라. 마치 퍼즐을 맞추어 나가는 것과 같이 각각의 메시지를 연결지어 생각하라. 만약 연결이 잘 안 될 경우에는 화자에게 그부분에 대해 질문을 하는 것이 좋다.

(11) 말을 너무 많이 하지 말아라.

대부분의 사람들은 대화를 할 때 듣기보다는 자신의 생각을 말하는데 더 많은 시간을 사용한다. 대화를 할 때 그것이 즐거운 내용이든 아니면 지루한 내용이든간에 너무 많이 말하지 말아라. 좋은 경청자라면 지나친 말은 삼가야 할 것이다.

(12) 편견을 버려라.

화자의 외모나 어휘력 등을 살펴보는 것은 좋다. 그러나 그러한 것들을 당신이 가지고 있는 것들에 맞추려고 하지 말아라. 예를 들어 인종차별주의, 동성연애자, 보수주의, 다수결주의 등등의 정보들을 화자가 말한 내용의 이해력을 높이는 데에만 이용하라. 당신의 편견이 메시지를 왜곡시키지 않도록 조심하라.

(13) 화자와 청자 간의 자연스러운 변화를 갖도록 하라.

훌륭한 경청자는 대화하는 동안 지루함을 없애기 위해 자연스럽게 화자와 청자의 역할을 바꾸는 능력을 발휘한다.

(14) 자연스럽게 행동하라.

훌륭한 경청자는 자연스럽고 믿을 만하게 행동한다. 억지로 좋은 경청자가 되려고 행동하지 말아라. 만약 당신이 과장되게 눈을 마주치려 하거나 과장된 얼굴 표정을 보인다면 당신은 신뢰성을 잃고 말 것이다.

7. 인간관계 증진을 위한 감수성 훈련

감수성(Sensitivity)은 일반적으로 사람, 사물, 행동, 상황 등과 같은 환경으로부터의 자극을 지각하는 능력의 정도, 혹은 어떤 자극의 존재를 선택하는 능력과 자극의 차이를 구별하는 능력으로 정의된다. 상담이나 심리치료 등의 분야에서 자신이나 타인의 행동에 대해 정확한 이해를 하고, 이를 표현할 수 있도록 교육하기 위해 고안된 것이 감수성 훈련 방법이다. 감수성 훈련은 소집단 경험을 토대로 해서 배우는 대인관계의 학습 방법을 말한다.

훈련에 참가한 사람들은 소집단을 형성해서 일정한 기간 동안 경험 학습의 기회를 갖는다. 참가자들의 감정, 반응, 지각, 행동을 포함한 자기들의 경험을 분석하고 토의함으로써 얻어지는 인간관계를 통해서 배우게 된다.

인간관계 증진을 위한 감수성 훈련은 각 도시의 상담지원센터나 대학의 상담소 등에서 수시로 실시하며 약 10-12회기 정도 참여하는 것이 일반적이다.

감수성 훈련은 다음과 같은 면이 강조된다.

- 훈련 참가자 자신과 타인의 의사 표현이나 정서적인 면에서 인간관계를 하는데 있어서 이를 받아들이고 소화할 수 있는 감수성을 증가시킨다.
- 본인이나 타인의 기뻤던 일과 슬펐던 일을 시간 제한 없이 이야기하거나 듣는 동안 마음으로 느끼는 느낌을 집중시키기 때문에 사람들의 행동 결과로부터 오는 상황을 지각하고 배우는 능력을 배양하게 된다.

- 인간관계를 맺고 일을 추진하는 데 있어서, 외부에서 오는 상황과 필요성, 내적 심리적인 요소와 일치되는 행동에 대한 개인의 가치관이나 목적 등에 연결되는 도구로서 개념과 이론적 통찰력을 기른다.
- 감수성 훈련을 통하여 배운 것을 실생활에 적용하는 능력을 향상시킨다.
- 자기 자신이 뜻하고 행동하는 데 보다 좋은 결과를 가져오기 위한 한 방법으로서 행동하는 데 필요한 기술과 실천 능력을 개발한다.
- 훈련 결과를 통하여 배우고 느낀 것을 토대로 바람직한 인간이 되고 자기 자신의 행동을 분석해 가면서 계속 노력함으로써 일상생활 속에서 수많은 사람과 좋은 인간관계를 맺는 방법을 배우게 된다.

감수성 훈련은 지금까지의 인간관계에 있어서 성패의 경험과 자기 자신을 보는 눈과 타인을 통한 비평과 격려 및 용기를 얻게 된다. 새로이 다듬어진 자신을 발견하며 또 새로운 출발의 계기가 되어, 바로 그 생활 속에서 인간관계 능력을 증진시킬 기회를 마련해 나가는 것이다.

제 9 장

조직관리와 인간관계

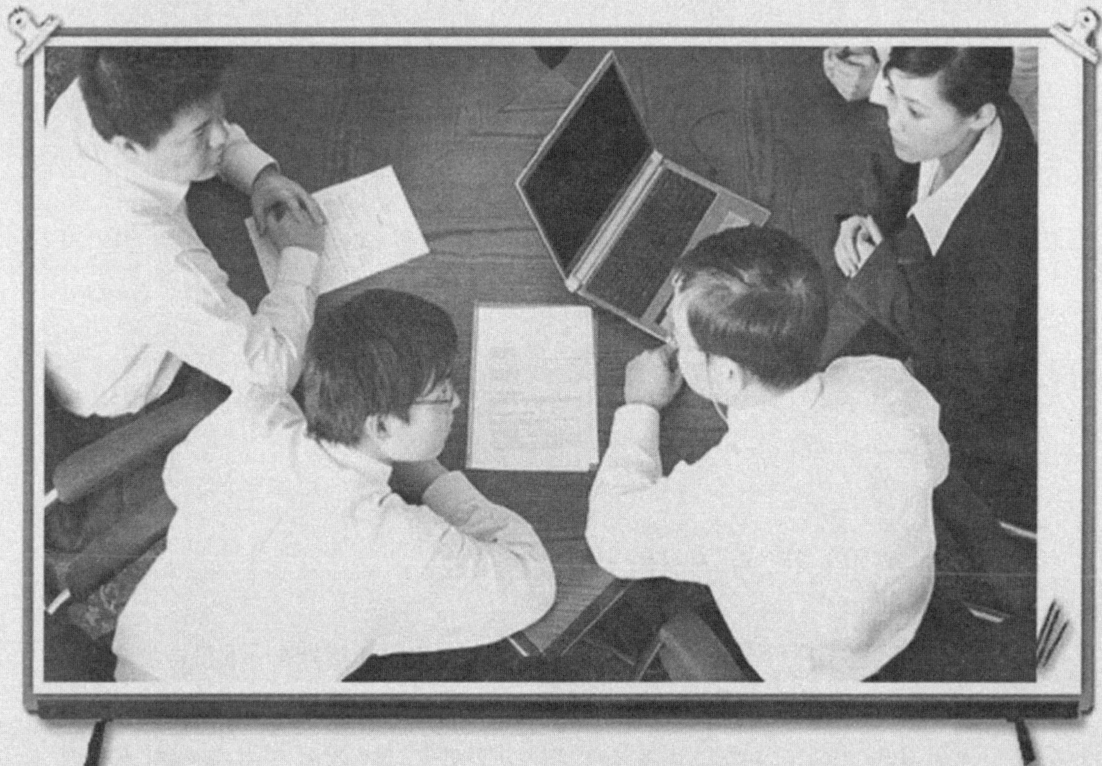

1. 효율적 관리자의 특성
2. 목표설정
3. 설득하기와 피드백
4. 훈육
5. 평가

1. 효율적 관리자의 특성

효율적인 인간관계를 통해 조직의 관리를 잘하기 위한 요소로는 다음과 같은 세 가지를 들 수 있다(Robbins & Hunsaker, 2003).

1) 행동

1978년 Morse와 Wagner는 관리자의 효율성을 높이는 데 기여하는 51가지 행동을 제시한 바 있다. Robbins는 이를 6가지 영역 행동으로 압축하여 제시하고 있다.

이들은 관리자의 이러한 행동이 관리자의 효율성의 50% 이상을 설명해 주는 것임을 밝힌 바 있다.

(1) 조직의 환경과 자원을 조정하는 역할

이러한 일련의 행동은 자발적이고 안정적으로 환경의 변화를 도모하는 능력으로서 현장에서의 의사결정 뿐만 아니라 기획과 역할 배정을 적절히 하는 행동이 포함된다. 이에는 또한 기초자원에 대한 명확하고, 현실적인 인지, 조직의 목적에 대한 정확한 인식이 포함된다.

(2) 조직하고 조정하기

이 역할은 제반 과업과 관련된 사항을 조직하고 그 과업들에 대한 유기적인 상호 관계를 조정하는 일이다.

(3) 정보 처리

이 행동은 정보를 사용하는 일과 문제의 본질을 밝히기 위한 의사소통의 채널을 구성하는 일을 포함한다.

(4) 성장과 발달에 대한 준비

관리자는 조직 구성원의 개인적 성장과 발달을 도모함은 물론 업무에 대한 지속적 학습을 통해 그자신의 개인적 성장과 발달을 도모해야 한다.

(5) 구성원에 대한 동기부여와 갈등의 처리

관리자는 구성원들이 그들의 임무를 수행해야만 한다는 당위감을 느끼도록 동기부여의 긍정적인 측면을 높여야 하며, 동시에 구성원들의 동기유발을 저해할 수 있는 갈등의 요인들을 배제해야 한다.

(6) 전략적 문제해결

관리자는 자신의 결정에 대해 책임져야 하며 구성원들이 그들의 의사결정 기술을 효과적으로 활용할 수 있도록 보장해 주어야 한다.

2) 동기

관리자의 효율성에 대한 또 다른 접근은 Minor와 Smith(1982)에 의해 행해졌는데 이들은 관리자의 효율성을 관리자가 되기 위한 개개인의 욕구와 결부지었다. 이들이 밝힌 관리를 위한 동기는 다음의 7가지로 구분된다.

연구자들은 40개 문항으로 구성된 문장 완성형검사를 통해 이러한 동기에서 높은 점수를 받은 사람들의 관리 효율성이 매우 높았음을 밝히고 있다.

(1) 권위의 수용

우수한 사람이 지닌 권위를 수용하고자 하는 욕구이다

(2) 경쟁력의 확보

게임이나 운동을 포함해서 동료들과의 경쟁에 기꺼이 참여하고자 하는 욕구이다.

(3) 경쟁적 상황

직업이나 작업활동을 포함하여 동료들과 경쟁하고자 하는 욕구이다.

(4) 단호성(assertiveness)

적극적이고 단호한 태도로 행동하고자 하는 욕구이다.

(5) 위압의 욕구

타인들에게 영향력을 행사하는 방식으로 무엇을 해야 할지와 규제력을 높이고자 하는 욕구이다.

(6) 차별성(distintiveness)

집단 내에서 독특하고 영향력 있는 존재로 부각되고자 하는 욕구이다.

(7) 일상적인 기능

관리적 업무와 관련된 일반적이고, 일상적인 활동들을 무리없이 수행하고자 하는 욕구이다.

3) 기술

관리자의 효율성을 재는 가장 대중적인 방법이 관리 기술에 관한 것이다. 이러한 연구를 통해 효율적인 관리자가 지녀야 할 4가지 기술로 꼽히는 것은 다음과 같다 (Pavett & Lau, 1983).

(1) 지적 기술(conceptual skills)

조직의 모든 관심과 활동을 조정하는 정신적 능력이다.

(2) 인간관계적 기술(human skills)

개별적, 또는 집단적으로 타인을 이해하고 동기를 부여하면서 일하는 능력이다.

(3) 전문적 기술(technical skills)

도구의 사용, 절차 그리고 전문분야의 기술을 사용하는 능력이다.

(4) 정치적 기술(political skills)

개인의 위치를 고양시키고, 권력기반을 닦고 올바른 연결을 구축하는 능력이다.

이상에서 살펴본 바에 의하면 관리자로서의 성공은 인간관계적 기술에서의 능력에 좌우되는 것임을 보게 된다. '행동'의 측면에서 볼 때 의사소통 채널을 사용하고, 조직원의 발달을 돕고 동기를 부여하며 갈등을 처리하는 등의 일은 모두 인간관계적 기술을 요하는 것들이다.

2. 목표설정

1) 자기 평가

다음 각 질문에서 당신의 부하직원과의 관계를 가장 잘 묘사한 것을 선택하시오. 당신이 행동해야 한다고 생각하는 것이 아니라 행동했거나 행동할 것 같은 것에 대답하시오. 만약 당신이 관리자로서의 경험이 없다면 당신이 관리자라고 가정하고 질문에 답하시오.

나를 위해 일하는 사람은 다음을 가지고 있다.

	대개의 경우	종종	드물게
1. 분명하고 구체적인 목표	□	□	□
2. 그들의 업무수행과 관련된 모든 영역에 대한 목표	□	□	□
3. 도전적이지만 합리적인 목표 (너무 어렵거나 너무 쉽지도 않은)	□	□	□
4. 그들의 목표를 세우는데 있어서의 참여기회	□	□	□
5. 목표를 달성하기 위한 수단의 결정에서의 언급	□	□	□
6. 목표를 수행하는데 있어서의 기한 (마감 시간)	□	□	□
7. 목표달성을 위한 충분한 기술과 훈련	□	□	□
8. 목표 달성을 하기 위한 충분한 자원 (예 : 시간, 돈, 시설)	□	□	□
9. 목표를 향한 진행과정에서의 피드백	□	□	□
10. 목표의 도달여부에 따른 보상 (예 : 급여, 승진)	□	□	□

[채점방법]

모든 질문에서, '대개의 경우는' 3점, '종종'에 점수를 주었으면 2점, 그리고 '드물게'에 점수를 주었으면 1점을 부여한다.

전체 점수를 합한다. 점수가 26점 이상이면 목표설정 기술에 강한 이해를 증명하는 것이다. 21-25점 사이에 있으면 당신의 목표설정 기술을 향상시킬 수 있다는 것을 말한다. 그리고 20점 이하이면 목표설정 기술을 개선하기 위해 노력해야 한다.

2) 기술 개념

고용인은 그들의 직업에서 성취를 위해 노력해야 한다는 생각을 가져야 한다. 게다가 관리자는 고용인들에게 작업 목표를 세우는 것을 도와 줌으로써 목표를 달성하는 일에 책임을 져야 한다. 고용인들은 그들이 해야만 하는 것을 알 필요가 있고, 이 지침을 제공하는 것은 관리자의 일이다. 그것은 간단한가 ? 그렇지 않다.

목표설정은 관리자들에 의해 흔히 간단한 것으로 여겨진다. 그러나 그렇지 않다. 목표설정은 많은 관리자들이 불안전하게 행하는 고급기술이다. 그러나 관리자들이 이 장에서 언급되는 목표설정 순서를 따르면 그들은 향상된 고용인의 수행을 기대할 수 있다.

관리자들은 고용인으로부터 다음과 같은 평가를 들을 수 있을 것이다. "마침내 이 일에서 나에게 당신이 기대하는 것을 알았다."

(1) 효과적인 목표에 대한 기초

목표를 설정하고 규정하는데 있어서 참고해야할 5가지 기본규칙이 있다. 목표는 구체적이고, 도전적이고, 성취에 대한 시간 제한을 설정하고, 참여에 의해 설정되고, 조직원에게 피드백을 제공할 수 있도록 설계되어야 한다.

이러한 점을 각각 자세히 살펴보자.

① 구체성

목표는 충분히 측정되고 증명될 수 있도록 구체화될 때 의미가 있다. 이것은 목표들이 수량적인 용어로 진술될 때 최고로 이 목표에 접근하게 된다. 예를 들어 "우물들을 파라" 보다는 "세 개의 우물을 파라". "검소해라" 보다는 "한 달의 용돈을 30만원 이내로 하라." 혹은 "판매량을 증가시키도록 노력하라" 보다는 "나의 일정량 판매에서 10%를 증가시켜라". "나는 최선을 다할 것이다"라고 하기보다는 "이번 학기에는 적어도 A학점 3개와 B학점 2개를 맞겠다"라고 하는 것이 좋다(Locke and Latham, 1984). 바라는 결과에 대한 혼동이 없을 때 그것이 성취될 수 있는 가능성은 증가된다.

② 도전성

목표는 고용인들이 도달할 수 있을 것으로 세워져야 한다. 만약 목표가 너무 쉽다면 도전을 제공하지 못한다. 만약 비현실적으로 높게 설정된다면 고용인은 좌절을 경험하고 포기하게 될 것이다. 그래서 고용인은 아직 도달해 보지 못한 도전과 같은 목표를 관망해야 한다. 그러나 어떤 사람의 도전 목표는 다른 사람에게는 불가능할 수도 있다. 만약 개인이 높은 자기 확신을 가지고 있다면, 그리고 이전에 실패보다는 목표 성취에 성공적이었다면 어려운 목표는 불가능하기보다는 도전으로서 인지되는 것 같다.

③ 시간 제한

시간 제한이 없는 목표는 무시되기 쉽다. 왜냐하면 목표와 연합하려는 긴박감이 없기 때문이다. 그러므로 가능한 한 목표는 성취 도달에 대한 구체적 시간 제한을 포함해야 한다(Latham & Locke, 1979). 그래서 "나는 은행관리 훈련 프로그램을 85점 이상으로 마칠 것이다"와 같은 진술문 대신에 "나는 다음 해 2월 첫째 주까지 적어도 85점 이상으로 은행관리 훈련 프로그램을 마칠 것이다"와 같은 시간의 구체적 목표로 진술해야 한다.

④ 조직원의 참여

목표는 전형적으로 2가지 방법으로 세울 수 있다. 그것은 상사에 의해 고용인에게 제시될 수 있고, 혹은 상사와 고용인 간의 공동 참여로 결정될 수도 있다. 고용인이 수행할 목표를 고용인들이 참여해서 설정한 경우와 목표를 상사가 지명해 준 경우와의 효과를 비교한 연구에서 강력하거나 지속적인 관련성을 보이지는 않고 있는 것으로 나타났다(Latham & Sarri, 1979). 이는 다소 의외의 결과이기는 하지만, 목표 달성 곤란도가 지속되는 경우 빈번히 고용인이 참여해 만든 목표만큼 할당된 목표도 효과적으로 나타나기 때문이다.

대부분의 연구에서 참여 목표 결정이 더 우세하다는 지지를 하기는 하지만 통계적으로 유의미한 수치는 아니다. 그러나 참여는 더욱 도전적인 목표 설정을 이끌어 낸다. 이것은 참여가 개인의 목표 열망 수준을 증가시켜 주기 때문인 것 같다. 또한 참여하여 목표를 설정하면 참여자들이 이의없이 이를 받아들인다. 그리고 받아들여진 목표는 더욱 잘 성취될 수 있다(Locke & Schweiger, 1979). 그래서 지명된 목표가 효과적일 수 있긴 하지만 공동목표는 더 높은 목표와 그러한 목표를 더 잘 받아들일 수 있는 결과를 가져오는 것 같다. 참여는 심지어 전체 목표설정 과정을 더욱 잘 받아들일 수 있도록 하기도 한다. 고용인은 그들이 상부에서 부여된 것보다, 활동적으로 참여한 과정에서의 목표를 덜 방해하거나 의심하는 것으로 보인다.

⑤ 피드백

피드백은 사람들이 그들의 수행 수준이 충분한가 혹은 수행 효과 수준이 증가되는지 안 되는지를 알도록 한다. 피드백은 또한 이전의 목표 성취 후 그들의 목표 수준이 향상되었는가를 유도하고 목표 수행 향상을 위한 방법적 정보를 제공한다. 이론적으로 말하면 목표 과정에서 피드백은 외부적으로 제공되기보다는 자기 자생적으로 이루어져야 한다(Ivancevich & McMahon,1982). 고용인이 자기 자신의 과정을 스스로 모니터링할 수 있을 때 피드백은 덜 위협적인 것으로 인식되고 관리통제 체제의 부분이 아니다라는 것을 인식하게 될 것이다.

(2) 목표설정 방법

다음의 7단계는 목표설정에서 가장 유용한 것을 얻기 위해 따라야 할 것들이다(Locke & Latham, 1984).

① 일반적 목적, 또는 행해야 할 과업을 구체화하라.

목표설정은 '당신의 고용인이 수행해야 할 것은 무엇인가?'의 정의로 시작된다. 이 정보에서의 최고의 자원은 각 고용인들의 일에 대한 자세한 기술이다. 고용인이 수행해야 할 업무에 대한 자세한 설명은 이러한 업무가 어떻게 행해지며, 고용인이 성취해야 할 책임 있는 결과는 무엇인가 등이다.

② 수행이 측정될 수 있도록 하는 방법을 구체화하라.

일단 고용인의 과업이 정의되면 당신은 이러한 과업의 성과가 측정될 수 있는 방법을 결정할 수 있다. 전형적으로 작업 성과는 물적 단위(실수의 수, 과정의 양 등), 시간(회의 마감 시간, 출근 시간) 혹은 돈(소득, 판매, 비용)으로 측정된다. 물론 많은 직업에서 다양한 개인적 업무 수행 측정을 개발하는 것은 쉽지 않다. 불가능하다고 할 수도 있다. 예를 들면, 상위계급, 경업업무는 복잡하고 종종 분명한 측정을 허용하지 않는다. 마찬가지로, 고용인이 작업 팀의 부분일 때 그들의 개인적 공헌의 정도를 평가하기는 어렵다. 그러한 경우에 가능한 성과 측정은 고용인에 의해 통제 가능하고 성공적인 결과를 이끌어 낼 것으로 가정된 투입 행동과 결부시켜 측정할 수 있다.

③ 도달해야 할 목표물과 기준을 구체화하라.

다음 단계는 기대되는 수행의 수준을 확인하는 것이 요구된다. 2번째 단계에서 판매원이 판단해야 할 것 중의 하나가 소비자의 반품률이다. 이 단계에서 당신은 목표물을 구체화하는 것이 필요하다. 예를 들어 매달의 반품은 그 달의 판매의 1% 이상을 넘기지 말아야 한다. 만약 적절히 선택된다면, 목표물은 고용인들에게 구체적이고 도전적인 요구물로 인식될 것이다.

④ 시간 기한을 구체화하라.

목표가 세워진 후 각 목표의 마감 시간을 각 분야에서 정할 필요가 있다. 일반적으로 시한 기한은 상위 수준의 관리자의 경우 하위 수준의 조직원보다 길어진다.

고용인들의 목표달성 시한이 하루나 몇 달의 범위 안에 존재하는 경향이 있지만, 중간관리자의 목표는 3달이나 일년 범위로 정해지는 것 같고, 최고관리자의 목표는 2, 3, 5년으로 확장된다.

각 목표에 대한 시간 목표를 정하는 것이 모호함을 감소시키기 때문에 중요하지만 마감 시간이 임의로 선택되는 것은 좋지 않다. 그 이유는 마감 시한이 어떤 주어진 목표에 부합되든지 간에 사람들에게 스트레스를 주는 경향이 있기 때문이다. 만약 하루의 목표가 주어진다면 시간 초점은 하루가 될 것이다. 여기서 이 메시지는 2가지 면을 말하고 있다. 첫째는 파킨슨의 법칙으로 목표를 향한 노력은 그것이 완성될 수 있도록 이용 가능한 시간을 충분히 소비할 것이다라는 것이다. 1주일이 요구되는 업무를 완성하기 위해 사람들에게 한 달을 주면 그들은 전형적으로 한 달을 충분히 사용할 것이다. 둘째, 짧은 기간 목표의 지나친 강조는 긴 기간 목표를 손상시킬 수 있다.

⑤ 목표의 우선 순위를 정하라.

어떤 사람에게 하나 이상의 목표가 주어졌을 때 목표들을 중요성의 순서대로 등급을 매기는 것이 중요하다. 이 단계의 목적은 고용인이 행동하도록 고무시키고 목표들의 중요성에 맞춰 각 목표에 대한 노력을 요하도록 하기 위한 것이다.

⑥ 목표의 곤란도와 중요성에 따라 목표를 평가하라.

목표설정은 성공을 확장하기 위해 사람들로 하여금 쉬운 목표를 선택하도록 고무시키지 말아야 한다. 그것을 극단적으로 설명하면, "나의 목표는 할 일이 아무것도 없고 나는 그것을 성취했다라고 말할 수 있어 기쁘다."라고 말할 수 있는 고용인은 없다. 목표설정은 개인이 올바르게 목표를 강조하고 있는지 아닌지 그리고 설정된 목표가 어렵다는 것을 고려해야 한다.

이 단계에서는 각각의 목표가 그 목표가 가지고 있는 어려움과 중요함이 평가되어야 한다. 이러한 평가가 실제적 목표 성취 수준과 조화될 때 조직원은 전체 목표 수행의 평가를 더욱 잘 이해할 수 있을 것이다. 이 과정은 심지어 고용인이 충분히 목표에 도달하지 못할지라도 어려운 목표에 노력하는 개인들에게 신용을 준다. 그래서 매우 쉬운 목표를 설정하고 그 목표를 초과 달성한 고용인은 어려운 목표를 설정하고 그 목표를 부분적으로 행한 고용인보다 전체적으로 더 낮은 평가를 얻을 것이다.

⑦ 조정 조건을 결정하라.

어떤 사람의 목표는 다른 사람들의 공헌과 협동에 의존하여 성취되는가? 만약 그렇다면 잠재적인 갈등이 있다. 그것은 책임 보장을 위한 경우에서 이 목표들이 조정되는 것은 중요하다. 서로 돕는 목표 조정의 실패는 심각한 영역분쟁과 책임포기, 그리고 노력의 중복을 초래할 수 있다.

3) 목표 수행 달성하기

단순한 목표의 존재가 고용인들이 이를 받아들이고 목표를 실행한다는 보장은 없다. 그러나 관리자의 확실한 행동은 목표 수용과 실행을 증가할 수 있다(Latham & Locke, 1979).

(1) 관리자의 지원

관리자는 목표가 고용자를 협박하고 위협하는 속임수적인 도구로 보기보다는 고용인의 기대를 고무시키는 고안으로서 보이도록 지원적인 분위기를 창출해야 한다. 관리자는 고용자가 도전적인 목표를 선택하도록 도와주고 고용인과 그들의 목표 달성 사이에서 오는 방해물을 감소하는 지원 체계를 제공해야 한다. 예를 들어 이것은 고용인들이 그들의 과업을 완성하기 위해, 필요한 시설, 보충물, 시간, 다른 자원을 가지고 있다는 것을 확신시키는 것을 의미한다. 관리자는 부하 직원이 관리자를 목표 촉진자로서 바라볼 때 지지가 된다.

(2) 참여를 사용하라.

앞서 말한 것 같이 목표 설정에서 고용인의 참여는 목표 수용을 증가시킨다. 그러나 이것이 보다 효과적이 되기 위해서는 참여가 믿을 만한 것이 되어야 한다. 관리자가 고용인의 참여를 진실로 추구한다는 것으로 인식시켜야 한다. 만약 관리자가 마지못해 고용인에게 참여해 달라고 권유한다면 참여는 성공하지 못할 것이다. 고용인은 우둔하지 않다. 만약 관리자가 고용인을 제멋대로 하려 한다면 고용인은 상부에서 결정된 것이 무엇을 위한 과정인지를 잽싸게 알아차릴 것이다.

(3) 부하직원의 능력을 알아라.

개인차는 그들의 기술과 능력에 의해 구별된다. 만약 이러한 차이가 고려된다면 각 개인의 목표는 고용인의 능력을 반영할 것이다. 게다가 어려운 목표와 개인의 능력을 조화한다면 고용자가 조정하고 현실적이고 집중할 수 있고 받아들일 수 있는 목표를 볼 수 있는 가능성을 증가시킬 것이다.

(4) 보상을 이용하라.

'가치 있는 행동을 하는 것은 돈을 위해 가치로운 일을 하는 것'이라는 속담이 있다. 목표 수행에 있어서 돈, 승진, 인정, 시간 단축, 혹은 고용인에게 부수적으로 보상을 제공하는 것은 목표 수행을 증가시키는 강력한 수단이 된다.

3. 설득하기와 피드백

1) 설득하기

(1) 자기 평가

다음 각각의 질문에 대하여, 구두 설득에 있어서 당신의 접근방법을 가장 잘 기술하고 있는 대답을 선택하시오.

	대체로 그렇다	가끔 그렇다	거의 그렇지 않다
1. 나는 상대방에게 질문하기 전에 마음 속에 분명한 목적을 갖고 있다.	□	□	□
2. 설득하려는 사람의 개성에 맞추어서 나의 주장을 조절한다.	□	□	□
3. 상대방에게서 무엇을 원할 때, 어떻게 하는 것이 상대방 자신에게 이익이 되는지를 분명히 한다.	□	□	□
4. 만약 내가 관리자라면, 직위에 따른 권위 때문에 부하가 나의 요구에 복종할 것으로 기대한다.	□	□	□
5. 상대방에게서 무엇을 원할 때, 인간은 지성적이며 논리적으로 반응할 것이라고 생각한다.	□	□	□
6. 상대방에게서 무엇을 원할 때, 내가 원하는 것이 왜 중요한가를 설명한다.	□	□	□
7. 상대방에게서 무엇을 원할 때, 논리적 호소뿐만 아니라 감성에도 호소해 본다.	□	□	□

[채점방법]

질문 1, 2, 3, 5, 6, 7에 대해서는 "대체로 그렇다"는 3점을, "가끔 그렇다"는 2점을, 그리고 "거의 그렇지 않다"는 1점을 준다.

질문 4에 대해서는 "거의 그렇지 않다"는 3점을, "가끔 그렇다"는 2점을, 그리고 "대체로 그렇다"는 1점을 준다.

모든 점수를 더한 후, 19점 이상이면 설득방법을 효과적으로 사용하는 것이다. 점수가 16에서 18이면 대인관계에서 설득적일 수 있다. 16점 이하의 경우에는 구두 설득 기법상 상당한 개선의 여지가 있음을 의미한다.

성공적인 정치가와 그렇지 못한 정치가를 구별짓는 한 가지 재능이 있다면, 그것은 상대방을 설득시킬 수 있는 능력이다. 그들은 논리적이며 강요적으로 보이는 강력한 논쟁을 할 수 있다. 물론 성공적인 정치가가 이러한 재능을 독점하는 것은 아니다. 설득력이 있는 사람은 무엇을 언제 말해야 하는가를 아는 것 같다. 그들은 이러한 재능을 타고 나는가? 아니다! 아마도 그들은 이러한 재능을 학습하는데 훌륭한 역할 모델이 되는 사람들을(부모, 친척, 교사 및 친구) 접하였을 것이다.

(2) 설득의 개념

설득이란 상대방이 행동하도록 유도하는 의도적인 언어적 상징 조작이다(Lerbinger, 1972). 설득은 권위나 권력과는 다른 성질의 것이다. 세 가지 모두 영향력에 관한 것으로, 상대방으로 하여금 당신이 원하는 것을 하도록 하는데 초점을 맞추고 있다. 설득력은 자유를 보장하는 독특함이 있는데 피설득자는 설정된 목표와 지침 내에서 자율적으로 행동한다고 느낀다(Lerbinger, 1972, p. 5)는 것이 그 특징 중 하나이다.

예를 들면, 권위는 조직에서의 강제력이다. 이것은 관리직에 수반되는 권한으로 관리자의 요구에 대하여 순종하도록 하는 효과적인 수단이다. 그러나 권위는 자체의 한계점이 있다. 권위는 동료, 상급자 또는 직접 지휘를 받지 않는 외부인을 상대할 때에는 별로 가치가 없으며, 합법적인 권한에 대한 조직원의 인지도에 따라서 제한을 받기도 하고, 조직원을 동기화시키기 어려우며 민주적 조직보다는 독재적 조직에 더 적합하다. 이러한 관점에서 이들을 좀 더 면밀하게 살펴보자.

권위는 부하에게는 잘 통용된다. 그러나 조직에 있어서의 인간관계는 여러분을 위하여 직접적으로 일하는 사람만을 상대하는 것으로 한정되어 있지는 않다. 상급자의 협조도 필요한데 권위만으로는 그것을 얻을 수 없다. 여러분과 동급의 다른 관리자들의 지지를 필요로 하는 회의의 경우, 권위를 통하여 그러한 지지를 얻을 수는 없다. 바로 이때, 여러분의 업무 완수를 위하여 조직 내외의 다른 사람의 도움이 필요함을 분명히 깨닫게 될 것이다. 예를 들면, 지휘 계통이 아닌 다른 부서의 보고, 또는 공급자의 도움을 필요로 할지도 모른다. 이러한 다양한 상황하에서 필요한 것이 바로 설득력이다.

또한 권위는 자체가 갖는 제한점이 있는데, 모든 조직원은 설정된 심리적인 노선에 따라서 상급자의 권위의 한계를 정한다. 조직원으로 하여금 초과 근무, 추가 과제 및 불쾌한 임무 등과 같은 일정한 한계를 넘는 일을 해 주기를 원할 경우, 권위는 효과적이지 못한 경우가 많다.

권위를 갖고 있고, 또한 그것이 유효함을 아는 상황에서조차도 권위의 행사는 유보되기도 한다. 왜냐하면, 권위는 때로는 부정적인 영향을 갖기 때문이다. 권위는 복종을 수반한다. 반대로, 상대방을 설득하여 어떤 일을 하도록 하면(그것을 하도록 요구할 권위를 갖고 있음에도 불구하고) 그 임무를 더욱더 열성적이며 헌신적으로 수행하게 된다. 설득은 권위보다 조직원을 더 동기화시킨다. 여러분의 발상이 아무리 훌륭하다 하더라도, 최종적인 효과는 상대방에 의하여 얼마나 잘 수행되었느냐에 달려 있다는 사실을 명심할 필요가 있다.

또한 권위는 인도적 · 민주적인 가치들과 모순되는 경우가 많다. 많은 기관들, 특히 소규모이며 전문가의 고용이 우세한 조직은 조직 구성원의 자발적 참여를 권장하고 있다. 권위와 통제 위주의 조직 관리는 개방성, 신뢰 및 민주적 관리 절차로 바뀌었다. 그러한 조직에 있어서 설득은 상대방으로 하여금 여러분이 원하는 어떤 일을 하도록 하는 유일한 유효 수단이기도 하다.

(3) 설득 전략

신뢰성(credibility), 논리적 논증(logical reasoning) 및 감성적 호소(emotional appeal) 등 세 가지 전략을 활용하여 설득시킬 수 있다(Verderver & Verderver, 1986).

① 신뢰성

상대방이 여러분을 좋아하고, 믿고, 또한 친밀하다면 상대방을 더 잘 설득할 수 있다. 이러한 신뢰는 맹신의 산물이 아니라 획득되는 것이다. 이의 획득에 필요한 것 중의 하나는 능력(competence)이다. 그 방면의 지식, 또는 능력을 증명함으로써 신뢰성을 쌓을 수 있다. 둘째는 가치 있는 의도(intentions)나 목표를 갖는 것이다. 상대방이 당신의 동기를 객관적이며 정직한 것으로 받아들일 때, 당신은 신뢰성을 얻는다. 셋째는 인격(character)이다. 당신이 도덕적이고 근면하며 믿을 만하다면 신뢰도는 증가할 것이다. 끝으로, 신뢰성은 당신의 인성(personality)을 통하여 증대될 수 있다. 상대방을 친근하게 보살피며 열성적으로 대하고, 인생을 긍정적으로 볼 때 사람들은 당신에게 끌릴 것이다.

신뢰를 얻기는 쉬운 일도 아니고 시간을 요하기도 한다. 그러나 조절 가능한 요소도 있다. 예를 들면, 유능하다는 평가를 받는데 소요되는 기간 중에, 이것과 병행하여 신뢰를 쌓는데 도움이 되는 행동을 할 수 있다. 특정의 프로젝트에 자원봉사 함으로써 시야를 넓히고 자신의 재능을 과시할 수도 있다. 상대방을 친근하고 사려 깊게 대하며, 업무를 성실히 하고 또한 이해 다툼으로 보일 수 있는 행동을 피하면 당신에 대한 구성원의 신뢰는 점차 높아질 것이다.

② 논증

자신이 원하는 대로 상대방이 행동해야만 하는 논리적인 이유를 예시할 수 있다면 상대방을 더욱더 잘 설득시킬 수 있다. 사람은 이성적이기를 원한다. 인간은 어떤 일을 하기 전에 그것이 자신의 목표와 일치한다는 확신을 느끼기를 좋아한다. 만약 그것이 불명확할 때에는, 왜 상대방이 당신이 원하는 방식으로 생각하거나 행동해야 하는지를 분명하게 해 둘 필요가 있다. 즉, "왜?"라는 질문에 대답할 준비가 되어 있어야 한다. 이것은 미리 계획을 하고 부정적인 반응을 예견함으로써 가능하다. 왜 어떤 특정한 행동이 바람직한가에 대한 타당한 이유를 몇 가지 준비한 후, 특정 상황에 가장 적합한 하나의 대안을 선정한다.

이러한 방식으로, 여러분은 가능한 최선의 논의를 할 수 있다고 확신하게 된다. 여러분이 생각하거나 발견할 수 있는 모든 이유를 활용한다고 하여도 그것이 논의를 효과적으로 하는 것은 아니다. 어떤 이유든 다음의 세 가지 사항을 충족시켜야 한다(Verderver & Verderver, 1986).

첫째, 그것은 당신의 주장을 실제로 뒷받침하여야 한다.
둘째, 사실에 의거하여 입증될 수 있어야 한다.
셋째, 설득하려는 상대방에게 영향을 미쳐야 한다.

이러한 세 가지 기준의 적용은 자명한 것이다. 산탄총으로 과잉 살상하기보다는 소총으로 목표를 정조준하는 것이 효과적이다. 논리적 논증으로 설득하려면 논거를 뒷받침해 주는 사실들을 수집하고 피설득자에 대하여 파악하는 것이 매우 중요하다. 설득하려는 상대방의 목표와 필요성, 그리고 관심사를 고려하지 않는다면 가장 잘 뒷받침된 논의도 실패할 수 있다.

③ 감성적 호소

타당한 이유 하나만으로도 사람을 설득시킬 수는 있지만, 더불어서 상대방의 감성을 자극하는 언어를 사용한다면 더욱더 효과적일 것이다. 따라서 가능하면 타당한 이유에 부가하여 인간의 공포, 사랑, 기쁨, 그리고 좌절 등에 호소하는 것도 필요하다. 논리적 방법과 감성에 호소하는 것을 결합한 것이 단지 논리적인 방법보다 더 효과적인 것은 사람은 논의된 논리를 믿는다 하더라도, 그 믿음대로 바로 행동하지는 않기 때문이다. 감성에 대한 호소는 피동적인 그들을 능동적으로 변화시키는데 필요한 자극이다.

(4) 설득 책략

Hultman(1981)은 사람들이 상대방에게 영향을 미치려할 때 사용할 수 있는 네 가지 책략을 제시하였는데, 이는 능동적 촉진(active facilitative), 수동적 촉진(passive facilitative), 능동적 억제(active inhibiting), 그리고 수동적 억제(passive inhibiting)이다. 앞의 두 가지 책략은 설득의 결과를 개선시키지만, 뒤의 두 가지는 효과를 방해한다. 사람들이 고의로 억제적 책략을 사용하는 경우는 드물다. 반면에 그것은 부실한 계획, 정보의 부족, 부적절한 청취 기술, 또는 상대방에 대한 영향의 부적절한 평가에서 비롯되는 의도되지 않은 결과로 나타난다. 그것은 촉진적으로 시작된 전술이 어떻게 설득 효과를 실제로 방해하고 역효과를 나타내게 될 수 있는가를 극적으로 보여 준다.

① 능동적 촉진

상대방에게 영향을 주려는 행동에 적극적으로 개입한다면, 당신은 능동적 촉진의 기법을 활용한 것이다. 이러한 기법의 일반적인 예로서는 준비 및 조직화, 확신있는 견해, 정보 제공, 정보 요청, 추천, 자발적인 협상, 기선 제압 및 부연설명 등이 있다. 이 기법은 사실의 명료화, 잘못되고 부정확하거나 불완전한 신념의 교정, 그리고 우선 순위의 수정에 효과적인 수단이다.

② 수동적 촉진

상대방을 설득시키는 가장 효과적인 방법은 때로는 아무것도 하지 않는 것이다. 수동적 촉진의 기법은 조용하게 있는 것, 인내심 있게 기다리는 것, 상대방이 말하도록 하는 것 등과 같은 피동적인 행동들이 때로는 아주 효과적인 영향력을 행사하는 수단임을 깨닫는 것이다. 소란스럽고 씩씩대거나 많은 사실을 갖춘 사람이 항상 승리하는 것은 아니다. 기민한 설득자는 말하지 않아야 할 때와 상대방이 공세적이도록 하는 것을 안다.

③ 능동적 억제

어떤 부류의 행동이 설득의 효과를 방해하는가? 그 몇 가지 예로써 Hultman은 즉석에서 해치우기, 유동적인 견해, 협상 기피, 공격적 행위, 피드백의 부재, 비판, 주제 바꾸기, 아이디어 거절 및 미숙한 충고 제공 등을 제시하고 있다. 훌륭한 설득자가 되려는 사람은 생각없는 행동은 역효과를 초래한다는 그의 메시지를 잊지 말아야 한다.

④ 수동적 억제

마지막으로 태만으로 인하여 실패를 초래하는 경우를 들 수 있다. Hultman에 의하면, 이것은 정보의 보류, 부주의, 복종, 상대방 또는 그의 아이디어 무시, 감정이입적 반응의 실패, 쟁점의 모호한 방치, 칭찬이나 감사를 게을리함, 인정하기를 거절함, 도움이나 지원의 유보, 도움이나 지원 요청의 실패, 또는 상대방이 당신의 역할을 한정하도록 허용하는 경우 등이다.

이러한 네 가지 범주의 전술을 통하여 설득하기에 있어서의 유념사항을 살펴보면 다음 세 가지로 귀결된다.

첫째, 설득은 항상 실패의 가능성이 있다. 최상의 의도를 갖고 있어도 실패할 수 있다.

둘째, 능동적인 접근법이 항상 더 효과적인 것만은 아니라는 것이다. 일부러 '아무것도 안하는 것'이 더 효과적일 때도 있다.

셋째, 영향을 주고자 하는 상대방에 따라서 능동적, 또는 수동적 접근법 중 어느 것을 선택할 수 있다. 상대방의 필요, 관심사 및 기호 등에 관하여 필요한 정보를 갖고 있다면, 능동적 또는 수동적 방법 중 어느 것을 사용할 것인지 잘 결정할 수 있다.

(5) 설득기술의 증진

설득력을 향상시키는데 도움이 되는 몇 가지 제안들이 의사소통과 설득 연구에 관한 검토를 통하여 확인되었다. 그것은 앞에서 논의한 전술 및 전략을 형성하고 확장시킨다.

① 신뢰를 쌓아라.

신뢰의 결핍보다 더 설득의 성과를 잠식하는 것은 없다. 사람은 믿지도 존경하지도 않는 사람에게는 귀를 기울이지 않는다. 우리는 앞에서 여러분의 신뢰도를 높일 수 있는 단계들을 살펴보았다. 여러분이 그러한 것들을 실행한다 하더라도, 당신을 대수롭게 생각하지 않는 사람들을 만날 수 있다.

② 긍정적이고 재치있는 어조를 사용하라.

설득하고자 하는 사람을 지적이고 신중한 사람으로 여기고, 업신여기지 말아야 한다. 존경스럽고, 솔직하고, 진지하고, 재치있게 대하는 것이 필요하다. 그러한 노력에도 불구하고 상대방이 설득되지 않을 수도 있다. 그러나 그러한 경험은 당신의 신용을 진보시키고 다음에는 좀 더 효과적인 설득을 하기 위한 기반을 쌓게 되는 것이다. 반면에, 만약 당신의 어조가 부정적이거나 상대방을 어리석은 사람으로 취급한다면 상대방은 방어적이고, 그 사람을 설득하려는 당신의 노력은 허사가 되고 먼 훗날 설득하고자 노력할 때 이미 당신의 신용도는 추락해 있을 것이다.

③ 표현을 명확히 하라.

설득이 성공적일 경우 당신이 얻고자 한 것은 정확히 무엇인가? 다른 누군가에게 당신의 견해가 납득이 가도록 말하기 전에 당신은 자신이 원하는 것이 무엇인가를 명확히 해야 한다. 많은 사람들이 자신이 성취하고자 하는 것에 초점을 맞추지 못하는 경우는 왕왕 있는 일이다. 그들이 요구하는 것에 대한 적절한 설득이 종종 혼란스럽고 명확하지 못하다는 것은 놀랄 만한 일이 아니다. 일단 당신의 목적이 명확해지고 나면 그때 당신의 주장을 한 가지씩 차례로 펼쳐야 한다. 논쟁의 주제를 건너뛰지 말고 연관성이 없는 주제는 피하는 것이 좋다. 최종적 목표에 초점을 맞추고 그 사람으로 하여금 당신이 원하는 결론을 이끌어 내고 당신이 설정한 목표에 이르게 할 당신의 생각을 직접적으로 표현하는 것이 좋다.

④ 당신의 입장을 뒷받침하는 강력한 근거를 제시하라.

당신이 원하는 것이 왜 중요한지를 확실히 이야기해 줄 필요가 있다. 단지 그 요망이 중요하다고 말하는 것만으로는 충분하지 못하다. '나는 최고다' 라는 이유만으로 순종을 요구하는 것은 적절하지 못하고, 설령 적절한 상황이더라도 권위에 의존하여 신뢰를 쌓을 수는 없다. 당신은 강력한 근거가 있는 단서로써 왜 그가 당신이 원하는 바대로 해야만 하는가를 입증해야 한다.

⑤ 피설득자의 특성에 따라 주장을 조절하라.

효력 있는 설득은 융통성을 요구한다. 당신은 특정한 청취자를 위해 당신의 주장을 선별해야 한다. 당신은 누구에게 말할 것인가? 그들의 목적, 요구, 흥미, 두려움, 열망은 무엇인가? 청취자들이 당신이 논하고 있는 주제에 대해 얼마나 알고 있는가? 그들은 이 주제에 대한 선입견을 가지고 있지는 않은가? 만약 그렇다면, 어떻게 그들이 당신에게 동조할 수 있겠는가? 이와 같은 질문들을 던짐으로써 올바른 설득 전략을 결정하는 데 도움을 얻을 수 있다.

Karlins와 Abelson(1970)은 개개인의 성격이 그들의 설득력에 영향을 준다는 사실을 발견했다. 한 예로, 조사에 의하면 지성이 높은 사람은 강력하고 논리적인 논증에 의존하는 설득력 있는 대중매체에 노출되었을 때 지성이 낮은 사람보다 쉽게 영향을 받게 된다고 한다. 그렇지만 높은 지성을 지닌 사람은 불확실한 일반설이나 혹은 허위적이고 비논리적이며 타당성 없는 주장에 의존하는 설득력 있는 대중매체에 영향을 덜 받는다. 바꿔 말하면, 높은 지식은 사람들을 논리적 논증을 좀 더 잘 받아들이고 비논리적 논증은 잘 받아들이지 않게 만드는 것이다.

조사에 의하면 권위주의적인 인품의 소유자는(조직 사회 안에 다른 사람들 사이에서 권력과 지위를 믿는) 이들 권력에 의하여 동요된다. 반면에, 비권위주의적인 타입의 사람들은 사실에 의해 더욱 잘 설득된다.

이 조사에 기초하면 우리의 보편적인 결론은 그 주제에 대해 개개인의 특성에

따라 당신의 전략을 바꾸어야 한다는 것이다. 개개인의 지성이 높을수록 당신의 논증은 더욱 논리적이고 더욱 잘 다듬어진 것이어야 한다. 그리고 당신은 비권위주의자들을 설득하기 위해서는 지위보다는 더욱 사실에 기초하여야 한다.

⑥ 상대방의 이기주의에 호소하라.

효과적으로 누군가를 설득하기 위해서는, 당신은 무엇이 그들을 신용 거래자(tick)로 만드는 가를 이해할 필요가 있다. 그러면 당신은 당신이 요청할 때마다 그들을 당신의 편으로 만들 수 있다. 개개인의 행동은 자신의 이익을 만족시키기 위한 것이다. 당신은 어떤 요청을 하기 전에, 상대방이 “그래서 제게 이익이 되는 것은 무엇입니까?”라고 질문하리라고 예상하고 그러한 이기주의에 호소할 필요가 있다. 당신이 신용이 있고 논리적인 주장을 펼 수 있다는 이유만으로 다른 사람들이 당신이 원하는 바를 해 줄 것이라고 추측해서는 안 된다. 당신은 또한 당신이 원하는 바대로 하는 것이 왜 그들에게 가장 이득이 되는 가를 보여줌으로써 그 사람들이 행동하게끔 마음을 움직여야 한다.

⑦ 논리성을 활용하라.

논리적이고 이성적인 논쟁이 항상 상대방을 설득시킬 수 있는 것은 아니지만 만약 주제를 뒷받침할 만한 사실이나 이유가 부족하면 설득력은 약해진다. 그러므로 당신의 설득시키는 재능이 당신이 논리적인 주장을 펼칠 수 있는 능력이 된다.

⑧ 감성적 호소를 활용하라.

당신의 의견을 뒷받침할 증거가 아무리 명확하고 이성적이고 객관적이라 해도 부족할 수가 있다. 그래서 감성에 호소해야 한다. 문제에 좀 더 깊게 다가가도록 노력하고 그들의 사랑, 증오, 좌절, 두려움을 이해하도록 노력하라. 무엇을 어떻게 말해야 할 것인가에 대한 정보를 이용해야 한다. TV 복음 전도사들의 설득은 청중을 이해하는 능력과 청중의 감정에 호소하기 위해 표현을 구사하는 능력이 있다.

Demosthenes : 고대 그리이스의 웅변가이자 수사학자

그의 말을 들으면 영혼을 빼앗긴다는 최고의 웅변가

그는 어려서 심각하리만큼 말을 더듬었다. 그뿐 아니라, 정확하게 발음할 수 없는 단어도 있었고, 폐가 약해 긴 음절이나 문장을 한꺼번에 말할 수가 없어서 말하는 중간 중간에 숨을 쉬지 않으면 안 될 정도였다.

그는 수공업을 하는 부유한 집안에서 태어났으나, 일곱 살 때 고아가 되었고, 그나마 부모의 유산마저 후견인이 가로채 버렸다. 그래서 성인이 된 후, 유산을 횡령한 후견인들을 상대로 재판을 하기 위해 당대에 유명한 웅변가 이사이오스에게 수사법을 배웠다. 그 결과 재판에 승소하게 되었고, 이것이 계기가 되어 변론술의 교수로 입신출세하여 아테네를 좌지우지하는 정치가로 발돋움하게 된다.

말더듬이였던 그가 대웅변가가 되기 위해 어떤 노력을 기울였는가?
그는 발음을 정확하게 하기 위해 입 속에 작은 돌멩이를 넣고 발음 연습을 했으며, 호흡을 키우기 위해 가파른 언덕을 쉴새 없이 뛰어오르며 발성연습을 했고, 제스처를 연구하기 위해 거울 앞에서 끊임없이 연습했으며, 어깨를 추켜올리는 나쁜 버릇을 고치기 위해 예리한 칼날 밑에서 연습까지 하였다.

또한 이론 무장을 하기 위해 지하실을 서재로 만들고, 한 달 남짓 두문불출하며 독서와 연구에 몰두하기도 했다. 그때 밖으로 나가고 싶은 충동을 물리치려고 머리와 수염을 반쪽씩 깎기도 했다. 연설문을 멋지게 만들기 위해서, 세지데이즈라는 역사가의 저서를 여덟 번이나 베껴 쓰는 노력도 했다.

2) 피드백

(1) 자기 평가

다음 각각의 질문에 대하여 당신의 생각과 가장 일치하는 답을 고르시오. 해야 한다고 생각하는 것이 아니라 실제로 당신이 행동한 대로 또는 행동할 것 같은 답을 고르시오.

다른 사람에게 피드백을 줄 때:

	대개의 경우	때때로	거의 그렇지 않다
1. 나는 일과 관계된 행동에 초점을 맞추어 논평을 한다.	□	□	□
2. 나는 평가적이기보다는 기술(記述)적인 논평을 한다.	□	□	□

3. 나는 언급을 자제함으로써 그들이 개인적으로 연간의 수행에 대해 자세하게 설명하고 토의할 수 있도록 분위기를 만든다. □ □ □

4. 내가 하는 피드백이 상대방에게 분명하게 이해됐다고 확신한다. □ □ □

5. 나는 그 사람이 개선할 수 있는 것에 대한 제안과 함께 비평을 추가한다. □ □ □

6. 나는 그 사람의 과거의 일과 미래의 가능성을 반영하는 피드백을 한다. □ □ □

[채점 방법]

질문 1, 2, 4, 5, 6에 대해서는 "대개의 경우 그렇다"에 3점을, "때때로"에는 2점을, "거의 그렇지 않다"에는 1점을 준다. 질문 3은 역으로 채점한다.

모든 점수를 합쳐서 점수가 16점 이상일 경우에는 훌륭한 피드백 제공기술이 있는 것이고, 점수가 13에서 15일 때는 이 기술이 약간 부족한 것을 나타낸다. 점수가 13 이하일 때는 개선의 여지가 상당히 있다는 것을 나타낸다.

(2) 피드백의 개념

관리자는 부하로부터 적절할 것 같은 답을 얻기 위해 얼마나 많은 피드백을 해야 하는지 자문자답해 볼 필요가 있다. 만일 그 피드백이 긍정적인 내용의 것이라면, 즉시 그리고 열정적으로 주는 것이 좋을 것이다. 그러나 부정적인 피드백의 경우라면 종종 매우 다르게 취급되어야 한다. 관리자들은 나쁜 소식의 전달자가 되는 것을 특히 즐기지 않는다. 그들은 수용인의 감정을 상하게 하거나, 수용인에 의해 방어적으로 취급되는 것을 두려워한다. 그 결과 부정적인 피드백은 자주 의식적으로 피하게 되고, 지연되고, 부분적으로는 왜곡되기도 한다(Fisher, 1979).

피드백의 개념은 무엇인가? 어떤 사람에 대한 어떠한 커뮤니케이션도 그의 행동의 어떤 관점과 그것이 당신에게 미치는 영향에 대한 정보를 그에게 준다. 그것은 작업장에서, 또는 직업 활동에 한정된 것인가? 물론 아니다. 당신이 레스토랑 안에 인접한 테이블에 앉아 있는 어떤 사람과 이야기할 때 그 사람의 흡연은 당신을 괴롭혀서, 당신은 그 사람에게 피드백을 하게 된다. 우리의 관심은 주로 피드백의 실행에 있지만, 여기에 존재하는 숙련기술은 대인기술의 피드백에 가장 좋은 형태로 일반화할 수 있다.

(3) 피드백의 가치

피드백은 왜 중요한 기술인가? 그 답은 피드백이 고용인의 작업 증진을 이끈다는 것을 나타내는 연구가 상당수 있기 때문이다(Komaki, Collins, & Penn, 1982; Locke & Latham, 1984). 그러나 이 답은 그리 의미있는 것이 아니다. 피드백이 어떻게 작업을 증가시키는가? 이에 대해 다음과 같은 몇 가지 설명이 있다.

첫째, 피드백은 이전에 목표를 정한 것이 없는 사람에게 어떤 목표를 유발시킬 수 있다. 더 높은 작업동기를 주는 것과 같은 행동 목표이다.

둘째, 피드백은 그들의 목표에 어떻게 잘 접근할 수 있는가를 사람들에게 알려주는 데 목표가 있다. 피드백이 호의적인 것이라면 이는 긍정적인 강화물로 작용한다.

셋째, 만일 그 피드백이 부적절한 수행을 나타낸다면, 이에 대한 인식은 더 많은 노력을 촉구하게 될 것이다. 더 나아가서, 그 피드백의 내용은 같은 방식으로 더 노력을 하기보다는 다른 방식으로 작업을 증가시키는 방법을 시사할 수도 있다.

넷째, 피드백은 사람들에게 이전의 목표를 달성한 후에 그들의 목표 수준을 상향시키는 역할을 하기도 한다.

마지막으로 고용인들에게 피드백을 제공하는 일은 고용인들이 하고 있는 일에 대해 다른 사람들이 관심을 갖고 있다는 사실을 알게 해 준다. 따라서 피드백은 사람들에게 더 높은 단계의 수행에 대한 동기를 유발시킬 수 있는 간접적인 방식이기도 한 것이다.

(4) 긍정적인 피드백과 부정적인 피드백

관리자는 긍정적인 피드백과 부정적인 피드백을 다르게 취급한다고 앞에서 말했다. 그것은 피드백을 받는 사람의 입장에서도 마찬가지이다. 이 사실을 이해하고 자신의 스타일에 맞추어 피드백을 조절해야 한다.

긍정적인 피드백은 보다 더 쉽고 부정적인 피드백보다 정확히 지각된다. 긍정적인 피드백은 거의 항상 인정되지만, 부정적인 피드백은 종종 저항에 부딪친다. 논리적인 답은 사람은 좋은 소식은 듣기를 원하고 나쁜 소식은 듣기를 원하지 않기 때문이다. 긍정적인 피드백은 대부분의 사람들이 듣기 원하는 것과 이미 그들이 믿는 것에 맞춘 것이다.

이러한 사실은 부정적인 피드백을 피해야 한다는 것을 의미하지는 않는다. 그것이 의미하는 것은 부정적 피드백에 따른 잠재하는 저항을 깨닫는 것이 필요하고, 부정적인 피드백이 대부분 좋게 수용될 수 있는 상황에서 피드백하기를 배워야 한다는 것이다. 연구의 결과를 보면 부정적인 피드백이 신뢰할 만한 출처에서 나온 것이거나, 그것이 목적적일 때 대부분 좋게 받아들여진다는 것을 시사한다. 고용인들은 그것이 높은 지위를 지닌 신뢰성을 가진 사람으로부터 나온 것이라는 이유 하나만으로도 그 피드백에 대해 무게를 두는 것으로 알려져 있다. 이러한 사실은 부정적인 피드백은 견실한 데이타에 의해 지지될 때, 즉 수량화나 명백한 예증이 있을 때 인정되는 좋은 기회를 가진다.

부정적인 피드백은 경험있는 관리자를 위한 의미있는 도구가 될 수 있는데, 특히 조직 내에서 경험이 많을 때 고용인들의 존경을 받을 수 있다. 경험이 적은 관리자는 조직의 위계상에서도 낮은 지위이고, 그 사람의 평판은 아직 안정된 것이 아니어서 부정적인 피드백은 잘 받아들여지는 것 같지 않다.

(5) 피드백 기술

이제 기본적인 피드백 기술을 알아보자. 피드백을 어떻게 할 것인지를 결정하고, 언제 해야 할지를 살펴보자.

① 구체적인 행동에 초점을 맞춰라.

피드백은 일반적인 것보다 구체적인 것이 좋다. "당신은 나쁜 태도를 갖고 있다"라든가 "나는 당신이 정말로 훌륭하게 직무를 수행했다고 생각한다"와 같은 투의 말은 피하는 것이 좋다. 그러한 말은 너무 막연하고, 그 정보의 제공 중 "나쁜 태도"나 당신이 "훌륭하게 한 직무"라고 한 것이 무엇인지를 충분하게 정확히 말해 주지 못한다. 만약 당신이 "재호씨, 나는 직장에 대한 당신의 태도가 걱정스럽다.

당신은 어제 직원회의에 30분 늦었고, 그때 당신은 나에게 우리가 토의하고 있는 보고서를 미리 읽어 보지 않았다고 말했습니다. 오늘 당신은 나에게 치과치료를 위해 3시간 일찍 퇴근한다고 말했습니다.", 또는 "철수씨, 나는 당신이 J회사와의 거래에서 한 일에 대해 정말 기쁘게 생각합니다. 그들은 지난 달 우리 회사에서의 구입품을 22% 늘렸고, 며칠 전 나는 그 회사 사장으로부터 당신이 마이크로 칩의 설계 변경을 어떻게 그렇게 빨리 할 수 있었는지에 대해서 찬사의 전화를 받았습니다." 이렇게 말하는 것이 구체적인 행동에 초점을 맞춘 것이다. 이것은 당신이 수신인에게 왜 비판하는지와 왜 칭찬하는지를 알게 해 준다.

② 사람이 아닌 '일'에 대한 객관적인 피드백을 하라.

피드백은 특히 부정적인 종류의 것일 때, 도덕적 판단이나 평가보다는 설명적인 것이 낫다(Mill, 1976). 일과 관련된 피드백을 할 때 당신이 얼마나 높은 지위에 있는가는 문제가 되지 않고 어떤 부적당한 행동 때문에 어떤 사람을 개인적으로 비판해서는 안 된다. "바보", "무능력자" 같은 말을 하게 되면 거의 언제나 반대의 결과를 초래한다. 그러한 감정적인 태도는 그것 자체와는 유리된 정서적 반응을 과민하게 야기시킨다. 당신이 비판할 때, 일과 관련된 행동을 비판하고 있는 것이지, 그 사람을 비판하는 것이 아니라는 것을 명심하라. 어떤 사람에게 "버릇없고 센스가 없다"(비록 그것이 사실이라고 해도)라고 말하고 싶을지도 모른다. 아무튼 그것은 객관적인 것이 아니다. "당신은 내가 부산의 한 고객과 장거리 통화를 하고 있는 것을 알면서도 긴급하지도 않은 질문으로 나를 세 번 방해했다."와 같이 말하는 것이 더 낫다.

③ 목표에 맞추어라.

피드백은 우선 "무책임하게" 또는 "할말을 다하여 마음을 후련하게" 해서는 안 된다(Mill, 1976). 만약 당신이 어떤 부정적인 말을 해야 한다면, 상대방의 목표에 맞추어서 직접적으로 확실하게 하는 것이 좋다. 그 피드백이 누구를 돕기로 생각한 것인지 자신에게 물어 볼 필요가 있다. 만일 그 답이 당신 자신에게 해당하는 것이라면 "나는 단지 나의 가슴 속을 시원하게 하기를 원했다는 것을 알게 될 것이다. 그런 피드백은 당신의 진실성을 손상시키고, 의미를 적게 하고 미래의 피드백에 악영향을 끼친다.

④ 시기를 잘 택하라.

피드백은 어떠한 행동이 있은 후 가능한 한 빨리 이루어질 때 의미가 있다(Mill, 1976). 예를 들면, 게임을 하는 동안 실수를 한 축구 선수는 그의 실수 후에 적당한 개선을 위한 코치의 시사가 즉시 행해지는 것이 그 게임 후에, 또는 며칠 뒤 그 게임의 필름을 다시 보면서, 또는 몇 달 뒤에 코치가 피드백을 하는 것보다 더 잘 반응하는 것 같다. 만일 한 상황을 어떤 사람의 기억을 되살리게 하기 위한 것이라면 당신의 피드백은 효과가 없을 것 같다(Verderber & Verderber, 1986). 게다가 만일 당신이 특히 행동의 변화에 관심이 있다면 그 피드백이 요구하는 변화의 가능성이 적을 때에는 바람직스럽지 못한 행동에 대한 피드백의 제공을 늦추어야 한다. 물론, 만약 당신이 불충분한 정보를 가지고 있거나, 화가 나 있거나, 감정적으로 혼란 상태에 있을 때, 단지 신속함을 위해 격려하는 피드백을 하는 것은 실패할 수 있다. 그런 경우에는 "적당한 시기"가 "약간 늦추는 것"을 의미할 수도 있다.

⑤ 확실하게 이해시켜라.

당신의 피드백은 상대방에게 당신의 커뮤니케이션 내용이 확실하게 그리고 충분하게 이해할 만큼 간결하고 충분하게 완성되었는가? 모든 성공한 커뮤니케이션은 의미의 전달과 의미의 이해 둘 다를 요구한다. 그래서 피드백이 효과적이 되기 위해서는 수령인이 확실하게 이해하는 것이 필요하다(Mill, 1976). 경청 기법에 대한 우리의 토론에서 일관된 것은, 당신이 의도한 의미가 충분히 마음을 사로잡는 것인지 아닌지 알 수 있게 당신의 피드백의 내용을 상대방에게 재진술하는 방법을 쓸 수도 있다.

⑥ 만약 부정적인 피드백이라면, 상대방이 조정할 수 있는 행동에 대해 확실하게 하라.

그 사람이 조정할 수 없는 결점을 그 사람에게 상기시키는 것은 거의 가치가 없다. 따라서 부정적인 피드백은 상대방이 그것에 대해 무언가를 할 수 있는 행동에 대해 직접적으로 해야 한다. 그런 예로 자명종 시계를 정확하게 맞추는 것을 잊어서 지각한 고용인을 비판하는 경우를 들 수 있다. 그가 매일 직장에 갈 때 타고 가는 지하철이 전기 고장이 나서 지각한 것에 대해 비판할 때, 그가 30분 동안 지하철에 있었던 것을 비판하는 것은 무의미하다. 그가 무슨 일이 일어날지 바로잡을 수 있는 것은 아무것도 없다. 게다가, 부정적인 피드백이 수령인이 조정할 수 있는 어떤 것과 관련지어 주어질 때, 그 상황을 향상시킬 수 있는 어떤 것을 구체적으로 시사하는 훌륭한 아이디어가 될 수도 있다. 이것은 그 비판에서 지적하는 것을 받아들이고 그 문제를 이해하고 있는 상대방에게 길잡이를 제공하지만 문제를 해결하는 방법은 알지 못한다.

⑦ 그 사람에게 알맞는 피드백을 하라.

피드백에 관한 마지막 충고는 피드백을 받는 사람을 고려하라는 것이다. 당신은 상대방의 과거의 작업과 그의 미래의 가능성에 대한 당신의 평가를 고려해서, 작업 피드백의 빈도와, 양, 내용을 계획하여야 한다. 성장 가능성이 높은 작업자에게는, 행동을 교정하는데 그들을 자극하기 위해 충분히 자극을 주어야 하지만, 통제와 주도(권)를 약화시키는 것과 같은 경험은 자주 주어서는 안 된다.

그들의 일에 기틀이 잡히고, 발전에 대해 제한된 가능성을 가진 작업자에게는 그들이 확실한 능력을 발휘할 수 있고, 과거와 한결 같은 행동으로 그들의 직무를 알고, 그들이 하는 일이 왜 필요한지 알기 때문에 이러한 경우에는 피드백을 최소화시키는 일이 필요하다.

불충분한 작업자여서 그들의 작업이 향상되지 않는다면 직무를 바꿀 필요가 있다. 피드백은 자주, 그리고 매우 구체적으로 주어야 하며 피드백에 대한 행위와 부정적인 조치 간의 연결은 신중을 기해야 한다.

4. 훈육

1) 자기 평가

다음 진술문을 읽고 당신 자신을 가장 잘 표현하는 것에 답을 쓰시오. 당신이 해야 하는 것이 아니라, 이미 했거나 앞으로 할 것에 대하여 답을 하시오. 당신이 관리자 경험을 가지지 않았다면 당신이 관리자라고 가정하고 답하시오.

언제 고용원에게 훈육을 할 필요가 있는가:

	대개	때때로	거의 아님
1. 구체적인 훈육을 하기 전에 충분한 사전 경고를 한다.	□	□	□
2. 고용원의 주의를 환기시키기 전에 위반 행위를 기다린다.	□	□	□
3. 반복되는 위반행위 뒤에도 구체적인 훈육행위보다 문제를 교정시키는데 대한 격의없는 토론을 좋아한다.	□	□	□
4. 고용원의 다음 근무평가 때까지는 위반행위에 대하여 고용원과 대면하는 것을 피한다.	□	□	□
5. 위반 행위에 대하여 고용원과의 토론시 나의 스타일과 톤이 강조된다.	□	□	□
6. 나는 고용원으로 하여금 그의 위치를 명백히 설명하도록 요구한다.	□	□	□
7. 내가 벌을 내리는데 편견이 없나를 살핀다.	□	□	□
8. 반복되는 위반에 대해 강한 벌을 내린다.	□	□	□

[채점방법]

1, 5, 6, 7, 8 번은 대개에 3점, 때때로에 2점, 거의 아님에 1점을 준다.

2, 3, 4는 거의 아님에 3점, 때때로에 2점, 대개의 경우에 1점을 준다. 점수의 합계가 22점 이상이면 좋은 훈육방법이고, 19-21점은 다소 문제가 있고, 18점 이하일 때는 훈육방법의 개선이 필요하다.

2) 훈육 문제의 유형

당신이 훌륭한 관리자인가 아닌가에 상관없이 문제가 있는 조직원을 훈육

(disciplining)할 필요가 있을 것이다. 많은 경우 관리자들이 훈육을 가장 어려운 일의 하나로 느끼고 있다. 훈육에 대한 효율적인 지식이 과업을 매우 쉽게 해 준다고 할 수는 없지만, 효율적인 결과는 유도할 수 있다.

훈육은 관리자가 조직의 표준과 규율을 강화시키기 위하여 취하는 행위를 말한다. 훈육은 벌과 동의어인가? 대체로의 견해는 '그렇지 않다'이다. 이를테면 훈육은 교정과 관련을 맺고 있다. 반면에 벌은 말 그대로 '처벌'이다. Arvey와 Jones는 두 가지 개념(벌과 훈육)이 개념상 차이나는 것이기는 하지만 내적으로는 관련이 있을 수 있는 개념으로 보고 있다.

관리자가 훈육이 필요하다고 여기는 문제 상황의 수십 가지 유형을 별 어려움 없이 만들 수 있다. 이러한 유형은 다음의 네 가지로 압축이 가능하다. 출석 내지는 출근 문제, 작업 상황에서의 행위, 부정직, 그리고 업무외 활동 등이 그것이다.

(1) 출석(출근)

관리자가 직면하는 가장 심각한 훈육 문제는 출석이다. 실례를 들어 보면 200개의 조직체를 대상으로 한 연구에서 천명 이상의 종업원 중 60%가 결근, 지각, 질병에 의한 조퇴, 그리고 여러 종류의 결근 형태를 보이며, 이것이 가장 큰 문제라고 79%의 응답자가 밝혔다. 출석 문제는 생산성(작업시 부주의, 의무 소홀, 제반 절차의 미준수)과 관련된 것보다 훨씬 더 큰 문제이다.

(2) 작업시 행위

작업시 행위는 두 번째로 크게 지적되는 사항이다. 이에는 반항, 야단법석, 싸움, 도박, 안전수칙 불이행, 부주의 그리고 알코올 남용과 약물 남용을 포함한다.

(3) 부정직

관리자와 직면하는 고용원의 큰 문제가 아님에도 불구하고, 부정직은 전통적으로 가장 심각한 훈육 조치를 초래한다. 조사에 응한 전체 조직체의 90%가 고용원의 해고 요인으로 도둑질을 들었고, 비록 초범이라 할지라도 해고하겠다는 뜻을 밝혔다. 이와 유사하게 이력서 위조의 경우는 88%가 해고하겠다는 뜻을 비췄다. 이러한 조사 결과는 북미에서 부정직을 싫어하는 강한 문화적 규범이 반영된 것이라 볼 수 있다.

(4) 업무외 활동

업무 외 활동은 고용원이 회사 밖에서 하는 활동을 일컫지만 작업시에 수행능력에 영향을 주거나 단체 이미지에 부정적 영향을 끼치는 모든 행위를 지칭한다. 불법적인 파업 행위, 봉급 압류, 밖에서의 범죄 행위, 그리고 다른 경쟁 회사를 위한 간첩 행위를 포함한다. 인사관리에는 공적으로 회사를 험담하거나 회사의 가치에 의문을 제기하는 행위도 포함하는 업무 외 활동도 있다.

3) 훈육과 문제해결

단지 고용원과 문제가 있다고 훈육이 해결책이 될 수 있다고 생각하지 말라. 고용원을 훈육하기 전에 고용원 스스로가 잘못된 점을 고칠 수 있다고 믿어라. 만일 고용원이 능력을 갖고 있지 않다면 훈육 행위는 해결책이 될 수 없다. 이와 유사하게 목적을 달성하는데 장애가 되는 외적 요인(부적절한 설비, 방해가 되는 동료, 과도한 소음)이 있다면 훈육은 의미가 없다. 능력상의 문제는 기술 훈련, 현장지도, 직업 재창출, 그리고 직업 전환과 같은 해결책과 병행되어야 한다. 작업 수행 능력을 방해하는 개인적인 문제들은 전문적인 상담, 의학적인 치료와 병행되어야 한다. 물론 고용원의 외적인 장애 요소가 있다면 그것들을 제거해야 한다. 만일 문제의 원인이 통제밖에 있다면 훈육은 해결책이 될 수 없다.

4) "hot stove" 규칙

뜨거운 난로 규칙은 효과적인 훈육 방법의 하나이다. 뜨거운 난로라는 말은 뜨거운 난로를 만지는 것과 훈육의 방법이 유사한데서 비롯되었다. 둘 다 고통이 따른다. 당신이 뜨거운 난로를 만졌을 때 즉각적인 반응을 한다. 당신이 받은 화상은 즉각적이고 원인과 결과의 관계에 관해서 당신의 마음 속에 각인된다. 당신은 조심성을 갖게 된다. 즉 당신은 뜨거운 난로를 만졌을 때 무슨 일이 일어날지를 알게 된다. 더 나아가서 그 결과는 일관성 있게 적용된다. 당신이 뜨거운 난로를 만질 때마다 같은 반응을 하게 되고 마침내 그 결과는 객관적이 된다. "hot stove" 규칙은 다음의 네 가지 사항이 고려될 때 효과적이다.

(1) 즉시성

훈육 조치의 효과는 위반과 위반 사이의 시간이 길어지면 줄어든다. 위반이 있을 때 즉각적인 훈육이 따르면 위반 행위를 즉시 교정할 수 있다. 그러므로 위반이 일어났을 때는 가능한 한 빨리 훈육하는 것이 좋다. 물론 즉시성은 급하게 하는 것을 의미하지는 않는다. 공정하고 객관적인 훈육 조치가 편의주의로 흘러서는 안 된다.

(2) 조심성

관리자 입장으로서 사전에 훈육 조치에 대한 경고를 해야 할 의무가 있다. 이것은 고용원이 회사의 규칙을 알고 행위의 기준을 받아들여야 한다는 것을 의미한다. 훈육 조치는 고용원들이 규칙을 위반했을 시 훈육을 받는다는 경고를 받았을 때와 어떤 훈육이 있을지 알고 있을 때 공정하게 행해진다.

(3) 일관성

정당한 훈육 조치는 지속적이어야 한다. 만일 당신이 간헐적인 방법으로 훈육을 한다면 효과는 낮아질 것이다. 도덕은 무너지고 고용원들은 당신의 능력을 의심하게 될 것이다. 그 결과 생산성이 떨어질 것이다. 당신의 고용원들은 허용되는 행위의 한계를 알고자 할 것이고, 모델로서 당신의 행위를 알게 될 것이다. 만일 오늘 누군가가 지난 주에 했던 위반 행위를 반복했을 때 지난번에는 훈육이 없었지만 이번에는 훈육 행위가 있었다면 일관성에 문제가 있다. 두 사람이 같은 위반 행위를 했는데 한 사람만 훈육 조치를 받았다면 일관성에 문제가 있다. 훈육은 일관적이어야 한다. 그러나 모든 사람을 똑같이 다룰 필요는 없다. 왜냐하면 나름대로 경감 사유가 있기 때문이다. 그러나 그러한 경우 경감의 사유를 모두에게 납득시켜야 한다.

(4) 객관성

훈육은 사람이 아니라 위반행위에 초점이 맞추어져야 한다. 즉, 훈육의 대상은 고용원 자신이 아니라 고용원이 한 행동이다. 그러므로 한번 처벌을 내렸다면 그 사건에 대해서는 잊어버리고, 그 고용원을 그전의 방식으로 대해야 한다.

5) 점진적 훈육과 처벌

처벌은 단계적으로 행해지는 것이 바람직하다. 처벌의 단계는 약한 것에서 시작하여 점진적으로 강해져야 한다. 전형적으로 처벌은 말로써 시작하여 사유서, 시말서, 그리고 징계나 감봉의 순으로 진행된다. 이러한 단계적 조치의 이유는 처음에 강한 처벌을 내리면 반복되는 위반 행위에 대한 대책을 세우기 어려워지기 때문이다. 둘째 이유는 단계적인 처벌 행위는 경감 사유를 고려한다는 측면에서 일관성을 띨 수 있다.

Davis(1985) 등은 다음과 같은 처벌 절차를 따라야 한다는 권유를 하고 있다.

첫째, 고용원의 위반 행위의 진위 여부가 가려질 때까지는 고용원을 무죄로 인정해야 한다.

둘째, 위반자의 설명을 들어야 한다. 어떠한 경우 다른 사람에 의해 다시 소송이 걸릴 위험이 있기 때문이다.

셋째, 처벌은 관련된 위반 행위에 대하여 적절성을 유지해야 한다.

6) 경감 사유

징계는 그 속성상 해당자에게 심적, 물적 고통을 제공하게 되므로 가능하면 피하는 것이 바람직하다. 따라서 적당한 경감 사유를 들어 징계의 강도를 줄이는 조치가 필요한 경우가 적지 않다. 다음은 경감의 차별성을 비교한 것이다(Wohlking, 1975).

(1) 문제의 심각성

예를 들어 부정직은 근무태만 문제보다 심각한 것이다.

(2) 문제의 지속성

첫 번째 위반 행위와 두세 번째 반복된 위반 행위는 다르게 취급된다.

(3) 문제의 빈도와 성격

고질적인 위반 행위는 우연한 위반 행위, 처음의 위반 등과는 다르게 취급된다.

(4) 고용원의 근무 이력

고용원의 근무 성적, 기간에 따라 다르게 취급한다.

(5) 고용원 통제 밖의 요인들

예를 들어 부모님의 사망 때문에 보고서를 늦게 제출하였을 때 다르게 취급된다.

(6) 경고의 강도

위반 행위의 경중을 위반자가 얼마나 알고 있느냐에 따라 다르게 취급된다.

(7) 조직체의 과거 처벌 사례

과거 판례에 따라 다르게 취급된다.

(8) 다른 고용원에 대한 영향

다른 고용원들에게 어떠한 영향을 주는가에 따라 다르게 취급된다.

(9) 상급 관리자의 이해 및 지원

중간 관리자로서 훈육을 하고자 할 때, 상급 관리자의 허락 및 승인이 있어야 한다.

7) 훈육 원리의 실제에의 적용

Robbins(2003)는 훈육 원리를 실제에 적용하는데 필요한 사항을 다음과 같은 12가지로 요약하였다.

① 누군가를 훈육하기 전에 철저하게 위반 행위의 내용을 파악하라.
② 충분한 사전 경고를 하였는지를 확인하라.
③ 훈육을 할 때는 신속히 하라.
④ 훈육은 반드시 일대일로 당사자 외에는 알지 못하도록 하라.
⑤ 진지하고 조용한 음성으로 훈육하라.
⑥ 문제에 대해 상세한 설명을 하면서 훈육하라.

⑦ 훈육 시에 사적인 감정을 개입시키지 말라.

⑧ 고용원의 입장을 충분히 경청하라.

⑨ 토론을 주도적으로 활용하라.

⑩ 다음의 실수가 어떻게 예방될 수 있는지를 위반자와 합의하도록 하라.

⑪ 훈육 행위를 점진적으로 취하고 경감 사유를 고려하라.

⑫ 훈육일지를 작성하라.

5. 평가

조직 구성원들의 작업 능력을 평가하는 것은 어려운 일이다. 봉급 인상, 승진, 기타 보상, 그리고 알맞는 업무 분야에 대한 중요한 개인적인 데이터를 제공하는 것이 근무 평가이기 때문이다. 근무평가 과정은 전형적으로 다음과 같은 5단계로 나누어진다.

(1) 근무 수행의 표준 설정
(2) 직원에게 기대되는 수행에 대한 의사소통
(3) 근무 수행에 대한 데이터 모으기
(4) 근무평가
(5) 공식적인 근무평가, 또는 면접 후 그 결과를 토론하기

이 5단계 모두가 대인관계 기술에 포함되는 것은 아니다. 예를 들어, 특정한 근무의 표준을 정하고 정확하고 지속적인 평가를 하는 것은 중요한 근무평가 기술이다. 그러나 그것들은 인간관계 기술이 아니라 전문적인 기술들이다. 무엇보다도 인간관계에 대한 수행평가는 수행의 내용 중에서 인간관계적인 여러 국면의 평가

를 표면화하는 것이다(Beer, 1987). 물론 효과가 있다면, 많은 평가 활동들이 실제적인 검토 절차를 거쳐야 한다. 평가의 몇 가지 중요한 전문적인 요소들을 살펴보면 다음과 같다.

1) 몇 가지 전문적인 기본 질문

(1) 평가는 언제 이루어져야 하는가?

근무 수행에 대한 평가는 공식적인 활동과 비공식적 활동이 있다. 공식적인 근무평가는 최소한 1년에 한 번은 이루어져야 하며, 두 번이면 더 좋다. 1년에 한 번보다 두 번 평가하는 것이 한 번에 더 적은 업무 수행량을 평가하게 될 것이고, 평가와 관련된 긴장을 줄여줄 것이다.

비공식적인 업무 평가는 관리자가 직원에게 할 일을 주고, 또 주어진 일에 대한 피드백을 통해 직원이 업무 수행을 잘하는지에 대한 일상적인 평가를 말한다. 효과적인 관리자는 문제가 발생했을 때 문제점을 지적해 주고, 일에 대해 긍정적인 코멘트를 해 주는 것과 같은 비공식적인 정보를 계속적으로 조직원에게 제공해 준다. 보통 공식적인 평가는 1년에 1-2회 이루어지고, 비공식적인 평가는 언제든지 행해진다. 더욱이 비공식적 평가가 열려 있고 공정한 것이 될 때 공식적인 평가도 직원들에게 덜 부담이 되고 큰 어려움이 되지 않을 것이다.

(2) 누가 평가를 해야 하는가?

직속 상관에 의한 근무평가가 전형적인 평가 방법이다. 그러나 꼭 그래야만할 필요는 없다. 사장, 또는 계급 위계에서 더 높은 계급, 동료, 직속 후배, 또는 자기 자신의 평가 등의 여러 가지 평가 방법을 택할 수 있다. 누가 평가를 하든지 간에 평가 대상과 관련된 업무에 대한 적절한 지식을 가지고 있어야 한다.

(3) 무엇이 평가되어야 하는가?

평가되는 요소들은 일반적으로 조직의 근무평가 도구와 양식에 씌여져 있다. 이 평가 도구와 양식에 무엇이 포함되어야 할 것인지를 결정하는 것은 인사과와 최고 간부이다. 평가 문서를 전체 조직을 위해 또는 적어도 주요한 계급층을 위해 표준화함으로써, 평가 체제가 일관성과 비교 능력을 갖추게 하는 것이 바람직하다.

조직이 제공하는 근무평가 양식은 당신에게 직원의 특성, 행동, 일의 성취 결과(job outcomes), 또는 이들 요소들 간의 어떤 조합 형태에 대하여 물을 것이다(Schneier, Beatty, & Baird, 1986). 당신이 그들의 의존성, 자신감, 저항성, 충성심, 협동심 등의 정도를 평가할 때, 당신은 조직원의 개인적인 특성을 판단하는 것이다. 논리적으로는 이런 특성에서 더 높은 점수를 받는 사람이 그렇지 못한 사람보다 성공적인 수행자가 되는 것이다. 그러나 평가는 행동을 평가하는 것이다. 행동에 바탕을 둔 평가척도를 쓰는 것이 효과적이다. 전문가들은 개인적인 특성을 이용하는 평가척도가 행동척도나 특별한 일의 성취 결과를 측정하는 척도보다 못하다는데 동의하고 있다. 왜냐하면 오늘날 선택된 평가 도구는 타당성, 신빙성, 관련성, 선입관에서의 탈피를 위한 표준을 가지고 있다. 개인 특성 평가척도는 이러한 표준이 없는 경우가 많다. 예를 들어, 개인 특성과 업무 수행 사이의 연결고리가 약한 것이 종종 문제가 된다. 개인 특성은 업무 수행 결과 그 자체가 아니라 업무 수행에 대한 잠재적인 능력만을 예언해 주기 때문이다.

(4) 평가는 어떻게 이루어져야 하는가?

근무평가는 업무 수행의 표준을 설정하는 일에서부터 시작된다. 그것은 또한 전형적인 출발점이다. 직원의 업무상의 의무가 무엇인가? 직원들이 얼마나 많은 일을 하며 얼마나 잘해야만 하는가를 결정하는 표준은 무엇인가? 그러한 정보는 직원의 일에 대한 의무, 과제, 책임을 상세히 기술함으로써 얻어질 수 있다. 많은 전문가들은 이러한 근무 차원을 선택하고 결정하는데 job holder(관리, 여기서는 직원)를 포함시키는 것을 추천한다. 직원의 참여는 예상되는 근무평가가 직원들에게 잘 알려지고 이해되게 할 뿐만 아니라 표준 내용에 대한 직원들의 참여도도 높일 수 있다.

일단 업무 수행 표준이 설정되고 예상되는 근무평가가 전달되면, 근무 데이터를 수집할 필요가 있다. 이것은 지속적으로 계속되어야만 하는 활동이다. 당신의 직원들 각 개인의 행동 일기를 계속 써야 하고 그 내용은 일의 성패에 영향을 주는 실제적인 사건들(행동 및 수행 결과)을 기록한다. 그러한 서류는 새로운 실수에 대한 가능성을 줄이고, 당신의 사건 평가를 재조명해 보는 증거를 제공한다. 당신이 가까이에서 직원들의 행동을 관찰할 기회를 더 많이 가지면 가질수록 근무평가가 더 정확하게 될 것이다.

일단 데이터가 있으면 조직에 의해서 제공되는 양식을 사용해서 실제적인 근무평가를 시작할 수 있다. 체계적인 절차는 결과의 정확성과 일관성을 증가시켜 준다. 당신이 단지 업무와 관련된 행동에만 초점을 맞추고, 독립적으로 직원의 업무 수행의 각각의 양상에 대하여 고려해 보고, 문서화된 증거를 가지고 평가의 초점을 맞출 때 정확성과 일관성이 증가한다.

2) 평가의 인간관계적 측면

(1) 근무평가

인간관계적 측면에서의 근무평가에는 세 가지 기본적인 접근방법이 있다.

① 말하고 납득시키기(tell and sell)
② 말하고 듣기(tell and listen)
③ 문제해결하기(problem solving) 등이다.

말하고 납득시키기를 통해 관리자는 판단자로서 행동한다. 즉, 관리자는 조직원이 얼마나 잘하고 있는 지를 말하고, 관리자가 바라는 방식대로 일의 방식을 바꾸도록 설득한다.

말하고 듣기 접근방식은 관리자가 직원이 수행한 것에 관한 강점과 약점에 관해서 평가를 해 주고, 평가해 준 것에 대하여 직원들이 반응을 보이도록 하는 것 이다. 관리자는 적극적인 듣기 기술을 강조함으로써 직원들의 감정을 이해하려고 노력한다.

문제해결 접근방식은 매우 어려운 일이다. 이 접근방식은 관리자가 파트너로서 행동하고, 직원의 작업을 발전시켜 주기 위하여 부하들과 함께 일을 한다. 여기서는 관리자가 연합 목표 설정과 효과적인 청취에 관해서 연습할 필요가 있다.

대부분의 근무평가에 대한 현대적인 토론은 문제해결 접근방식을 선호한다. 이 방식을 발전시키기 위한 많은 행동 가이드 라인을 살펴보자.

(2) 문제해결 방식의 평가 원리

① 미리 공식적인 평가에 대한 계획을 하고 준비하라.

계획이 없는 평가는 무가치한 평가가 될 수 있다. 따라서 효과적인 근무평가가 되려면, 계획이 선행되어야 한다. 직원의 업무에 대한 상세한 내용을 다시 검토한 후 평가지를 검토해 보라. 즉, 직원의 약점뿐만 아니라 강점도 신중히 고려했는가? 특별한 예문으로서 칭찬과 비평의 모든 점들을 입증할 수 있는가? 그 직원과의 과거 경험에서 어떤 문제가 있었다면, 평가시에 갑자기 그 문제가 다시 나타나리라고 예상하는가? 이런 문제들에 대한 계획을 어떻게 세울 것인가? 일단 이러한 문제들을 알았다면, 평가를 위한 특별한 시간과 장소에 대한 계획을 세우고 그 직원이 미리 충분히 알도록 해야 한다. 그리고 필요한 것은 무엇이든지 해야 한다 — 사무실 문을 닫는 것, 수화기를 내려 놓는 것과 같은 — 일단 평가를 시작할 때 외부로부터의 방해가 없도록 하기 위해서이다.

② 직원이 편안한 마음을 갖게 하라.

많은 관리자들이 다른 사람을 평가하는 것에 대해 불편하게 느끼고, 정직해지는 것이 그들의 직원들간에 분노를 생기게 할지도 모른다는 두려움과 같은, 근무평가에 대한 당신의 느낌에도 불구하고, 당신은 직원들을 위한 좋은 분위기를 만들어 낼 책임이 있다. 근무평가는 열심히 일하는 직원들에게 자극제가 될 수 있다. 사람들은 그들의 일에 대해 비평을 듣는 것을 싫어한다. 그리고 또한, 많은 직원들이 그 조직의 근무평가 체계가 그들의 공헌도를 정확히 평가할 것인지에 대하여 거의 확신을 가지지 못한다. 그래서 긴장과 반감을 가지게 된다. 직원은 아마도 불안하다는 것을 알고 있다. 그러니 그들을 지지해 주고 이해해 주어라.

③ 평가의 목적을 직원이 확실히 이해하도록 하라.

평가의 목적이 무엇인가? 인사를 결정하기 위하여 사용되는가 아니면 그 직원의 성장과 발전을 증진시키기 위하여 사용되는가? 전자의 목적은 과거에 초점을 맞추는 것이고, 반면에 후자는 미래에 초점을 맞추는 것이다(Kirkpatrick, 1986). 문제해결 접근방식에서 평가는 직원이 잘하고 있는 일을 알도록 해 주고, 직원이 경험하게 될지도 모르는 업무관련 문제점들을 토론하는 기회를 제공하는 것처럼 보인다.

④ 위협을 최소화하여라.

당신은 도움이 되고 건설적인 분위기를 만들기를 원한다. 평가는 경찰조사 같은 것이 되어서는 안 된다. 당신은 격려와 지지를 극대화하고 위협을 최소화하기를 원한다(Barker & Morgan, 1984).

⑤ 직원의 참여도를 높여라.

효과적인 평가는 직원의 높은 참여도가 특징이다(Barker & Morgan, 1984). 직원이 대부분의 말을 하도록 하라. 자료에 의하면 직원이 말을 많이 하면 할수록 더욱 더 만족스런 평가가 된다(Burke, Weitzel, & Weir, 1978).

⑥ 직원이 자기평가를 하도록 하라.

지속적인 높은 참여도를 가지면서 직원이 자기 평가를 하도록 격려하시오(Fletcher, 1986). 만약 고무적인 분위기이면, 직원은 당신이 확인하고자 하는 문제를 자인(自認)한다. 더욱이 직원이 이 문제점들에 대한 실행가능한 해결책을 내놓을 수도 있다. 자기 평가를 하도록 도와 주고 효과적인 듣기 기술을 보임으로써 부정적인 비평을 찾으려는 보스이기보다는 직원의 일을 도와 주는 파트너가 된다.

⑦ 사람을 비평하지 말고 업무수행을 비평하라.

만약 비평이 필요하면 직원의 업무수행을 방해하는 것과 관련된 특별한 행동을 비평하라(Fletcher, 1986). 결코 사람을 비평하지 말라. 만족스럽지 못한 것은 사람 자체가 아니라 사람의 행동이다.

⑧ 비평을 할 때는 부드러운 어조로 말하라, 그러나 전달할 때는 부드러운 어조로 말하지 말라.

많은 사람들이 다른 사람을 비평하는 것이 어렵다는 것을 안다. 만약 비평이 필요하다고 생각하면, 전달의 효력을 약화시키지 말고, 문제를 여기저기 이야기하지 말고, 문제가 곧 사라지겠지하는 바램으로 토론을 피하려 하지 말아야 한다. 철저히 비평의 말을 하고, 직원의 감정에 관심을 보여라. 그러나 전달을 부드럽게 하지는 말아야 한다. 비록 비평이 건설적이라 하더라도 비평은 비평이다. 당신이 모호성과 오해를 일으키기 쉬울 때는 그것을 납득시키려고 노력하라.

⑨ 과장하지 말아라.

많은 사람들이 요점을 지적함에 있어 극단적인 말을 사용하는 경향이 있다. 사실을 과장하지 말아라. 만약 어떤 직원이 최근 5번의 회의에 4번 지각했다고 해서, "당신은 회의에 항상 지각하는군요."라고 말하지 마시오. 가능하면 언제나 "항상" 또는 "결코"와 같은 절대적인 말들은 피하라.

⑩ 당신의 비평을 지지해 주는 특별한 보기들을 사용하라.

특별 사항이 있는 직원의 평가를 문서화하라(Beer, 1987). 이것은 당신의 평가의 신뢰성을 더해 주고, 당신이 평가한 "좋은"과 "나쁜" 업무수행의 의미를 직원이

보다 잘 이해하도록 도와 준다.

⑪ 부정적인 피드백 뿐만 아니라 긍정적인 피드백을 주어라.

아무리 일을 잘 처리하지 못하는 직원이라고 할지라도, 그나름 대로의 강점이 있을 것이다. 잘한 것을 말하고, 그것이 인정받을 만한 이유를 말하시오. 일반적으로 비평된 업무 분야는 개선이 거의 이루어지지 않는다는 연구가 있다. 물론 당신은 직선적인 언급을 피하고 싶어한다. 즉 정정당당하지 않은 입에 바른 칭찬이다(거짓 칭찬, blanket praise). 만약 입에 바른 칭찬이 주어진다면 직원은 훌륭한 행동뿐만 아니라 2류급 행동도 또한 강화된다.

⑫ 직원이 평가한 것을 요약하도록 하라.

평가를 마무리할 때는, 지금까지 언급했던 내용을 직원 스스로 요약하도록 하라 (Brett & Fredian, 1981). 이러한 과정이 부하직원에게 전체적인 평가를 재조명해 볼 수 있는 기회를 주게 된다. 그것은 당신의 평가를 분명히 전달했는지의 여부를 알게 해 준다.

⑬ 행동에 대한 미래 계획을 상세히 열거하라.

업무에 정말로 잘못된 것이 있으면, 평가의 마지막 부분에서 그 상황을 바로 잡을 수 있는 세분화되고, 단계적인 계획을 수립하여 직원을 도와주는데 주력해야 한다(Beer, 1987). 당신은 보조적인 역할을 해야만 한다. 즉 "도와주기 위해 내가 무엇을 할 수 있는가?" 질문에 대답을 하기 위하여 당신 스스로가 수련을 더 할 필요가 있습니까? 직원에게 더 많은 자유와 책임감을 줄 필요가 있습니까? 직원을 전문직회의, 워크숍, 또는 연수 프로그램에 보내기 위한 안전 기금이 도움이 됩니까? 당신이 도와줄 수 있는 것이 무엇인지 직원에게 물어 보고 도움을 줌으로써 당신이 직원을 지지한다는 것을 보여주는 것이 목적이다.

제 10 장

갈등과 인간관계

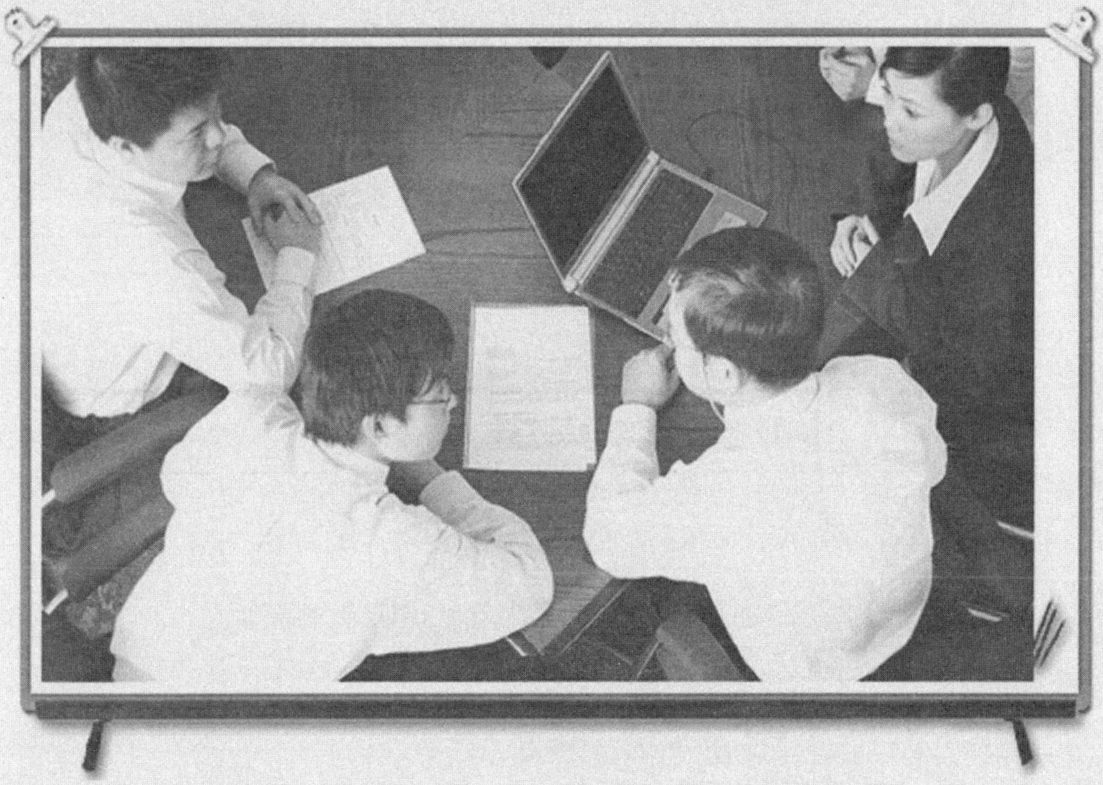

1. 갈등의 유형
2. 갈등의 원인
3. 갈등분석과 해결전략
4. 갈등관리 유형
5. 갈등해결을 위한 일반적 행동지침
6. 구성원의 성격에 따른 대처

갈등의 어원은 라틴어로 콘피게레(configere)인데 이것은 함께하는 의미의 콘(con)과 충돌이나 다툼을 의미하는 피게레(figere)가 합쳐진 합성어로 서로 충돌한다는 의미이다.

이러한 갈등에 대한 입장은 계속해서 변화해 왔다. 갈등을 바라본 전통적 견해는 1930년대부터 1940년대까지였는데 모든 갈등은 해가 되기 때문에 따라서 피해야 한다는 주장이었다. 그러나 1940년대부터 60년대까지는 인간관계에서 갈등은 자연스러운 것이고 어떤 집단에서나 불가피하다는 입장을 취했다. 근래에는 상호작용론자들이 갈등은 집단에서 긍정적일 뿐만 아니라 집단이 효과적으로 기능하기 위해서 절대적으로 필요하다는 주장을 하고 있다. 특히 혁신을 위해서는 갈등이 필연적이라는 입장을 취하고 있다.

1. 갈등의 유형

Combs(1987)는 갈등의 유형을 다음과 같은 6가지로 분류했다.

1) 개인적 갈등

개인이 서로 대립되는 목표나 역할 가운데 하나를 선택하게 될 때 내적으로 경험하는 갈등이다. 갈등이 개인 안에 있다. 그것은 가치, 충성심, 우선순위를 포함하고 있다 개인갈등에는 인지적 갈등과 정의적 갈등이 있다. 인지적 갈등은 대립되는 목표에 의해 야기되는 지적인 불안에서 생기다. 정의적 갈등은 경쟁적인 감정이 대립적인 목표에 수반되어 나타나는 갈등으로서 개인의 불만과 스트레스를 증대시키고 생산성의 저하를 초래할 수 있다. 이와 같은 개인적 갈등에는 목표 갈등과 역할 갈등이 있다.

(1) 목표 갈등

목표 갈등이란 어떠한 현상의 긍정적인 면과 부정적인 면이 양면성을 지녔을 때 발생한다. 다시 말해서 어떠한 목표가 장점만을 가지고 있거나 장점과 단점을 모두 가지고 있거나, 단점만 가지고 있을 때 이러한 목표 갈등이 생긴다는 것이다. 이런 맥락에서 목표 갈등은 세 가지의 세부사항으로 나뉘는데, 먼저 '접근-접근갈등', '접근-회피갈등', '회피-회피갈등'이다.

'접근-접근갈등'이란 목표의 세부사항 모두가 긍정적인 것이다. 이런 갈등의 유형은 일단 결정을 하고 나면 쉽게 갈등이 해소되기 때문에 조직이나 개인에게 거의 나쁜 영향을 끼치지 않는다.

'접근-회피갈등'이란 목표가 긍정적이고 부정적인 성격을 모두 포함하고 있을 때 생기는 갈등이다. 가령 높은 임금을 받을 수 있는 일자리이지만, 동시에 높은 위험을 갖고 있는 일자리일 경우 이러한 갈등이 생긴다.

'회피-회피갈등'은 목표의 모습이 모두 부정적인 성격을 포함하고 있을 때 생기는 갈등이다. 모든 요소 하나하나가 피하고 싶을 경우에 이러한 갈등이 생기게 된다. 이러한 유형의 갈등은 자칫 좌절에 이를 수 있고, 높은 부정적인 영향을 개인과 조직에게 끼치기 때문에 유의해야 한다.

(2) 역할 갈등

한 사람이 동시에 여러 지위를 갖거나, 한 가지 지위에 대하여 동시에 여러 가지 역할이 기대될 때 나타나는 역할 모순이나 긴장 상태를 이르는 말이다. 현대 사회에서는 인간관계가 복잡화되고 업무의 전문화와 분화로 인하여 역할 갈등이 크게 증가하고 있으며, 이러한 역할 갈등이 심화되면 개인적으로는 심리적 불안이 생기고 사회적으로는 혼란을 초래할 우려가 있다.

2) 개인 간 갈등

이는 두 사람 간의 문제, 목표 또는 행동에 관하여 의견이 일치되지 않을 때 나타나는 갈등이다. 두 사람의 성격 차이, 가치 갈등, 충성심, 어떤 이슈이든 이것들을 가진 두 사람을 포함한다. 이것은 관련된 문제를 표면화시키는 동기로 작용하기도 하고, 개인 간의 의사소통을 가로막는 부정적인 구실을 하기도 한다.

3) 집단 내 갈등(intragroup conflict)

집단 내에서 이루어지는 갈등의 유형이다. 인간관계가 거미줄처럼 복잡하게 얽혀진 집단에서는 여러 가지 갈등의 유형이 발생한다. 먼저, 과업적인 측면에서 갈등은 발생한다. 이를 '과업갈등'이라고 하는데, 이는 갈등의 순기능적 기능과 가까운 타입의 갈등이다. 과업갈등이란 구성원들끼리 과업의 내용에 대한 불일치를 통한 긴장을 말한다. 과업갈등을 통해서 구성원들은 새로운 대안을 제시하고 문제를 해결하는 과정에서 다른 갈등에 비해 긍정적 결과를 야기할 수 있다. 또한 조직 내에 과업갈등이 존재할 경우엔 조직 자체에 대한 건설적인 비판을 통해 조직의 의사소통의 질을 높이고 집단의 생산성 또한 높일 수 있다.

이에 비해 집단 내에는 '관계갈등'이 있을 수 있다. 관계갈등이란 집단 내에서 과업과는 무관한 개인적 관계에서 오는 불일치이다. 이러한 관계갈등은 관계갈등 자체만 확인해서는 안 된다. 왜냐하면 과업갈등과도 유기적으로 연결되어 있기 때문이다. 관계갈등으로 인해 과업갈등이 발생하거나 혹은 과업갈등의 수준이 높아져 관계갈등이 발생하기도 하기 때문에 과업갈등과의 유기적인 관계를 파악해서 관리하는 것이 필요하다.

4) 집단 간 갈등(intergroup conflict)

집단과 집단 사이에서 발생하는 갈등이다. 기획을 담당한 부서와 생산을 담당한 부서간의 의견의 불일치 같은 것이다.

5) 조직 내 갈등(intraorganizational conflict)

조직 내 모든 활동에 걸쳐서 나타난다. 세 가지 유형의 갈등이 있는데 수직적 갈등은 주로 상관과 부하 사이에서 발생한다. 수평적 갈등은 동일한 계층 또는 수준에서 구성원들 혹은 부서 간에 나타나는 갈등이다. 사선적 갈등은 조직의 상이한 계층 간의 갈등으로 주로 자원의 배분문제나 계선 결정에 대한 참모의 관여 등으로 발생한다.

다른 방식으로 조직 내 갈등을 분류하기도 한다. 첫 번째로 '계층 간 갈등'이다. 이는 조직 안에서 계층이 존재할 경우에 주로 생기는데, 계층 간에 소통이 안 되고 교류가 이루어지지 않을 경우에 생긴다. 예를 들어 경영층과 종업원들 사이의 갈등이 이러하다. 두 번째는 '기능적 갈등'이다. 조직에는 여러 가지 기능적인 역할들을 맡은 부서들이 있는데 그러한 부서들이 서로의 이해관계에 상충되는 영역에 침범했을 때 이러한 갈등이 일어난다. 세 번째로는 '라인-스탭간 갈등'이 있다. 이러한 갈등은 사무직을 맡은 부서와 실무직을 맡은 부서 사이에서 자주 일어나는데, 서로 다른 영역에서 일을 하고 다른 상황 가운데 있기 때문에 서로의 필요를 이해하지 못하고 결국에 목표는 같지만 현재의 다른 요구를 하고 있을 때 자주 일어난다. 네 번째로는 '공식-비공식적 조직 사이의 갈등'이 있다. 조직 내의 공식적 집단과 자연적으로 발생된 비공식적 조직 간의 갈등이다. 이는 두 집단 간의 목적이나 이해관계가 상충될 때 일어난다. 마지막으로는 '조직 간 갈등'이 있다.

6) 조직 간 갈등(interorganizational coflict)

이는 조직과 조직 사이에서 발생하는 갈등이다. 조직 간 갈등은 어떤 조직이 경쟁조직, 공급자, 고객에게 불확실한 상황을 야기하고, 동일한 자원에 대하여 접근 또는 통제하려는 시도를 보일 때 발생한다. 이는 조직 내에 있는 하부조직들의 갈등이 아니라 서로 동등한 위치에 있는 조직들 간의 갈등을 뜻한다. 가령 국가와 국가의 갈등이나 기업과 국가 간의 갈등이 이에 속한다.

2. 갈등의 원인

1) 내용갈등(content conflict)

내용갈등은 그들이 말한 내용이나 개념이 불일치할 때 생긴다. 내용갈등은 의미와 해석을 달리하는 경우 생긴다. 의미가 모호한 표현에 대한 해석에서 차이가 있을 수 있다. 직무 및 정책의 불명료성도 내용갈등을 일으킨다. 직무가 명확하게 규정되어 있지 않으면 구성원들은 자신의 권한과 책임의 범위를 잘 모르게 된다. 권한과 책임의 소재와 관련하여 갈등이 일어나게 된다.

2) 가치갈등(values conflict)

가치갈등은 일반적인 갈등보다 더 심각한 것일 수도 있다. 예를 들어, 민주주의와 사회주의는 정치적으로나 정책적으로 많은 문제에서 동의하지 않는다. 관리자들의 경영철학도 같지 않다. 일을 처리하는 방식이 그들의 가치와 기본적 신념에 깊이 뿌리박힌 것이므로 하루 아침에 달라지기는 어렵다. 해결책은 사람들이 다른 가치에 대해 허용적인 태도를 보이는 것이다. 주의 깊게 듣고 상대방과의 가치에 대해 조심스레 의사소통하면, 당신은 신뢰를 받을 것이고 차이점을 상호 존중할 수 있다. 만약 당신이 자신의 가치에 대해 주의 깊게 생각하고 규칙적으로 점검한다면, 당신의 가치와 다른 가치를 가진 다른 사람에게 덜 위협적으로 느낄 것이다.

3) 자아갈등(negotiation-of-selves conflict)

개개인의 자아개념과 상충되는 것에서 오는 갈등이다. 많은 사람들은 그들 스스로를 실제보다 가치 없게 보는 경향이 있다. 고용원들은 관리자들이 그들을 보는 것과는 그들 스스로를 다르게 본다. 아이들은 그들의 부모가 그들을 보는 것과는 다르게 자신을 본다. 긍정적 자아개념을 갖는 것이 필요하다.

엄마 : 이렇게 늦은 시간에 집에 오고, 너는 도대체 무슨 생각을 하는 거니? 너를 도대체 믿을 수가 없구나.

딸 : 난 엄마가 아빠를 만났을 때보다 지금 겨우 두 살 어리다구요. 제 관리는 제가 잘하고 있어요.

위의 대화에서 보면 엄마는 딸을 아직 어린애로 보고 있는데 비해 딸은 스스로를 성년으로 보고 있으므로 모녀 간에 갈등이 생기게 된다.

원인		해결방법
내용갈등(content conflict) 내용의 불일치 혹은 생각의 "적합성"	▶	누가 옳은지 확인하기 위해 다른 원인을 체크하라.
가치갈등(values conflict) 기본적 가치와 신념의 불일치	▶	다른 가치 허용, 듣기, 의사소통
자아갈등(negotiation-of-selves conflict) 자아와 상충하는 경험	▶	긍정적이고 안정적인 자아개념을 만들어라.
제도화된 갈등(institutionalized conflict) 동료 사이(회사 내)에서의 기지와 힘의 경쟁	▶	업무 능력/ 조직의 정책과 구조 수정

[그림 10-1] 갈등의 원인과 해결방법

4) 제도화된 갈등(institutionalized conflict)

제도화된 갈등은 갈등요인이 조직의 구성과 정책이 만들어질 때 일어난다. 어떤 조직은 단지 그들이 구성하는 방법으로 충돌을 장려한다.

3. 갈등분석과 해결전략

1) 갈등분석

갈등을 해결하고자 하는 사람은 정말 무슨 일이 일어나고 있는지 자세히 관찰해야 한다. 강한 감정을 가질 때, 사람들은 그들 자신뿐 아니라 양쪽 모두의 관심을 확인하기 전에 속단한다. 일반적 실수를 하기 전에 다음의 질문에 초점 맞추기를 시도해 보자.

- 누가 관여되어 있는가? 얼마나 많은 사람들이 갈등에 관여되어 있는가? 기본적 이슈를 그들은 얼마나 잘 이해하고 있는가? 반복적으로 갈등에 포함되는 것은 어떤 것이며, 이것은 단일 상황인가? 이러한 세부사항을 파악해 관리자들은 모든 사람의 관심사를 해결해 주는 더 나은 갈등관리 과정을 만들 수 있다.
- 관건은 무엇인가? 전부 또는 양쪽에서 논쟁에 동의할 수 있는 진정한 관건이 무엇인가? 만약 의무와 책임이 관건이라면 모든 사람은 그것의 이슈가 무엇인지 정확히 동의할 수 있는가? 만약 돈이 연관되어 있다면, 모든 사람이 똑같은 몫으로 얘기하고 있는가? 잘못된 부분에 대한 평가가 문제 중심에 있는지, 또는 문제가 미래를 위해 더 적절한 결정을 할 수 있는지 점검해 보아야 한다. 이러한 단계를 밟지 않으면 전체 문제가 흐려질 수 있다.

• 시간이 얼마나 중요한가? 이 논쟁은 즉시 해결해야 하는가? 한편으로만 이득이 있지 않은가? 갈등관리자는 시간요인이 양쪽 면에 모두 균형이 잘 되어 있는지, 또는 시간의 경과가 문제를 단순히 악화시키지는 않는지를 생각해야 한다.
• 다른 문제와 결부된 것은 무엇인가? 개인이나 그룹 안에서 이 논쟁이 다른 논쟁과 어떤 관련이 있는가? 어떤 업무관계가 갈등의 결과에 영향을 받을 것인가?

이러한 질문에 답(문제를 잘 해결했다고 가정할 때), 해결책을 상의해 보자.

2) 갈등 해결전략

일반적으로 갈등에 대한 세 가지 가능한 해결책이 있다. 승-패(win-lose), 패-패(lose-lose), 승-승(win-win)이 그것이다. 승-패나 패-패 경우는 바람직한 해결책은 아니며 영구적인 문제해결법도 아니다. 그러나 때때로 시간적 제약이 있거나 승-승 전략을 어렵게 하는 다른 측면들 때문에 승-패나 패-패 전략을 쓰기도 한다.

(1) 승-패 전략

승-패 전략은 갈등 해결과정에서 한쪽이 이기고 한쪽은 지거나 손해를 보는 경우다. 이 방법은 승-승의 가능성이 희박할 때 종종 사용되는 빠른 수정 갈등해결 전략이다. 민주적 투표방식이 이의 좋은 예가 될 것이다. 민주주의식은 갈등해결의 이상적 접근처럼 보이며, 이것은 정치적 체계 안에 있다. 그러나, 정치적 체계와는 달리 대부분의 조직은 견제와 균형, 정치적 집회, 캠페인 등을 포함하고 있지 않다. 이러한 상황에서 다수자들의 제안은 약한 소수자들을 배제할 우려가 있다.

또 다른 승-패 전략 접근은 중재적 접근(arbitration)이다. 이 방법은 갈등관리자가 옳은 면과 틀린 면을 결정하고, 문제를 해결하는 방법이다. 민주주의적 방식과 같이 이 접근법은 지는 사람이 이기는 쪽과 갈등관리자 양쪽 모두에게 대응하는 경향이 있을 수 있다. 노련한 갈등관리자나 중재자는 설득력 있는 설명으로 부드럽게 중재접근을 할 수 있지만 문제의 앙금은 계속 남아 있을 수 있다.

(2) 패-패 전략

패-패 전략은 양측 모두 무엇인가를 포기한다. 이의 주요 접근법은 타협이다. 타협은 그들이 원하는 것을 어떤 누구도 모두 얻지는 못하지만 모든 사람들이 이 결정에 따를 수 있다.

승-패 전략과 같이 이 방법도 갈등의 근본적 해결책이 되지는 못한다. 양측 모두가 만족스럽게 생각하지 않기 때문이다.

(3) 승-승 전략

승-승 전략은 양쪽 다 가장 잘 해결됐다고 느끼는 전략 중 하나이다. 갈등에 있던 양측 모두 결국 승리자라는 느낌을 가질 것이다. 대부분 갈등의 줄기는 복잡한 원인과 이유가 있다. 이러한 복잡성은 승-승이 성취될 수 있게 한다. 승-승 전략이 성공할 수 있는 열쇠는 가능한 한 각각의 필요를 만족시키는 것이다. 갈등에 놓여 있는 사람들은 대부분 항상 논쟁의 한 가지 이상의 이유를 가지고 있고, 그들은 그러한 이유로 각자 다른 우선순위로 접근하는 경향이 있다. 대체적으로 그들은 그들의 주요 목표가 성취됐다고 느끼면 전체해결이 아니더라도 만족할 것이다.

(4) 승-승 전략의 구체적 방안

① 감정을 조절한다.

양쪽 모두 감정이 격해 있는 경우, 갈등관리자는 우선 부하직원들이 진정될 수 있도록 모든 조처를 취해야 한다. 리더는 자신의 감정이 어느 한쪽에 치우치지 않도록 특히 유의해야 한다. 좋은 시작은 "나는 당신이 화가 난 것을 알고 있다. 우리는 그 문제를 해결하려고 우리의 감정을 억누르고 몇 가지 대안을 찾고자 노력할 것이다. 당신은 이에 동참할 생각인가?" 상대방을 힐난하기보다는 위임(동참)하는 것이 현명한 방법이다.

사람들은 다양한 방법으로 자신의 분노를 해결하고, 분노 자체가 갈등의 원인이 될 수 있다. 상황은 절망적인 생각을 할 때까지 한 측면의 분노는 종종 상대방의 분노를 일으키게 한다. 상대방이 선의로 행동하는 것 같지 않다고 생각하기 쉽다. 당신은 해결책에 도달하기 위해 그러한 의심을 불식해야 한다.

분노한 상태에서는 상대방의 입장을 이해하기 어렵다. 갈등관리자는 우선 그들이 분노하는 이유를 들어 보아야 한다. 원인은 감정 뒤에 숨어 있는 것이 일반적이다

② 기본 규칙에 동의한다.

격한 감정이 누구러들면 갈등관리자는 기본 규칙이나 원칙을 확립해야 한다. 어느 한쪽에 유리하거나 불리한 원칙이어서는 안 된다. 갈등관리자는 기본 규칙을 설정할 때 두 갈등 당사자들이 수긍할 만한 내용을 제시하여 규칙을 지킬 수 있도록 해야 한다. 각기의 입장에서 기본적인 원칙을 제안해 보도록 권유할 수도 있다. 프로세스 초기단계에서 더 나은 참여를 얻을 수 있도록 하는 것이 중요하다. 다음과 같은 기본적인 규칙을 설정할 수 있다.

- 가능한 한 방해하지 않고 상대방의 의견을 주의 깊게 듣기로 하는데 동의한다.
- 누군가가 당신의 제안에 동의하지 않을 경우에도 분노를 억제하는데 동의하도록 한다.
- 서로 절제하고 상대방을 존중하면서 해결해 볼 것에 동의하도록 한다.
- 해결책을 찾을 때까지 할애해야 할 시간의 양에 동의하도록 한다.
- 충돌을 막기 위해 참여자의 일방적 주장은 자제할 것에 동의하도록 한다.

기본 규칙이 확립된 이후, 논의 과정에서 동의된 원칙이 지켜지지 않으면 그들이 동의한 규칙을 상기시키면서 갈등관리자는 주의를 줄 수도 있고 협상의 주도권을 잡는 유리한 위치를 점할 수 있다.

③ 각자의 입장을 명확히 한다.

감정이 누그러들고 기본 규칙이 지켜지면 다음으로는 이슈가 되는 모든 문제와 사실들을 드러내고 상대방의 입장에 서서 그것을 바라볼 수 있게 하는 시간을 준다. 양측은 여전히 무엇이건 그들이 가장 원하는 것을 얻기 위해 자기주장을 굽히지 않지만 시간이 지나면서 다른 쪽의 요구에도 귀를 기울이게 된다. 자신의 입장을 옹호하기 위한 주장은 동일한 시간을 주어야 한다. 어느 쪽인지가 논의를 지배하고 시간을 더 할애하는 경우 갈등관리자는 이를 자제시키고 주의를 환기시킬 필요가 있다. 이 단계에서 어떤 사람은 상당히 위축되기도 하는데 이 때 갈등관리자는 적극적 참여를 독려할 필요가 있다. 가능한 한 객관적이고 일관된 장면을 유지하는 것이 좋다.

④ 여러 요구와 과제를 탐색한다.

그들이 상대방의 입장을 택하지 않고 자신의 입장을 선택한 이유를 양측이 차분히 설명할 수 있도록 하는 것으로 이 단계를 시작한다. 다음 여러 가지 얽힌 이해관계를 양쪽 모두 공유하는 공통점을 찾는다.

⑤ 대안을 개발한다.

쌍방이 제시하는 요구와 당신이 발견한 문제점을 감안하여, 각각 가능한 대안이 될 수 있도록 신중하게 검토한다. 이 때 브레인스토밍 기법을 활용하는 것이 좋다. 가능한 한 많은 양의 대안을 제시하도록 장려한다. 이 때 제시된 대안에 대해 비난하거나 비평하지 않도록 한다.

⑥ 양측 모두에게 유리한 방안을 선택한다.

양측에 어떠한 대안이 승-승 전략이 될 수 있는지를 제시된 대안 중에서 하나씩 검토하여 수용 여부를 결정하게 한다. 양쪽 모두가 받아들인 대안은 일단 정리된 것으로 하고, 그 다음의 대안을 검토하도록 한다. 검토가 시작되면 수용 가능한 방안의 목록이 합의에 의해 꽤 늘어나게 되고 갈등이 해소될 수도 있다. 갈등이

해소되지 않는 경우라면 갈등관리자가 이제까지의 논의에 기초하여 어떠한 결정을 내릴 것인지를 시사할 수 있다.

이러한 6단계가 갈등관리 모델로 작동하기 위해서는 몇 가지 요구사항이 충족되어야 한다.

첫째, 분쟁에 관련된 모든 사람은 단지 승리하는 싸움보다는 장기적인 해결책을 원하는 단계를 통해 참여할 의향이 있어야 한다.

둘째, 모든 상생전략은 종종 시간이 부족하여 중단되는 경우가 많으므로 해결에 필요한 충분한 시간을 갖는 것을 감내해야 한다.

셋째, 갈등관리자는 유연하고 민감하고 인내심을 발휘해야 하며 냉정해야 한다.

(5) 승-승 전략을 위한 협력적 작업하기

① 문제가 무엇인지 밝힌다.

당신이 진짜 문제를 다루고 있는지를 재삼 확인할 필요가 있다. 언뜻 승- 승의 해결책인 것처럼 보이는 결과가 미봉책에 지나지 않는 경우가 종종 있다. 대증요법은 후에 더 심각한 갈등을 초래할 수도 있다.

② 해결책을 생성한다.

그룹은 그룹토론에서 다양한 방법으로 작성된 설문을 토대로 하여 해결책을 찾을 수 있다. 이 방법은 직접 갈등의 상황에 처해 있는 모든 당사자들이 포함되어야 한다.

③ 취해야 할 행동이 무엇인지를 밝힌다.

문제를 해결하기 위해 취해야 할 필요한 행동이 무엇인지를 양쪽 모두로부터 받는다. 그리고 이를 준수할 것에 대해 양측 모두의 동의를 얻는다.

④ 행동계획을 실천에 옮긴다.

각기 제시되고 검토된 행동계획을 실천에 옮기고, 그 결과를 확인한다. 확인과 추수지도는 미래에 있을 수 있는 파괴적인 갈등을 방지하는데 중요하다.

4. 갈등관리 유형

사람들 모두는 그들 스스로 갈등관리에 대한 자신만의 스타일을 가지는데, 일반적인 5가지 접근법을 [그림 10-2]에 소개하였다. 이 유형은 당신이 갈등의 결과를 가져오는데 상당한 영향을 미칠 것이고 긍정적 혹은 부정적 결과를 가져오는지 아닌지를 결정해 줄 것이다. 경우에 따라서 경쟁자적 갈등관리를 할 수도 있고, 타협가적 관리를 할 수도 있다. 상황에 대한 판단에 따라 취하는 입장이 달라져야 한다.

1) 경쟁자

경쟁자(competitor)들은 대부분의 갈등을 승-패 전략으로 해결하고자 한다. 조직의 목표달성을 강조하며 조직 구성원들의 개인적인 필요에 대해서는 협력하지 않는다. 필요하다면 다른 사람을 희생시켜서 자신의 관심사를 충족하고자 한다.

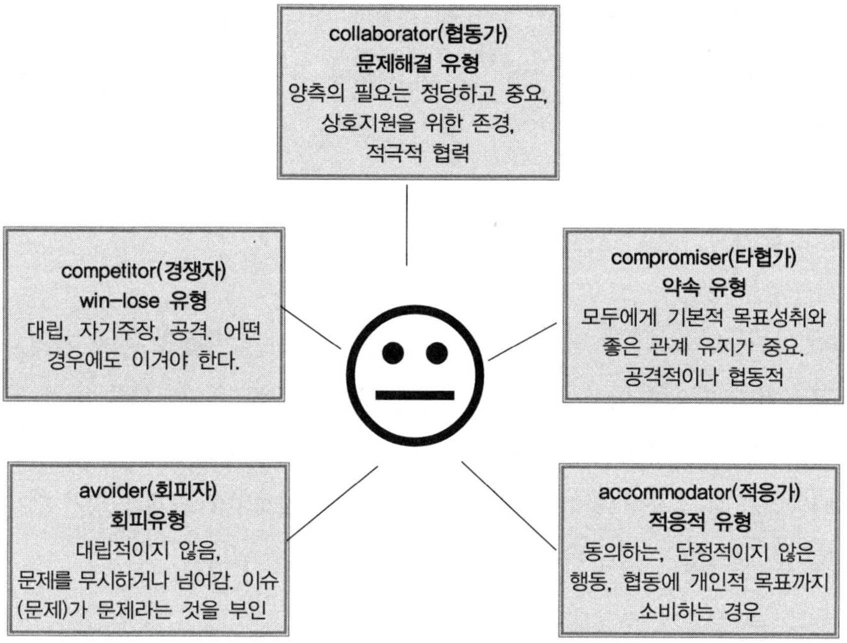

[그림 10-2] Thomas-Kilman의 갈등관리 유형

2) 회피자

회피자(avoider)들은 전혀 갈등 근처에 있으려 하지 않는다. 조직의 목표를 강조하지도 않고 구성원들의 관심 사항에 대해 협력하지도 않는다. 갈등을 무시함으로써 저절로 해결되기를 바란다. 조직에 발생된 갈등이 실제 해결되기 어렵거나 해결을 위해 소요되는 자원이나 비용이 과다하여 비경제적인 경우에 활용될 수 있다. 그러나 갈등이 유발된 문제가 그대로 남아 있어 더욱 심각한 갈등으로 발전될 수 있다.

3) 타협가

타협가(compromiser)들은 가능한 대안으로 양쪽 모두의 차이점을 혼합하는 기술을 가지고 있다. 타협가들은 경쟁자들이 하는 것처럼 문제해결을 저돌적으로 할 필요가 있다고 느끼지는 않는다. 조직의 목표와 개인의 필요 간에 균형을 찾는 방법을 쓴다. 양측 모두 어느 정도 수용할 수 있는 해결책을 찾는다. 조금씩 양보함으로써 절충안을 도출해 내는 방법이다. 이 경우에 승자와 패자가 명백하지 않다. 노사 간의 협상 등에서 현실적으로 많이 활용하는 갈등관리 방법이다.

4) 수용가

수용가(accommodator)는 자기 주장을 하지 않고 협력하는 방법을 쓴다. 관리자는 조직 구성원의 필요에 양보한다. 쌍방 간에 관계가 계속 유지되도록 하기 위해 한쪽 당사자가 기꺼이 자기를 희생하는 행동이다. 나의 이해관계는 작지만 상대방의 이해관계가 큰 갈등 상황이다. 이러한 경우에는 나에게 이해관계가 적기 때문에 상대적으로 상대방의 요구에 반응을 보이고 수용하게 된다.

5) 협동가

협동가(collaborator)들은 양측이 함께 논의한다. 주장하면서 협력하는 문제해결 접근 방식이다. 협동가들은 의사소통의 길을 열어 놓고 각각에게 있어 가장 중요하게 느끼는 문제가 무엇인지를 파악한다. 협동은 다른 갈등관리 유형보다 더 많은 기술을 요구한다. 서로의 차이점을 확인하고 정보를 공유하며 양쪽의 필요를 동시에 만족시키는 통합적인 해결책을 찾으려고 노력한다.

다음은 상대방과 자신 모두의 이해관계가 중간일 경우에는 타협유형이 성립된다.

표 10-1 이해관계로 바라본 갈등의 유형

이해관계(나) / 이해관계(상대방)	높음	낮음
높음	협력유형	수용유형
낮음	경쟁유형	회피유형

Thomas(1977)는 5가지 갈등관리 유형이 각기 유용한 상황이나 경우를 다음과 같이 제시했다.

(1) 경쟁에 적절한 상황

- 신속한 결정이 요구되는 긴급상황
- 중요한 사항이지만 인기 없는 조치가 요구되는 상황
- 조직의 성장에 매우 중요한 문제일 때
- 타인을 부당하게 이용하는 사람에게 대항할 때

(2) 회피에 적절한 상황

- 쟁점이 사소한 것일 때
- 해결책의 비용이 효과보다 훨씬 클 때
- 사태를 진정시키고자 할 때
- 더 많은 정보를 얻는 것이 필요할 때
- 다른 사람들이 문제해결을 더 효과적으로 할 수 있을 때
- 해당 문제가 다른 문제의 해결로부터 자연스럽게 해결될 수 있는 하위 갈등일 때

(3) 수용에 적절한 상황

- 자기가 잘못한 것을 알았을 때
- 다른 사람에게 더 중요한 사항일 때
- 보다 중요한 문제를 위해 좋은 관계를 유지해야 할 때
- 패배가 불가피할 때 손실을 극소화하기 위해
- 조화와 안정이 특히 중요할 때

(4) 협력에 적절한 상황

- 양자의 관심사가 매우 중요하여 통합적인 해결책만이 수용될 때
- 목표가 학습하는 것일 때
- 다른 관점을 지닌 사람들로부터 통찰력을 통합하기 위해서
- 합의와 헌신이 중요할 때
- 관계증진에 장애가 되는 감정을 다루기 위해서

(5) 타협에 적절한 상황

- 목표가 중요하지만 잠재적인 문제가 클 때
- 당사자들의 주장이 서로 대치되었을 때
- 복잡한 문제에 대한 일시적인 해결책을 얻기 위해
- 시간 부족으로 신속한 행동이 요구될 때
- 협력이나 경쟁의 방법이 실패할 때

5. 갈등해결을 위한 일반적 행동지침

1) 관심을 명확히 하기

- 그들의 가장 관심 있는 부분에 대해 양쪽을 격려할 것
- 그들이 공통적으로 관심 있는 것이 무엇인지 양쪽을 고려하여 찾을 것
- 조작(속임)을 위한 한쪽의 과도한 노출 없이 각각의 관심을 위해 의사소통할 것

2) 좋은 실천(working)관계 만들기

- 그들의 차이점을 효과적으로 다룰 수 있는 기회를 양쪽에 모두 줄 것
- 만약 논의하기를 원치 않는다면 양쪽 모두 관계 유형을 발전시킬 것
- 서로 다음 번에 다루도록 양측 모두 더 쉽게 만들 것

3) 좋은 의견 만들기

- 많은 영감 있는 의견들을 평가하기 전에 양쪽 모두 나누고 그것들 중 선택하여 사용할 것
- 모두에게 이득(관심)이 되는 창조적인 해결책을 가질 수 있도록 양쪽을 격려할 것

4) 합법적으로 양측 모두를 보기

- 힘으로 한쪽이 더 많이 포기하게 하는 원인이 되지 않게 할 것
- 공공의 이득에 반하지 않을 것
- 해결책이 양쪽 모두에게 공정하고 평등할 것

5) 의사소통의 향상

- 가정(사실이라고 생각)하는 것 이면에 대해 질문하고 분석할 것
- 사실에 대한 다른 인식을 이해하고 논의하는 것을 도울 것
- 의사 결정자들 사이에서 효과적인 쌍방향의 의사소통을 할 것

6) 현명한 약속을 이끌기

- 현실적이고, 유용하고, 미래의 대립으로 이어지지 않는 유용한 약속을 양측

모두 가능하게 할 것

- 만약 약속을 깨거나 가치 있게 생각하지 않으면 양측 모두를 소환할 것

6. 구성원의 성격에 따른 대처

1) 순응성이 낮은 구성원에 대한 유념

조직에는 순응을 잘하는 구성원도 있고 고분고분하지 않은 낮은 순응을 보이는 구성원도 있다. 높은 순응자와 함께 일하는 것은 일반적으로 쉽다. 그들은 조건 안에서 일을 잘하며, 정책이나 그룹의 규범에 일반적으로 우호적이다. 낮은 순응자들은 그와 반대이다. 즉, 그들은 독립적으로 생각하고 창조적으로 문제를 해결한다. 그리고 그 과정에서 종종 약간의 문제를 야기하기도 한다. 이런 타입의 성격과 함께 일하고 유지하는 것은 인내와 선의를 위한 특별한 능력을 필요로 한다.

여기 낮은 순응자들과 더 적은 문제를 가지고 일하게 하는 몇 가지 제안들이 있다.

(1) 그들의 솔직함을 참아 넘기는 것을 배워야 한다. 낮은 순응자들은 당신보다 낮은 재치와 임기응변을 가지고 있기 때문에 그들은 대개 직설적이다.

융통성과 충성심 없는 낮은 순응자들의 단호한 자기표현 방식을 꼬투리 잡지 말고 수용한다.

(2) 다른 사람이 낮은 순응자에게 지나치게 비판적일 때 낮은 순응자들을 지원해 준다.

(3) 그들의 독립성을 받아들이고, 만약에 그들이 조언을 구하지 않더라도 기분 상하지 않도록 한다.

(4) 그들을 순응시키기 위해 강요하고 재촉하면 그들은 저항한다.

(5) 그들이 긍정적인 강화를 필요로 하지 않는 것 같은 경우에도 긍정적인 강화와 관련된 것을 제공한다.

당신이 낮은 순응자들을 변경시킬 가능성은 높은 순응자들을 변경시킬 가능성보다 낮다. 그렇다 하더라도 두 성격 유형은 서로를 유지시켜 주는 역할을 한다.

2) 질투하는 사람들

질투심이 많은 동료들은 사기와 생산성에서 손상을 줄 수 있는 분쟁을 일으킬 수 있고, 이것을 부서나 그 조직에 바이러스처럼 퍼뜨릴 수 있다. 다음은 직장에서 질투하는 사람에 대처하기 위한 몇 가지 제안이다.

(1) 부러워하는 사람과 파괴적인 갈등을 피한다.

(2) 질투하는 동료와 맞선다. 일부 질투하는 사람들을 불러 그들의 질투를 공개적이고 솔직하게 다루는 것이 효과적일 때가 있다. 질투하는 사람은 종종 대립한 후 당신의 뒤에서 더 열심히 일하기도 한다.

(3) 질투하는 사람과 과도한 접촉을 피한다. 정중하게 대하는 것이 좋다.

(4) 당신의 상사와 문제를 의논한다. 당신의 상사가 당신이 느끼는 것과 동일한 느낌을 갖고 있는지 여부를 확인할 수 있다.

(5) 질투하는 사람들의 자존심을 세워 주어야 한다. 사람들은 종종 낮은 자존감 때문에 부러워한다. 당신이 긴 시간 동안 충분히 기다리면 그 문제는 대개 지나갈 것이다. 그리고 그 부러움도 마침내 사라질 것이다.

3) 투덜거리는 사람과 불평하는 사람

(1) 불평을 들어주어야 하지만 너무 많이 듣지는 말아야 한다. 투덜거리는 사람들

과 불평을 하는 사람들은 동정적인 청자들을 이용하는 것에 능숙하다. 그들이 당신을 관여시킬 때 그들의 말에 귀 기울여 줄 필요는 있지만 두서없는 불만을 늘어놓고 있을 때 "당신의 요점이 무엇입니까?" 또는 "당신은 이 문제를 해결하기 위해 무엇을 할 것인가요?"라고 말하는 것이 좋다.

(2) 자주 현실을 확인한다. "알았어, 나에게 정확하게 문제가 무엇이고, 그것에 대해 내게 원하는 게 무엇인지 말해 봐." 이와 같이 말함으로써 만성 불평을 쏟아내는 사람의 진심을 말하게 할 수 있다. 불평하는 사람이 불평하는 동안 그 목적에 집중할 것을 요구하고, 어떤 것들을 변화시키기 위한 당신의 힘의 한계를 강조함으로써 불평을 감소시킬 수 있다.

(3) 불공평한 말에 도전한다. 불공평이라는 단어는 불평하는 사람과 투덜거리는 사람들에게서 가장 흔하게 쓰이는 단어 중 하나이다. 그들에게 그 단어는 종종 "나는 내가 원하는 것을 얻을 수 없어"를 의미한다. 당신은 불공평함의 특정한 예시, 함축, 풍자와 같은 사실을 요구함으로써 투덜대는 사람들이 진심으로 원하는 것에 집중하게 할 수 있다.

(4) 팀의 리더가 된다. 관리자로서 당신은 일터 안에서 동지애와 팀워크 정신을 촉진시킬 수 있다.

4) 소극적이고 반응이 없는 사람들

반응이 없는 사람은 때때로 함께 일하기 가장 힘든 사람일 수도 있다. 표면적으로 보면 그들은 종종 동의적이고 심지어 쉬워 보이기도 한다. 전부는 아니지만 조용한 사람들은 대체로 소극적이다. 몇몇의 사람들은 그들이 절대적으로 확신할 때까지 언성을 높이지 않는다.

(1) 개방적인 질문을 한다. 수동적인 사람들에게 질문을 할 때는 네 또는 아니오, 또는 짧은 말로 대답할 수 있는 질문을 하지 말아야 한다. 그들을 개방할 수 있는 질문을 해야 한다. 몇 가지 예는 다음과 같다. 즉, "당신은 어떻게 반응합니까?"

"당신에게 지금 당장 이런 주제가 생기면 당신은 무엇을 예상합니까?" 또는 "만약 이런 경우 당신은 무엇을 할 것입니까?"

(2) 친절하고 조용한 시선을 보낸다. 개방적인 질문을 한 후, 당신의 의아해하고 기대하는 표정의 얼굴을 조용한 사람들은 즉시 쳐다본다. 이 표현은 지나치게 위협적인 것은 아니지만 주저하는 사람들이 말할 수 있도록 촉진하는 계기가 된다.

(3) 빈 공간을 다 채우지는 않는다. 지지적인 사람은 불편한 침묵을 채우기 위해 무언가를 얘기하고자 하는 경향이 있다. 만약 당신이 소극적인 사람들을 구원하고자 한다면 당신은 그들이 소극적인 상태로 남아 있게 해 주는 것이 낳다.

(4) 긴장을 깰 수 있는 질문을 한다. "나는 당신이 무엇인가를 말할 것을 기대했어." "그게 무슨 뜻이야?" 또는 "당신이 지금 무슨 생각을 하는지에 대해 말할 수 있나요?"라고 물을 수 있다.

(5) 제한 시간을 설정한다. 소극적인 사람을 다루는 것에 얼마나 많은 시간을 보낼 것인지를 사전에 계획한다. 그 사람에게 제한 시간이 있다는 것을 말해 준다. 제한 시간이 적다는 것을 알게 된 조용한 사람들은 마지막 몇 분 동안에 말하게 될 것이다.

제 11 장

스트레스와 인간관계

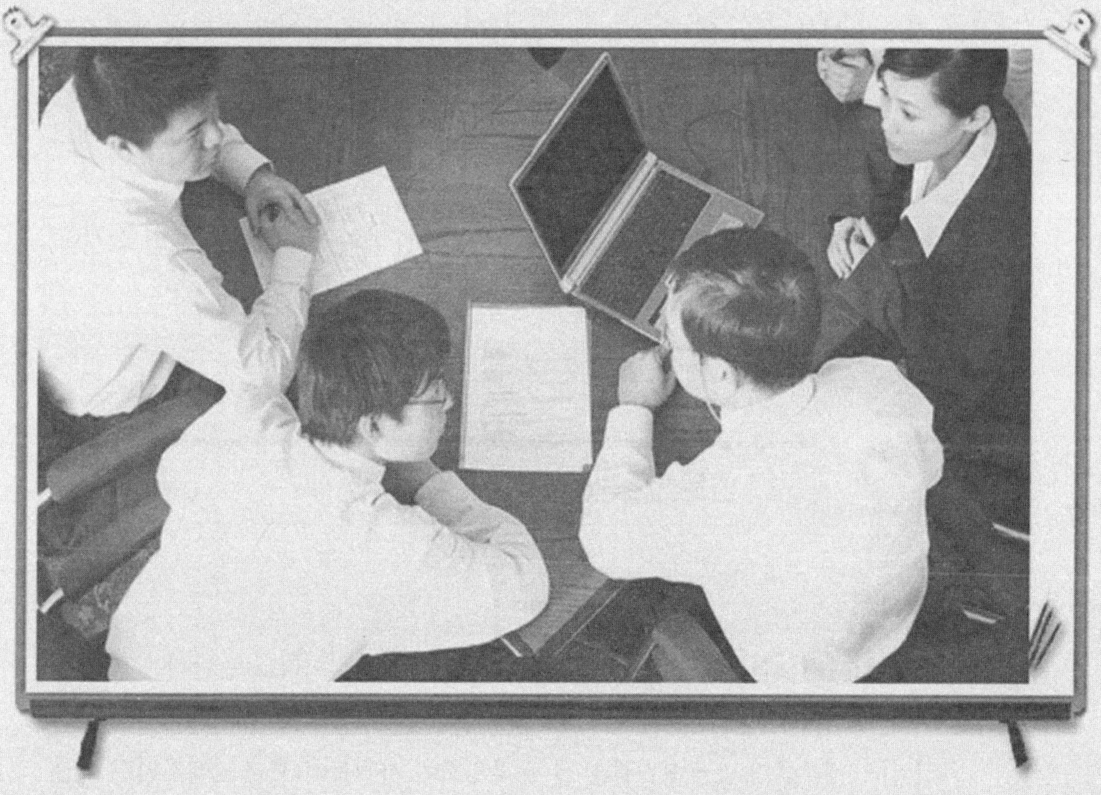

1. 스트레스원
2. 스트레스 증상의 자각
3. 심리적 장애의 습득과 보존
4. 정서적 장애의 ABC 모델
5. 비합리적 신념 3가지와 그 결과
6. 스트레스 상담

스트레스란 인간이 환경적인 스트레스원(stressors)이나 심리적인 스트레스원을 지각하고, 해석하고, 평가하는 방식과 관련된다. 여기서 스트레스원이란 스트레스를 일으키는 원천, 또는 요인을 말한다. 다시 말해서, 스트레스를 야기하는 조건들은 그저 조건일 뿐이다. 어떤 스트레스적 상황이나 조건을 개인이 어떻게 지각하고 인식하느냐에 따라 그것은 스트레스가 될 수도 있고 그렇지 않을 수도 있으며, 그 정도가 다를 수도 있다. 스트레스는 '인간이 자신의 삶이나 안녕을 위협하는 것으로 지각하고 평가한 사건들이나 상황들에 대한 어떤 생리적인 증상들, 그리고 인지와 정서와 행동에 있어서 장애를 일으키는 부정적인 반응들의 종합'으로 정의된다.

스트레스에서 세 가지 관건이 되는 요소들은 ① 개인의 지각, ② 개인의 신념, ③ 개인의 비효과적인 대처나 행동이다(Ellis 등, 1997).

1. 스트레스원(stressors)

스트레스는 사건들을 위협, 도전, 혹은 해가 되는 것이라고 판단하는 과정인 동시에, 생리적, 감정적, 인지적, 또는 행동적 수준에서 그러한 사건들에 반응하는 과정이다. 대부분의 스트레스원은 삶에 부정적인 사건들이다. 스트레스원의 예로는 자연 재해나 인위적 재해, 폭력 범죄, 친한 사람들과의 사별(死別), 교우 관계의 단절, 실업과 같은 여러 직업과 관련된 스트레스 요인들, 일과 관련된 중압감, 실패, 열악한 주거, 심각한 부상이나 병을 들 수 있다.

이것들 이외에, 어린 시절의 정신적 충격(매질), 강간, 중대한 삶의 변화, 계속 해결해도 결코 끝나지 않는 일련의 골치 아픈 문제들이나 정신적으로 유해한 사건들, 여가의 부족, 만성적인 피로 증후군, 따분한 삶, 노심초사 등은 사람들이 살아가는 동안 전형적으로 만나게 되는 스트레스원이다. 생물학적인 스트레스원은 호르

몬 장애나 신경 전달 기능 장애, 생리적인 부담, 만성적인 수면 부족과 사람을 무력하게 만드는 여러 가지 상해를 포함한다. 이런 모든 것들이 삶에 부정적인 사건들, 즉 스트레스원의 예이다.

2. 스트레스 증상의 자각

스트레스는 보통 어떤 생리적인 구성요소들에 의해 동반되는 심리적인 장애 반응들로 이루어진다.

(1) 내적이거나 외적인 스트레스원에 대한 개인의 생리적인 반응들은 개인의 기질에 따라 천차만별이다(Abrams & Ellis, 1994). 이런 생리적인 반응들은 일시적인 위장 장애에서부터 좀 더 심각한 장애까지 변화할 수 있다. 상당한 기간 동안 다양한 스트레스원에 노출된 직접적 결과로서 발생하거나 악화되는 전형적인 심신 기능의 이상은 고혈압과 편두통, 긴장으로 인한 두통, 소화기 장애, 그 밖의 좀 더 심각한 병들을 포함한다. 개인이 스트레스로 인해 고통을 오래 받으면 오래 받을수록, 생리적인 이상들은 점점 악화되는 경향을 갖는다.

만성적인 스트레스는 자율 신경계(ANS)에 계속적인 자극을 주며, 자율 신경계의 교감 신경계에 대한 지속적인 자극으로 인해 나타나는 생화학적인 결과는 신체의 가장 약한 체계들을 점차로 손상시킨다. 고혈압과 당뇨병, 궤양, 면역계의 효능 저하는 개인의 대처 능력을 넘어서 있는, 따라서 그로 인해 개인이 어떤 형태의 스트레스를 경험하게 되는 스트레스원에 무방비 상태로 장기간 노출된 결과로 나타날 수 있다. 그렇기 때문에 상담과 스트레스에 대한 대처는 사람들이 살면서 경험하는 스트레스원 뿐만 아니라, 만성적인 스트레스 요인들에 노출됨으로써 발생하는 생리적인 결과들을 다룰 수 있도록 도움을 주는데 관여해야 한다.

(2) 스트레스의 심리적인 측면들은 불안, 우울, 분노, 죄의식, 상심, 병적인 질투심, 수치, 당황, 그리고 시기심과 같은 정서들을 포함한다. 이런 측면들은 감각기능, 심상(心象), 행동, 인식, 신체의 증상들을 포함할 수 있는 다양한 다른 반응들과 연결될 수 있다. 스트레스 증후군을 구성하는 스트레스에 대한 생리적인 반응들과 심리적인 초기 반응들은 서로 영향을 미칠 수 있으며, 따라서 스트레스에 관한 전체 그림을 복잡하게 만들 수 있다. 여기서 기억해야 할 중요한 사실은 위에서 여러 종류의 심리적인 스트레스들 가운데 어떤 하나로 고통받을 경우, 그 사람은 스트레스와 관련된 신체적인 질병을 앓을 수 있다는 것이다. 다시 이 신체의 질병은 그 사람이 대처해야 할 또 다른 스트레스원이 될 것이다. 결과적으로 그 사람은 더욱더 스트레스를 받고, 더욱 무기력함을 느끼며 문제의 대처를 포기하는 상태로 나아갈 수도 있다.

3. 심리적 장애의 습득과 보존

그리스 철학자 Epictetus(AD. 55~AD. 135)는 '우리는 어떤 일 때문이 아니라 그 일을 바라보는 우리의 관점 때문에 불안해진다.'라고 말한 바 있다. 우리는 경험에 의해 불안해지는 것이 아니라, 경험에 대해 스스로를 불안하게 하는 속성이 있다는 것이다. 심리적 장애의 습득과 보존은 다음과 같은 7가지 이유 때문이다.

첫째, 세 가지 중요한 통찰이 부족하기 때문이다.

〈통찰 1〉 자기 패배적 행동은 보통 이전의 사건이나, 우리의 목표나 흥미를 가로막는 불행들과 관련된다. 그러나 이러한 예전의 사건들이 직접 문제를 일으키는 것이 아니라 오히려 이런 사건에 대한 비합리적 신념들이 문제를 일으킨다.

〈통찰 2〉 이것은 과거에 어떠한 불안을 경험했는지와는 상관없이 처음의 불안한 감정을 유발시켰던 비합리적 믿음을 여전히 갖고 있기 때문에 지금도 불안해하고 있다는 점을 이해해야 한다는 것이다. 그들은 이런 파괴적 믿음을 스스로 교화시키고 있다. 그들의 비현실적 사고뿐만 아니라 무력감이 지속적으로 이러한 생각들을 강화시킨다.

〈통찰 3〉 과거에 있었던 대부분의 정서적 문제가 사건을 비뚤어진 각도에서 보는 그들 자신의 성향 때문이며, 계속된 자기 교화 때문에 계속해서 자신들을 괴롭히고 있는 것이다. 더 심각해지기 전에 그들의 비합리적 신념과 자기 패배적 문제를 변화시키도록 노력하고 실천해야 한다는 것을 내담자가 명확히 깨닫고 단호하게 인정하는 것이다.

두 번째 이유는 낮은 좌절에 대한 내성 원리에 대한 우리의 집착이다. 우리는 불쾌함을 견딜 수 없다고 믿는 경향이 있다. 우리는 나중에 편해지기 위해 현재 우리 자신이 불편해지는 것을 거부한다. 어느 정도 불편함을 일으키는 곤란한 문제를 회피하면서 질질 끌다가 나중에는 처음보다 문제를 더 어렵고 불편하게 만들었다는 것을 깨닫게 된다.

세 번째 이유는 초기 불안증상뿐만 아니라 이에 따른 이차적인 증상도 종종 일으키는 인간의 성향 때문이다. 그래서 내담자들은 종종 자신의 불안에 대해 초조해하며, 자신의 우울증에 대해 우울해하고 자신의 분노에 대해 죄의식을 가지며, 자신의 당황함에 부끄러워한다.

네 번째는 위협적인 사실을 자신의 자아로, 편안함의 수준에 맞게 쫓아버리는 방어기제를 택하는 경향이 있기 때문이다. 심리적 문제가 있을 때 이를 부인하고 문제에 대한 개인적 책임을 지려 하지 않고 다른 사람이나 생활환경 등을 탓한다. 즉, 그들이 만일 문제의 책임을 인정하면, 자신을 맹렬히 비난할지도 모르기 때문에 불안에 떠는 것이다. 그들의 방어기제 속에 내재된 생각들이 밖으로 드러나고 다루어지지 않는 한, 향상을 기대하기가 어려울 것이다.

다섯 번째 이유는 그러한 문제들을 가짐으로써 일종의 보상을 받는다는 것이다. 심리적 문제들을 갖고 있다면 다른 사람들로부터 많은 관심을 갖게 된다. 자신의 현재의 문제가 더 심각한 문제를 갖지 않도록 막아 주는 것으로 여길는지도 모른다. 자기의 심리적 문제가 더 심한 문제를 막아 주는 역할을 한다고 생각할 때 그는 현재의 정서적 문제를 해결할 필요성을 느끼지 못할 것이다.

여섯 번째 이유는 편안함의 덫에 걸릴 수 있기 때문이다. 어떤 여성은 횡포가 심한 시어머니에 대해 좀더 강건해지고 싶어하는 욕망을 표현하나, 실제로 독단적으로 행동하는 데 주저한다. 왜냐하면 그녀는 우쭐댄다거나 거만하다고 불리거나 시어머니에 대해 너무 이기적이고 애정이 없다라고 비난받을까 봐 두려워하기 때문이다. 내담자들은 그들의 문제에 너무 익숙해져서 그 결과 오랜 기간의 변화에 영향을 미칠 단기간의 심한 불편함을 감내하기보다는 낮지만 참을 만한 불편함을 무한정 가지고 사는 쪽을 선호한다. 그런 내담자들을 '편안함의 덫'에 걸렸다고 말한다.

일곱 번째 이유는 우리는 자기 예언 실현을 하기 때문에 종종 자신의 문제를 영구히 보존한다. 그래서 여자를 신뢰하는 데 문제가 있었던 한 남자는 새로운 여자를 만나면 쉽게 의심을 하고, 간접적으로 그녀가 그에게 따뜻하고 친밀한 감정을 갖지 못하게 한다. 이것이 그녀를 떠나도록 유도하고 그는 마음 속에 그의 본래 생각, 즉 여자는 믿지 못할 존재라는 것을 재삼 확인하는 것이다.

합리적-정서적인 행동 치료(REBT : Rational-Emotional Behavior Therapy)에 따르면, 스트레스원에 대해 우리가 어떻게 정서적으로, 그리고 행동으로 반응할 것인가를 주로 결정하는 것은 이런 사건들에 대한 개인의 지각과 평가라는 점이다. REBT의 핵심적인 가정은 소위 스트레스, 혹은 고민이란 사람들이 살아가면서 경험하는 불쾌한 사건들이나 스트레스원에 의해 결정되는 것이 아니라, 비합리적인 신념에 의해 주로 야기된다는 것이다. 따라서 다양한 환경으로 인한 스트레스원이나 사람들 사이에서 발생하는 스트레스원에 노출되었을 때, 어떤 사람들은 부담을 받기는 하지만 스트레스를 느끼지는 않는다. 이런 사람들은 그들이 살아가면서 부딪치게 되는 어려운 여건들이나 역경들을 적절하게 헤쳐 나갈 수 있다고 생각하는 것이다.

이와는 대조적으로, 동일한 종류의 스트레스원을 만났을 때 어떤 사람들은 정서적으로나 생리적으로 극도로 자극받으며, 그들의 상황에 적절하고 효과적으로 대처하지 못한다.

합리적-정서적 행동 치료의 주요한 목적들 가운데 하나는 고민에 빠진 내담자에게 다음과 같은 사실을 일깨워 주는 것이다.

(1) 개인이 경험하는 불행한 사건들은 비록 그들을 고민하게 만들 수는 있지만, 그것만으로는 그들을 고민에 빠지게 하지 못한다.

(2) 고민에 빠지게 하는 느낌들과 자기파괴적 행위들은 개인이 살아가면서 겪는 불행한 사건들에 대해 그가 가지고 있는 왜곡된 추론들과 비합리적인 신념들에 의해 야기되고 유지된다.

(3) 비합리적인 인지들을 포기하고 그것들을 좀 더 합리적인 철학들로 대체할 경우, 이른바 스트레스의 심리적이고 생리적인 장애 상태들을 줄이거나 극복할 수 있으며, 좀 더 건강하고 건설적이며 자조적으로 정서를 표현하고 행위할 수 있다.

스트레스에 대한 다양한 연구의 결과는, 낙관적이며 삶에 대한 느긋한 태도, 그리고 스트레스에 대처하는 상대적으로 강건한 전략들이 스트레스원에 대한 개인의 효율적 대처를 결정해 주는 역할을 한다는 것이다. 훌륭한 인격의 소유자는 스트레스에 효과적으로 대처할 수도 있지만, 고매한 인품은 때로는 오히려 부정적인 삶의 사건들이나 스트레스원에 대해 매우 비합리적인 인지들을 가지도록 조장할 수 있는 측면도 있을 수 있다.

4. 정서적 장애의 ABC 모델

정서적 장애의 ABC 모델이란 REBT에서 이용되는 설명 장치이다. 즉, 어떻게 스트레스가 우리의 삶에서 작용하는 불행한 사건들이나 여건들에 의해서가 아니라, 우리가 이런 사건들을 평가하고 지각하는 방식에 의해 주로 야기되거나 일어나는가를 좀더 쉽게 이해할 수 있도록 고안된 설명 모델이다.

스트레스를 받는 과정에서, 우리의 지각과 느낌, 사고, 행동 등은 상호 영향을 주고받는다. 또한 REBT 모델은 스트레스를 경험하는 사람이 어떻게 하면 그들의 기능 장애적인 반응을 줄이고, 좀더 합리적이며 유익한 전망을 획득하고, 그들의 문제들을 실제적으로 해결하는 데 도움을 받을 수 있는가를 지적하고 있다. 이렇게 하기 위해 이 모델은 전체적인 개념적 구조틀 내에서 인지와 정서와 행동의 수정과 관련된 다양한 기술들을 사용한다. 이를 요약하면 다음과 같다(Ellis, 1977).

1) A(Activating event) : 활동 유발 사실

내담자에게 내적이거나 외적일 수 있는, 어떤 불쾌감을 일으키는 사건(event)이나 일련의 경험(experience)을 뜻한다. 또한 A는 불행한 사건이나 역경이 발생하지 않았을 때도 실제로 이런 사건이나 역경이 일어났다고 추론하는 것과 같이, 사건에 대한 내담자의 몇몇 추론이나 해석을 포함한다.

2) B(Belief, thought, thinking) : 활동 유발 사실에 대한 신념

사건이나 경험에 대한 개인적 신념, 생각을 뜻한다. 이 신념은 내담자에게 불쾌함을 일으키는 사건들을 평가하는 인지적 요소이다.

신념은 엄격하거나 유연하다. 내담자의 어떤 신념이 유연하고 유익할 경우, 그것은 합리적 신념(RB ; Rational Belief)으로 불리어진다. 이러한 합리적 신념은 다음과 같은 형태를 지닌다.

(1) 나쁨에 대해 결코 극단적으로 평가하지 않는다.

부정적으로 작용하는 사건이나 스트레스원과 부딪칠 경우, 사태를 끔찍하다거나 지독하다고 하는 대신, 나쁘다거나 재수가 없다고 생각한다.

(2) 관용의 증거를 보인다.

"나는 나에게 일어난 일을 반기지는 않지만, 참아낼 수는 있다"와 같은 결론을 향하려고 한다.

(3) 오류가 가능하다는 것을 용인한다.

"나는 나 자신과 다른 사람을 오류를 저지를 수 있는 인간으로 받아들인다. 인간들이란 자주 실패하고, 실수하는 존재이므로 어떤 사람을 단일한 평가기준을 갖고 평가한다거나 단 한번에 그 사람 전체를 규정하는 것은 온당치 못하다"고 생각한다. 삶의 조건들은 복잡하고, 많은 선과 악, 그리고 그 밖의 중립적인 요소들이 뒤엉켜 있기 때문에 단일한 기준으로 평가할 수는 없다. 즉 좋다 혹은 나쁘다, 공정하다 혹은 불공정하다, 정당하다 혹은 정당하지 않다와 같은 단순한 평가의 시각을 지양한다.

(4) 사건들의 발생에 대해 유연한 사유를 제시한다.

이들은 '언제나 그렇다'라든가, '절대로 그렇지 않다'와 같은 사유를 삼간다. 대신에 그들은 '언제나 그렇다'라든가 '절대로 그렇지 않다'의 범주에 정확히 들어맞는 일은 별로 없다는 것을 인식한다. 이 세상의 대부분의 사건들은 '그럴 것 같다' 혹은 '자주 그렇다', '그럴 것 같지 않다' 혹은 '별로 그렇지 않다' 정도로 생각한다.

반대로 어떤 신념이 엄격하거나 독단적일 때, 그것은 비합리적인 신념(IB ; irrational belief)으로 명명된다. 내담자가 엄격하고 독단적인 신념들을 강하게 고수할 때, 그들은 다음과 같은 비합리적인 결론들을 이끌어 내는 경향을 보인다.

(1) 사태를 지독하다고 생각한다.

"내가 요구한 대로 일이 진행되지 않을 때, 그것은 지독하다"고 생각한다.

(2) 나는 이 사태를 더 이상 참을 수 없다.

좌절로 인해 관용을 별로 보이지 않는다. 내담자들은 "사태가 이처럼 나쁘면, 나는 참을 수 없다거나 견딜 수 없다. 그리고 나는 전혀 행복할 수 없으며 다시는 행복할 수 없다"고 생각한다.

(3) 저주, 내담자들은 자기 자신뿐만 아니라 타인들, 그리고 삶의 조건들에 대해 지나치게 비판적이다.

"다른 사람들은 좋은 사람들이 아니며, 나를 좌절하게 만든다.", "이 세계란 나의 앞길에 너무나 많은 어렵고 혼동스런 일들만을 늘어놓는 썩은 곳이다."

(4) '언제나 그렇다 혹은 절대로 그렇지 않다'는 식으로 사유한다.

"일은 언제나 나에게 불리하게 진행되어서, 내가 무엇을 하던 간에, 나는 나에게 소중한 사람들로부터 절대로 인정받지 못할 것이다"라고 생각한다.

3) C(consequence) : 활동 유발 사실에 대한 생각의 결과

A에 대한 내담자의 신념들로 인해 나타나는 정서적이며 행동적인 결과를 나타낸다. C는 기본적으로 두 가지로 분류된다. 부정적인 사건 A에 대해 개인이 엄격한 비합리적인 신념들을 갖고 있음으로써 나타나는 특수한 C는 장애를 보이며, 부적절한 결과로 언급된다.

반면에 부정적인 사건 A들에 대해 유연한 합리적 신념을 지니게 되면, C는 장애를 일으키지 않게 되므로, 적절한 결과로 언급된다.

REBT에서 내담자가 살면서 경험하는 다양한 부정적인 사건들에 대한 정서적이고 행동적인 반응은 건전한 것과 불건전한 것으로 구분된다. 이 구분은 REBT를 실제로 실행하는 데 있어서 중요하다. C는 종종 신체적 증상들로 나타난다. 여기서 B가 눈에 띄게 변하면, 대체로 C 또한 거의 직접적으로 중대한 변화를 겪는다는 점에 유의할 필요가 있다. REBT의 주장에 의하면, 내담자의 비합리적인 신념들이야말로 부정적이며 불건전한 느낌들과 부적응적인 행동들을 야기하는 공통의 원인이다. 또한, 부정적인 사건들과 맞부딪쳤을 때, 내담자들은 그들의 신념들을 바꿈으로써, 불건전한 느낌이나 행동들과는 철저하게 상이한 건전한 정서와 행동의 결과들을 성취하는 데 있어 도움을 받을 수 있다는 것이다.

REBT는 내담자로 하여금 스트레스를 발생시키는 비합리적 신념들을 확인하고, 비합리적 신념에 이의를 제기함과 동시에 보다 합리적인 신념들로 대체함으로써,

비합리적 신념들을 뿌리뽑을 수 있음을 보여 준다. 일단 내담자가 자신들의 비합리적 신념들을 줄이고 그것들을 합리적인 신념들로 대체하게 되면, 내담자들은 좀 더 건강한 정서들과 건설적인 행동들을 경험하기 쉽고, 비록 원래 스트레스원이 그들의 삶 속에 지금 있다 하더라도, 미래에는 심각한 정서적인 곤란에 별로 빠지지 않을 것이다.

5. 비합리적 신념 3가지와 그 결과

Ellis는 12가지 비합리적인 신념을 제시한 바 있다. 12가지 비합리적 신념들은 크게 다음의 3가지 비합리적 신념에 속하는 것이다(Ellis 등, 1997).

(1) 나는 절대적으로(완벽하게) 일을 수행해야 하고, 사랑에 성공하며, 다른 사람들로부터 인정받아야 한다. 만약 그렇지 않다면 나는 부적절하고 무가치한 사람이다.

(2) 당신을 비롯한 다른 사람들은 모든 조건이나 상황에서 나보다 아래에 있으므로 그에 걸맞게 나를 잘 대접해야 한다. 그렇지 않다면 당신은 썩어빠진 놈일 것이다.

(3) 나는 고통보다 즐거움을 경험해야 바람직하고, 나는 절대적으로 안락과 안전을 취하며 살아가야 한다. 그렇지 않다면 세상은 썩은 곳이고, 나는 그것을 참을 수 없다. 그런 인생은 끔찍하고 살 가치가 없다.

세 가지 비합리적 신념들의 결과는 다음과 같다. 첫째, 가끔 불안, 의기소침, 부끄러움과 죄의식에 이르게 한다. 이것들은 사회적 기피나 약물 남용으로 전환될 수 있다. 두 번째는 분노와 열광으로 나타나기도 하고 수동적 공격성과 폭력의 행동으로 연결되어 나타나기도 한다. 세 번째는 의기소침과 자기 훈련의 문제들만큼이나 큰 상처를 주는 쪽으로 나타나는 경향이 있고 꾸물거림으로 중독된 행동을 나타내기도 한다.

이제 상담과정의 13단계들에 초점을 맞추기로 한다. 처음부터 각자가 상담 중에 일어난 것에 대한 기록을 갖기 위해서 상담을 녹음할 수 있도록 피상담자의 동의를 구하기를 권장한다. 이것은 상담자가 과정을 되돌아보고 피상담자에게 상담 중에 배운 것을 수정할 기회를 주고, 실수하거나 간과한 점을 지적해 줄 수 있게 한다. 물론 신뢰성을 강조하고, 반드시 녹음된 자료가 허락 없이 사용되지 않도록 한다.

6. 스트레스 상담

표 11-1 REBT에서의 스트레스 상담의 13단계

1단계: 문제해결 요청
2단계: 문제에 대한 규정과 동의
3단계: 평가 C
4단계: 평가 A
5단계: 두 번째 감정 문제에 대한 확인과 평가
6단계: B-C관계 지도
7단계: 신념 평가
8단계: 비합리적인 신념과 C 관계
9단계: 비합리적인 신념에 대한 토론
10단계: 내담자에게 합리적인 신념에 대한 확신을 강화하도록 준비시킴
11단계: 내담자가 새로 배운 것을 실행하도록 권장함
12단계: 과제 점검
13단계: 과정을 통해 활동을 쉽게 함

1) 1단계 : 문제해결 요청

일단 내담자를 맞이하여 문제점을 물어 본다. 피상담자는 한 가지 문제만을 상담하러 오는 경우가 거의 없다. 그가 언급한 문제는 가장 심각한 문제일 수도 있고 아닐 수도 있다. 그가 우선 논의하고 싶은 문제가 무엇인지 세 가지 측면을 고려하여 물어 본다. 첫째, 상담자의 자세가 내담자에게 신뢰를 준다는 점, 둘째, 바로 요점을 말하는 것이 시간을 허비하지 않고 문제를 해결하는 효과적인 방법이라는 점, 셋째, 내담자의 문제를 즉시 논하겠다는 적극적인 참여 자세가 보이는 어조를 보이라는 점 등이다.

2) 2단계 : 문제에 대한 규정과 동의

문제의 본질에 공감과 동의에 도달하는 것이 중요하다. 내담자들은 대개 심리치료에 대한 왜곡된 기대를 가지고 오기 때문에, 이 단계에서 REBT에 대해 가르칠 필요가 있다. 어떤 내담자는 도움받기를 원하는 심리적인 문제뿐만 아니라 실제적인 문제를 가지고 있다. 일반적인 상담의 목적은 내담자가 심리적인 문제를 우선 극복하도록 돕는데 있고, 그리고 이것을 성취하면 실제적인 문제를 만족스럽게 다룰 수 있는 건강한 마음 상태가 된다고 설명하라.

3) 3단계 : 평가 C

그가 느끼는 결과는 무엇인가? 그는 건설적으로 행동하는가, 아니면 자기 좌절적인가? 적절한 정서와 부적절한 정서의 결과를 비교해 봄으로써, 건전하고 적절한 정서가 A(활동 유발 사실) 스트레스원에 대해 더 건설적으로 반응하게 된다는 사실을 알도록 도와 준다.

4) 4단계 : 평가 A

A에 대한 평가를 마치고, B를 유도하는 A부분을 확인한 다음 내담자의 변화 목표를 재평가하도록 하라. 연쇄 추리를 하고 나면 내담자가 가장 스트레스를 받는 C가 잘 변화될 것이다. 내담자의 새로운 목표가 혼란스런 C를 활동적인 A에 건전하게 반응하게 변하도록 점검한다.

5) 5단계 : 2차적 정서 문제에 대한 확인과 평가

두 번째 문제의 예는 우울함, 화낸 것에 대한 죄책감, 질투심에 대한 창피함, 불편함에 대한 억눌림, 자기비하 등이다.

이차적인 문제가 일차적인 문제를 다루는 데 현저하게 방해가 된다고 생각되면 이차적인 문제를 먼저 다루어도 된다. 그럴 경우 내담자에게 이차적인 문제를 먼저 다루는 이유를 설명하고, 이것이 주된 관심사가 되지 않도록 동의를 구하라. 상담가가 A와 C를 정확하게 평가하고 내담자가 그의 C를 결정하는 것이 A가 아니라 B라는 것을 깨닫게 되면 상담가는 이제 더 나아가 그의 비합리적인 신념을 평가할 수 있다.

6) 6단계 : B-C 관계 교육

이 단계는 내담자에게, 그의 정서상의 문제가 주로 '당신이 이미 진단해 왔던 활동 유발 사실에 의해서라기보다는 내담자의 신념에 의해서 결정된다'는 것을 가르쳐 주는 단계이다. B-C 관련 교육은 이에 대한 교재를 토대로 하면 된다.

7) 7단계 : 신념의 평가

(1) 내담자가 합리적인 신념과 비합리적 신념을 분명하게 구별하도록 도와라.

이 두 종류의 신념이 서로 다름을 그 자신의 말로 설명하게 하라. 합리와 비합리를 구별하는 특징을 적게 하라.

(2) 내담자가 비합리적 신념의 핵심, 즉 독단적인 '반드시'(must), 절대적인 '결코'와 이러한 기본적 전제에서 나온 4개의 주요 파생어(두려워함 / 참을 수 없음 / 나 자신과 다른 것들, 세상에 대한 비난 / 늘 그리고 전혀 생각지 않음)를 모두 이해하는지를 살핀다.

(3) 당신과 내담자가 같은 의미의 단어를 사용하는지를 검토하라. 상담가는 내담자가 자신의 정서에 대해 REBT의 용어를 사용하도록 설득하거나, 내담자의 감정을 묘사하기 위해 내담자가 사용하는 용어를 그대로 쓸 수 있다. 어떤 방식을 택하든지 용어의 사용을 일관성 있게 한다.

(4) 'must', 'should', 'ought'의 단어를 사용하는 것이 모두 필수적으로 비합리적인 신념과 관련되어 있지는 않다는 것과, 이러한 단어들이 영어로 여러 가지의 다른 의미를 갖는다는 것을 내담자에게 상기시켜라. REBT 이론에서는 오직 절대적인 should와 must가 문제되는 것임을 주지시킨다. 'should'의 적절한 사용의 예를 제시할 수 있다.

① 선호함을 나타낼 때

'I should take this road rather than that one'(나는 저 길보다는 차라리 이 길을 택하겠다).

② 자연법칙을 설명하는 경험적인 의미로 사용될 때

'When uranium-235 reaches its critical mass a nuclear explosion should occur'(235U가 위험 수준의 질량을 초과하면 핵폭발이 틀림없이 일어날 것이다).

③ 권고의 의미로 사용될 때

'You should see the play that is showing at our local theatre'(여러분에게 우리 고장의 극장에서 상연되는 연극을 보기를 권합니다).

(5) 세 가지의 musts가 비합리적 신념의 핵심이 됨을 명심시킨다. 실제로 모든 비합리적 신념(IBs)은 이 세 가지의 비합리적 신념의 변형이다.

8) 8단계 : IB와 C의 관계

이 단계에서 내담자는 합리적 신념에 대해 조금은 납득하게 될 것이다. 즉, 그것은 '지적으로'는 이치에 맞지만, '감정적으로'는 그렇지 않다라는 반응이 나타날 것이다. 그것이 진보의 신호라는 것을 내담자가 알게 하라. 내담자의 확신이 더 깊어지고 더 강해지면 정서적인 변화와 행동적인 변화가 쉽게 일어날 수 있다.

9) 9단계 : 비합리적 신념에 대한 논박

내담자의 비합리적 신념을 맹렬히 논박하는 방법을 가르칠 때, 한 번 더 '불행에 대한 인식의 변화와, 이러한 인식에 대한 신념의 변화를 구별하도록' 상기시킨다. 내담자가 가지고 있는 핵심적 신념을 바꾼다. As(활동 유발 사실들)를 다른 각도에서 볼 수 있도록 도와라.

(1) 한 번에 한 가지의 IB를 가지고 논쟁하라.

비이성적 신념을 논박하는 방법을 내담자에게 보여주고자 할 때, 보통 한 번에 한 가지에만 집중을 하라. 당신이 처음의 IB에 대한 논증을 끝내기 전에 다른 IB로 바꾼다면 내담자는 흔히 혼란에 빠질 것이다.

(2) 논박을 위한 3가지 전략을 사용하라.

다시 한 번 내담자에게 세 가지 논박의 주요 형식을 보여 준다.

① 논리적

좋은 일이 일어나기를 원하기 때문에, 그것이 꼭 일어날 필요는 없다.

② 경험적

내담자가 실제로 must의 존재를 원하는 것은 아니다.

③ 실용적

내담자가 절대적인 must를 유지하고 있어서 그것들이 충족되지 않으면 괴롭다는 결론을 내리면, 자신이 비참해지고 덜 효과적일 것이다. 당신이 내담자에게 유용한 질문을 하거나 자신 스스로에게 그 질문들을 하게 하라.

(3) 이성적인 대안적 신념의 전개

일단 내담자가 비합리적 신념을 성공적으로 논박하게 되면, 이를 합리적 신념으로 대체하도록 한다. 그리고 그것을 논리적으로, 경험적으로, 실용적으로 논증하게 하라. 새로운 합리적 신념이 실제로 자기 스스로를 돕는 것임을 알게 된다.

10) 10단계 : 내담자의 합리적 신념을 강화

내담자는 이제 자기가 당면한 문제를 지적으로 어느 정도 이해하고 있음을 보여주는 단계에 도달하였다. 이제 상담가의 임무는 내담자의 합리적 신념을 강화시키기 위해 내담자의 IB를 없애고, 합리적 대안으로 대치시킴으로써 내담자를 도와주는 것이다. REBT의 3대 통찰력을 간략히 되돌아보며 시작할 수 있다. 이제 적극적이고 지시적인 교사로서의 당신의 역할을 점차 줄여 나가고, 대신 내담자 자신이 당면한 문제에 대해 스스로가 상담가가 되어 활동할 수 있도록 내담자를 격려한다.

11) 11단계 : 가정학습 과제

대부분의 REBT 상담가는 내담자들이 「합리적 생활 안내서(A New Guide to Rational Living)」, 「행복으로의 안내(A Guide to Personal Happiness)」, 「행복으로 가는 길(Think Your Way to Happiness)」과 같은 독습서에서 발견할 수 있는 REBT 기초방법 적용에 관련된 특별한 장을 읽도록 함으로써 가정학습 과제를 시작한다. 내담자들이 치료 기간 사이에 일어나는 감정적인 문제에 봉착했을 때 그들이 적어 넣을 수 있는 표준적인 합리적 사고, 정서적 행동 자기 도움표를 내담자에게 줄 수 있다. 내담자는 반성과 토론을 위해 다음 상담 시간에 완성된 표를 가져온다.

12) 12단계 : 내담자의 숙제를 점검

내담자가 숙제를 잘할 때, 혹은 잘하지 못할 때의 경험을 점검하는 것이 중요하다. 내담자가 과제를 수행하면서 숙제로부터 배운 것이나 배우지 못한 것에 관한 피드백을 얻어라.

표 11-2 REBT 자기 도움표

(A) 감정적으로 불안하거나 무력감을 느끼기 전에 일어났던 사건, 생각, 감정 : <u>직업을 결정하는데 꽤 빨리 결정한다.</u>

(C) 내가 행동했거나 변화시키고 싶은 결과 혹은 상태–불안한 감정이나 무력감– : <u>매우 불안함</u>

(B) 신념–불안한 감정이나 무기력한 행동을 하게 하는 비합리적인 신념(IB). 그런 행동을 하게 하는 모든 것에 원을 그린다.	(D) 원 속의 비합리적 신념을 없앤다. 예: 왜 잘해야만해?	(E) 나의 비합리적 신념을 대체할 합리적 신념 예: 매우 잘하고 싶지만 그럴 필요 없어.
1. 나는 아주 잘 해야만 해! 2. 무력하거나 멍청하게 행동할 때 나는 나쁜, 쓸모없는 인간이야. 3. 중요하다고 생각하는 사람한테서 인정을 받아야 해!	① 왜 그래야 하지?	① 이유가 없어–결정을 잘하려 하겠지만

4. 만약 거절당하면 나는 나쁜, 미움받는 사람이야. 5. 사람들이 나를 공정하게 대하고 내가 필요로 하는 것을 주어야 해!	④ 내가 나쁜 사람이라고 어디에 쓰여 있지?	
6. 비도덕적인 사람들은 썩은 인간들이야! 7. 사람들은 나의 기대에 맞게 살아야지 그렇지 않으면 형편없는 사람들이야!	⑥ 비도덕적인 행동이 어떻게 당신을 썩은 인간으로 만들지?	
8. 나의 인생은 싸움이나 문제가 없어야 해. 9. 나는 정말 나쁜 일이나 매우 어려운 사람은 참을 수 없어!	⑧ 정말 싸움이 없어야 할까?	⑧ 아니야, 그러면 좋겠지! 그렇지만 인생에서 싸움은 있게 마련 !
10. 주요한 일이 잘 되지 않으면 끔찍한 일이야! 11. 인생이 정말 불공평할 때 참을 수 없어!	⑩ 어떻게 끔직해?	⑩ 아니지! 초조할 뿐이야.
12. 나를 중요하게 생각하는 사람에게서 사랑받을 필요가 있어! 13. 나는 즉각적인 많은 만족감이 필요하고, 내가 만일 그것을 얻지 못한다면 비참함을 느낄 수밖에 없어.	⑫ 꼭 그럴 필요가 있나?	⑫ 그렇지 않아. 단지 강하게 원할 뿐이야.
<u>추가 비이성적인 신념</u> 14. 결정을 빨리 내릴 수 있어야 하고 항상 잘 내려야 한다.	⑭ 어디에 나와 있지?	⑭ 오직 어리석은 내 머리 속에만 있지. '빨리 결정하고 실수하는 위험을 감수하는 편이 좋다.'
15. 내가 선택한 직업이 좋아야 한다.	⑮ 정말, 그래야 해?	⑮ 만약 나쁜 직업이면 다른 직업을 구하면 되지.

설명 : 예를 들어 IB, 즉 합리적 신념에 해당하는 것으로 1번이나 8번, 10번, 13번 등에 원을 그렸다면 1번의 경우 "내가 왜, 잘 해야만 하는지"에 대해 논박하고, "매우 잘하고 싶긴 하지만 (꼭)그럴 필요는 없다"는 합리적 신념으로 대체시킨다.

효과적인 이성적 신념에 도달한 후 내가 경험한 감정과 행동은 빠른 결정에 대해 염려는 하되 공포에 질리지는 않는다. 나는 미래에 장애를 덜 가져오도록 하기 위하여, 많은 경우에 자발적이고 적극적인 자세로 효과적인 이성적 신념을 열심히 반복하여 실행하도록 노력할 것이다.

상담의 종결 단계에서는 내담자가 항구적으로 치료적 효과를 달성할 수 있게 하는 시도가 필요하다. 내담자가 이 목표로 진행할 기미가 보이고 몇 주 동안 상담자가 내담자에 대한 지시를 점차 줄여 나가는 것에 대해 효과적으로 반응해 왔다면 상담 기간을 줄이도록 결정해도 좋다. 상담치료 기간을 줄이도록 결정하는 것은 내담자가 REBT 문제해결법을 적용하여 자신의 문제를 해결하는 데 얼마나 효과적으로 행동하는가에 대한 점검 기회를 제공해 준다.

이 단계에서는 미래에 일어날 다양한 문제들에 내담자가 직면했을 때, 자신의 REBT기법을 어떻게 적용하면 좋을지 미리 구상해 보도록 격려한다.

13) 13단계 : 종결 과정을 돕기

종결 과정에서, 내담자는 끊임없이 자신의 비합리적 신념에 역동적으로 도전하고, 의욕적으로 변화시켜 보려고 할 것이다. 이 단계에서는 내담자가 자신의 합리적 신념을 자신의 정서적 행동적 범위에 통합시킬 수 있도록 해야 한다. 이것은 정서적이고 행동적인 기술의 사용뿐만 아니라 비이성적인 신념을 인지적으로 없애는 것을 포함한다.

제 12 장

애착과 사랑

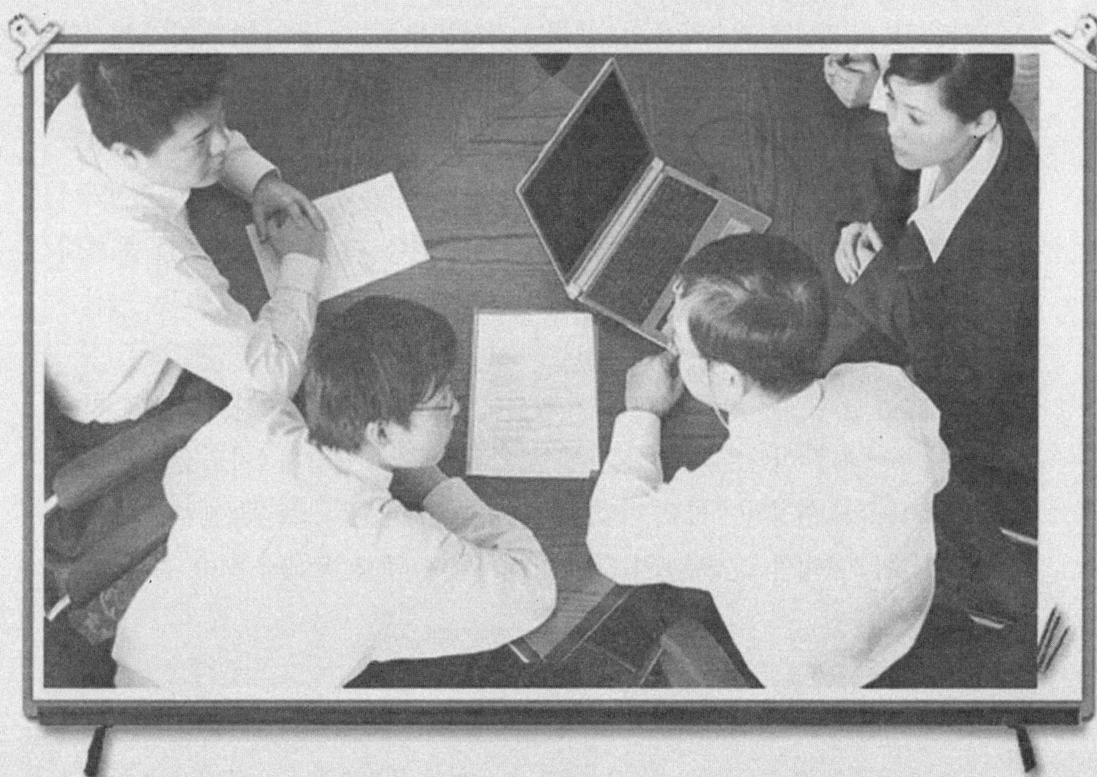

1. 애착
2. 사랑
3. 열정적인 사랑과 우애적 사랑

1. 애착

Bowlby의 애착행동에 관한 연구는 탁아소와 고아원에서 성장한 아동들이 다른 사람들과 친밀하고 지속적인 인간관계를 형성하지 못하는 등의 여러 가지 정서적인 문제가 있음을 발견하면서부터이다. 그는 그 아동들이 생의 초기에 어머니와 확고한 애착을 형성할 수 있는 기회를 가지지 못해 타인에게 심리적으로 친숙감을 가질 수 없다고 가정했다. 정상적인 가정에서 자랐지만 부모와 오랫동안 격리되어 온 아동들도 시설의 아동들과 비슷한 징후를 보인다. 이러한 관찰과 연구를 통해 그는 어머니와 아기의 애착관계가 후일의 행동에 지대한 영향을 미친다는 사실을 밝혔다.

애착이 잘 형성된 청소년은 그렇지 않은 청소년보다 또래와의 관계도 좋고, 리더십도 뛰어나다. 이들은 자기효능감이 높고 우울하거나 불안해하지도 않으며 또한 성격적으로도 안정되어 있고, 학업성적도 더 좋다. 이들은 스트레스에 대한 대처능력이 다른 유형의 청소년보다 현저히 뛰어나다(Rice & Whaley, 1994).

1) 애착유형

애착유형은 안정, 불안, 회피의 3가지 유형이 있다(Ainsworth, Blehar, Waters, & Wall, 1978). 안정애착된 사람은 부모로부터 일관적으로 따뜻하고 안정된 보살핌을 받았다. 이들은 타인을 신뢰하고 개방적이다. 불안애착을 지닌 사람은 인간관계에 있어서 불안하고 불안정된 행동을 보인다. 이들은 자신이 사랑받고 있다는 증거를 필요로 하고 소외되는 것을 두려워한다. 이들은 부모의 돌봄이 비일관적이고 불안정했다고 여긴다. 회피애착형의 사람은 타인으로부터 상처받는 것을 두려워하고 감정을 잘 드러내지 않는다. 이들의 부모는 냉정하고 거부적인 경우가 많다.

Ainsworth가 밝힌 애착유형과 Hazan과 Shaver가 밝힌 연애유형을 관계지어 보면 애착이 후일의 행동에 어떠한 영향을 미치는지를 미루어 짐작할 수 있다.

표 12-1 애착유형과 연애유형의 관계

	애착유형 : Ainsworth(1978)	연애유형 : Hazan & Shaver(1987)
안정애착	• 부모와 아동과 정상적인 애착관계를 지니는 경우 • 아동이 원할 때 부모가 대부분 옆에서 아이를 돌봐줌	– 56%로 연인과의 관계가 행복하고, 밀접하고, 신뢰롭고, 친근한 것으로 묘사 – 부모를 좋게 평하고 있어 유아기에 안정적 애착을 경험한 것으로 추측되고 있다.
불안애착	• 부모가 아이의 욕구에 일관성 있게 반응을 보이는 것이 아니라 변덕스럽게 극단적인 행위를 보이는 경우 형성되는 관계 • 이 경우 아이는 부모에 대해서 양극단적인 감정을 모두 지니게 된다.	– 19% 정도로 연인과의 관계에서 강한 집착을 보이며, 감정의 기복이 심하고, 자기의 사랑이 일방적으로 끝날지도 모른다는 두려움을 지니고 있으며 강한 질투심을 가지고 있다. – 부모의 결혼 생활이 불행했고, 지나친 요구를 많이 했고, 자신들의 생활에 많은 간섭을 했다고 여긴다.
회피애착	• 아동의 욕구를 부모가 등한히 하여 제대로 돌보아 주지 않거나 또는 거부적인 태도를 보이는 경우 형성되는 관계 • 아동이 초기에는 매우 저항을 보이지만 효과가 없을 경우 부모와의 정서적인 유대를 형성하지 못하고 거리감을 두게 된다.	– 25% 정도록 상대방과의 만남이 어딘가 불편함을 보이고 완전히 상대를 신뢰하지 못하며 따라서 점점 애정관계 자체를 회피해 버리는 경향이 있다. – 부모가 자신들을 별로 돌보는 편이 아니었다고 한다.

2) 다른 애착유형

Bartholome와 Horowith는 Ainsworth와는 다른 애착유형을 제시했다.

자신과 타인에 대해서 긍정적이냐 부정적이냐에 따라서 안정형, 몰입형, 무시형, 두려움형의 네 가지 유형이 존재하게 된다는 것이다.

표 12-2 Bartholome와 Horowith의 애착유형

		자기	
		긍정적	부정적
타인	긍정적	안정형	몰입형
	부정적	무시형	두려움형

(1) 안정형

자기와 타인을 모두 긍정적으로 인식하고 있기 때문에 대인관계에서 편안함을 느낀다. 필요하다면 타인에게 의존하기도 하고, 타인의 의존을 편안하게 받아 준다. 이들은 혼자가 되거나 거절을 당할까 봐 걱정하지 않는다.

(2) 무시형

자기에 대해서는 긍정적이지만 타인에 대해서는 부정적이기 때문에 타인의 눈치를 전혀 보지 않는다. 본인은 다른 사람들과 잘 지낸다고 생각할지 모르지만, 타인은 불편함을 느낀다.

(3) 몰입형

자신을 부정적으로 보고 타인을 긍정적으로 인식하기 때문에 언제나 다른 사람들과 가깝게 지내는 것을 원하지만 다른 사람들이 자신을 싫어하는 것이 아닌지 걱정한다.

(4) 두려움형

자신과 타인을 모두 부정적으로 본다. 자신도 믿지 못하고, 타인도 믿지 못하기

때문에 인간관계가 매우 힘들다. 다른 사람들과 친밀한 관계를 맺고 싶어도 타인을 완전히 신뢰하거나 의존하기 어려워한다. 또한 다른 사람들과 가까워지게 되면 자신의 못난 모습을 보고 실망하게 되고 자신이 상처를 받을 것을 걱정한다.

2. 사랑

1) 사랑 삼각이론

Sternberg(1986)는 사랑의 삼각이론을 제시하였다. 그에 의하면 진정한 사랑(완전한 사랑)이 이루어지기 위해서는 친밀감(intimacy), 열정(passion), 결심/헌신(decision/commitment) 등의 세 가지 구성 요소가 고루 갖추어져야 한다는 것이다.

친밀감은 사랑의 정서적 요소로 '가깝게 느끼는 감정'을 뜻한다. 이에는 상호이해 및 존중, 친밀한 의사소통, 상대와 함께 행복을 경험함, 상호간의 정서적 지지, 상대의 복지를 증진시키기를 열망함, 상대와 물질적 · 심리적 공유를 이룸, 힘든 일이 있을 때 상대에게 기댈 수 있음, 자신의 삶에서 상대의 가치가 높이 평가됨 등이 포함된다. 그런데 이러한 친밀감은 대체로 처음부터 꾸준히 증가하다가 점차 그 비율이 적어지기는 하나, 계속 증가되는 것이 특징이다.

열정은 사랑의 동기적 요소로 상대에 대해 육체적 · 성적 매력을 느끼는 것을 말한다. 그런데 이는 대체로 초기에 급격히 증가하다가 일정 시간이 경과하면 그 증가폭이 감소되어, 결국에는 감소하는 경향을 보인다.

결심/헌신은 사랑의 인지적 요소로서, 상대방에 대한 사랑의 시작과 형성을 스스로 결정하고 그 관계를 유지하고 발전시키기 위하여 책임감을 가지고 최선을 다하는 것을 의미한다. 이는 대체로 초기부터 서서히 증가하는 경향을 보이는 것이 특징이다.

이상과 같은 세 가지 구성 요소들 간의 관계 양상에 따라 사랑의 유형은 7가지로 구분될 수 있다는 것이 스턴버그의 주장이다(그림 12-1).

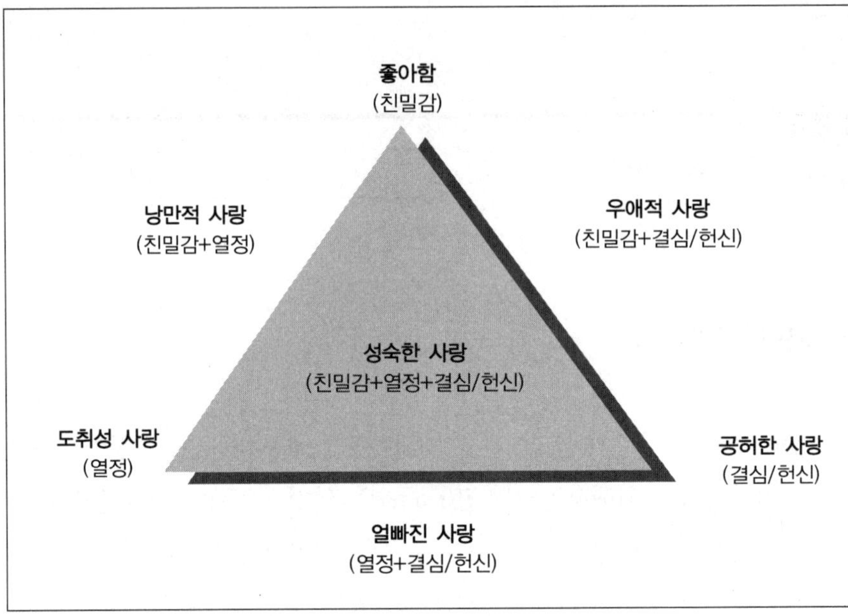

R. J. Sternberg.(1998). Cupid's Arrow. Cambridge University Press, p. 5.

[그림 12-1] 스턴버그의 7가지 사랑의 유형

(1) 좋아함(liking, 친밀감만 있음)

이 유형은 사랑의 3요소 중에서 '열정'과 '결심/헌신' 요소가 결여된 채 '친밀감' 요소만이 존재할 때 나타나는 사랑을 말하는데, 이 경우 강한 열정이나 장기적인 헌신 없이도 상대에게 친근감과 따뜻함 및 결합되어 있는 느낌을 가질 수 있다.

(2) 도취성 사랑(infatuated love, 열정만 있음)

도취성 사랑은 사랑의 3요소 중에서 친밀감과 결심/헌신 요소가 결여된 채 열정적인 흥분 감정이 강한 사랑을 말한다. 이러한 사랑에 빠지는 사람은 상대를 그대로 보기보다는 이상화된 존재로 인식하는 경우가 많으며, 홀린 듯이 사랑에 빠지기 때문에 다른 일에 투자할 시간과 정력 및 동기를 잃게 되고, 커플과의 관계는 보통 비대칭적인 경우가 많기 때문에 긴장에 노출되기 쉽다.

(3) 공허한 사랑(empty love, 결심/헌신만 있음)

이는 사랑의 3요소 중에서 '친밀감'과 '열정' 요소가 거의 없는 상태에서 '결심/헌신' 요소만이 강해 상대를 사랑하겠다고 결심하며, 그에 대하여 최선을 다하는 사랑의 유형이다. 상대에 대하여 감정적 몰입과 육체적 매력을 거의 느끼지 못함에도 불구하고, 사랑을 유지해 나가려는 정체된 관계가 지속되는 것을 말한다. 공허한 사랑은 일방적인 사랑이기 쉽다. 한 사람은 상대에게 진정한 유대감과 성적 매력을 갖지만, 다른 한편은 헌신만을 느끼는 경우가 있다. 그러한 비대칭적인 관계에서는 상대에게 몰입하지 않는 사람이 더 몰입한 상대에게 감정적으로 빚지고 있다는 죄책감이 더해질 때 특히 어려워진다.

(4) 낭만적 사랑(romantic love, 친밀감+열정)

낭만적 사랑은 사랑의 3요소 중에서 친밀감과 열정 요소만이 결합되어 나타나게 되는데, 흔히 육체적 매력이나 그 밖의 매력들이 첨가된 좋아함의 감정, 즉 육체적·감정적으로 밀착된 사랑이라고 할 수 있다.

(5) 우애적 사랑(companionate love, 친밀감+결심/헌신)

이 상태는 상대에 대한 열정적 매력을 느끼지 못한 상태에서 친밀감과 결심/헌신 요소가 결합되어 나타나는 사랑으로, 이는 열정의 주된 원천인 육체적 매력이 약해진 오래된 우정 같은 사랑을 나누는 결혼 생활에서 많이 발견된다. 사실 대부분의 낭만적 사랑은 차츰차츰 우애적 사랑으로 변하게 된다. 시간이 흐름에 따라 열정은 없어지나, 친밀감은 계속 남아있게 되는데, 열정은 거듭하여 장기적이고 깊은 헌신으로 대체되는 경우가 많다.

(6) 얼빠진 사랑(fatuous love, 열정+결심/헌신)

얼빠진 사랑은 친밀감 요소가 결여된 채 열정과 결심/헌신 요소가 결합되어 생기는 사랑으로, 이는 상대에 대한 친근한 감정적 몰입이 없는 상태에서 상대의 육체적 매력에 반해 그를 사랑하겠다는 마음과 노력을 경주하는 경우라고 할 수 있다. 따라서 이러한 사랑을 추구하는 사람은 상대와의 관계에서 감정적 일체감과 따뜻한 의사교류보다는 육체적 쾌락을 추구하는 데 일차적인 관심을 두는 경우가 많다.

(7) 성숙한 사랑(consumate love, 친밀감+열정+결심/헌신)

성숙한 사랑은 완전한 사랑으로 사랑의 3요소 모두를 고루 갖춘 상태의 사랑을 말한다. 이러한 사랑은 매우 강한 강도를 갖게 되므로 쉽게 흔들리거나 깨지지 않는 것이 특징이다. 사랑 삼각형의 기하학적 특징으로 볼 때 성숙한 사랑은 완전한 정삼각형을 이룸으로써 가장 안정적이고 튼튼한 형태를 이루기 때문에 어느 방향에서든지 힘(방해)을 가해도 쉽게 부서지지 않는다. 그러나 우리가 이러한 사랑을 이루기는 결코 쉽지 않으며, 그것을 지키기는 더욱더 어려운 것이 사실이다.

한편, 사랑에 대한 삼각이론에서 보면 사랑의 강도는 삼각형의 면적으로 표현된다. 어떤 사람이 상대에게 느끼는 사랑의 강도가 클수록 그를 향한 사랑 삼각형의 면적은 넓어진다. 사랑의 3요소가 각각 강할수록 사랑 삼각형의 중심으로부터 꼭지점이 더 멀리 위치하게 된다.

그리고 사랑에 대한 삼각이론에서 보면 사랑의 균형은 삼각형의 모양으로 표현된다. 사랑의 3요소를 모두 갖춘 사랑은 기하학적인 관점에서 볼 때 정삼각형으로 표현된다.

이상의 사랑 삼각이론을 표로 정리하면 다음과 같다.

표 12-3 사랑의 유형 분류

사랑의 유형	친밀감	열정	결심/헌신
사랑하지 않음	−	−	−
좋아함	+	−	−
도취성 사랑	−	+	−
공허한 사랑	−	−	+
낭만적 사랑	+	+	−
우애적 사랑	+	−	+
얼빠진 사랑	−	+	+
성숙한 사랑	+	+	+

2) 사랑 삼각형의 다면성

사랑에 대한 삼각이론에서 보면 사랑 삼각형의 다면성에 관해서도 논의해 볼 수 있다

(1) '현실 삼각형' 대 '이상 삼각형'

사람은 사랑하는 상대에 대해서 하나의 사랑 삼각형만을 갖는 것이 아니라, 그 관계에 대한 이상적인 사랑 삼각형도 갖는 것이 일반적이다. 만약 현실 삼각형이 이상 삼각형보다 면적이 더 좁으면 덜 몰입한 상태이고, 현실 삼각형이 이상 삼각형보다 면적이 넓으면 과하게 몰입한 것이다.

(2) '자기 삼각형' 대 '상대 삼각형'

사랑 관계에서는 최소한 두 사람 이상이 관여하게 되고 각자는 자신의 사랑 삼각형을 경험하게 된다. 따라서 우리는 사랑하는 관계에서 커플 간의 사랑 삼각형을 비교해 봄으로써 그들이 잘 어울리는지의 정도를 확인할 수 있다. 상호간에 사랑 삼각형이 잘 맞지 않을수록 그 관계는 만족이 덜할 것이다.

(3) '자기가 인식한 삼각형' 대 '상대가 인식한 삼각형'

상대를 향한 자신의 사랑을 표현하는 삼각형이 그대로 상대에 의해 인식되고 있다고 보장할 수는 없다. 어떤 사랑의 관계에서는 자기가 상대를 사랑하는 만큼 상대가 사랑받는다는 느낌을 가지지 못할 수도 있다. 그러므로 자기가 경험하는 사랑 삼각형과 상대에 의해 경험되는 사랑 삼각형 간에는 차이가 있을 수 있다.

(4) '생각 삼각형' 대 '행동 삼각형'

상대에 대한 느낌을 나타내는 사랑 삼각형과 그 상대에 의해 인식되는 사랑 삼각형이 다를 수 있음을 앞에서 지적하였는데, 인식에 있어서의 이러한 불일치의 가장 큰 원천은 자기의 사랑 삼각형을 실제에서 구체적인 행동으로 표현하지 못하는 데 있다고 할 수 있다. 어떤 것을 느끼는 것과 표현하는 것은 다르다. 간혹 사랑의 3요소를 행동으로 변형시키려는 개인의 의지 부족이나 능력 결여가 사랑을 실패로 이끄는 경우도 있다. 사랑의 3요소를 구체적인 행동으로 변형시키는 것을 행동 삼각형이라고 한다.

3. 열정적인 사랑과 우애적 사랑

1) 열정적인 사랑(passionate love)

열정적인 사랑의 특징은 첫째, 당사자들이 서로에 대해 느끼는 강한 신체적 흥분이다. 이는 성적인 욕망, 있을 수 있는 거절에 대한 불안, 어떤 사람을 알게 된다는 흥분, 외부의 방해에 따른 좌절, 말다툼에서 생기는 분노 등 모두가 열정애에서 경험된 강한 정서와 관련된다. Berscheid(1983)는 정열적인 사랑의 특징으로 통제 불가능성을 들었다. 이는 혼외정사와 같이 용납될 수 없는 것으로 간주되는 행동에 빠지는 연인들을 위한 정당화를 제공해 준다. 연인들의 변명은 미처 앞뒤를 가릴 만한 겨를이 없었다는 것이다.

둘째, 상대방에 대한 강한 집착이다. 사랑하는 사람을 이상화시키고 그 사람이 모든 면에서 훌륭하고도 완전하다고 보는 경향이 있다. 열정애는 갑자기 닥치고 신속하게 사라지는 것이 일반적이다.

2) 우애적 사랑(companionate love)

자신의 생활과 깊은 연관이 있는 사람들에 대해 느끼는 애정이다. 강렬한 감정을 수반하지는 않지만 상대방에 대하여 단순한 친분 이상의 감정을 느끼고 믿음을 갖고 있고 상대방의 장점 및 단점을 인정하고 수용하며, 상대방의 필요 및 요구에 응하고 싶은 마음을 지닌 상태의 사랑이다. Kelley(1983)는 동료애는 두 사람이 만족스런 관계를 구축함에 따라 서서히 발전하며 파트너들이 자신이 동반 관계로부터 동일한 정도로 이익을 얻고 있다고 지각하는 경향이 많다고 하였다.

3) 사랑의 유형

한편 Lassqell과 Lobsenz(1980)는 사람들이 보편적으로 사랑을 정의하는 여섯 가지 유형이 있는데 사람들은 한 스타일 이상을 종합하는 방식으로 사랑을 정의할 수 있다고 하였다. 6가지 유형은 다음의 〈표 12-4〉와 같다.

표 12-4 사랑의 6가지 유형

사랑의 종류	정의	동의문항
연애 (romantic love)	사랑은 모든 것을 바치는 정서적 경험이다. 첫눈에 사랑하게 되는 것이 전형적. 신체적 매력이 필수적이다	그 사람과 손이 처음 닿는 순간에 나는 사랑이 이루어질 수 있다는 것을 알았다

사랑의 종류	정의	동의문항
소유애 (possessive love)	소유애자는 정서적으로 강렬하고 질투하고 애인에 대한 생각으로 사로잡혀 있다. 애인에게 매우 의존적이며 따라서 거절을 두려워한다. 사랑하는 이에 대한 몰두는 기쁨의 정점에서 실망의 계곡으로 신속하게 돌변한다.	나의 애인이 나에게 관심을 두지 않을 때, 나는 매우 불편함을 느낀다.
가장 친한 친구애 (best friends love)	사랑은 동료관계, 서로 함께 나누는 것 및 점차적 자기개방으로부터 서서히 생기는 편안한 친밀성. 가장 친한 친구애자는 사려성 있고, 따뜻하고, 동반자이다.	가장 훌륭한 사랑은 오랜 우정에서 생긴다.
실용애 (pragmatic love)	어울리는 짝을 구하고 관계가 잘 이루어지는가에 모든 초점이 두어지는 사랑이며 두 파트너가 사이좋고 서로의 기본적, 실제적 욕구를 충족시키는 사랑이다. 실용애자는 어울리는 상대를 고르는 데 있어 논리적으로 사려성 있고, 흥분보다는 만족을 추구한다.	당신이 어떤 애인을 고르기 이전에 당신의 인생을 주의 깊게 계획하는 것이 좋다.
이타애 (altruistic love)	무조건적으로 배려하고 제공하고 용서한다. 사랑은 아무런 조건 없이 상호성을 기대함 없이 사랑하는 이에게 주는 의무를 뜻한다. 이타애는 자기희생, 인내 및 사랑하는 이에 대한 신뢰를 통해서 표현된다.	나는 나의 애인이 바보처럼 행동할 때에라도, 어려운 시기에 나의 애인을 돕기 위해서 내 힘을 다 쏟으려 한다.
게임애 (game-playing love)	타인들이 게임을 하는 것처럼 사랑을 한다. 사랑게임을 즐기기 위해서 그리고 이기기 위해서 한다. 게임애는 전략이 중요하며 개입을 피한다. 게임을 하는 사람은 한꺼번에 몇 개의 관계들을 맺을 수 있다. 오래 지속되는 관계는 없어서 대개 사랑의 상대가 싫증나거나 너무 진지해질 때 끝장난다.	사랑하는 것이 갖는 재미의 하나는 그것을 지속시키고 동시에 그것에서 자신이 원하는 것을 얻는 자신의 기술을 테스트하는 것이다.

4) 사랑 유형 검사

다음에 제시되는 검사는 Hendrick과 Hendrick(1986)이 만든 사랑의 유형 검사이다. 각 문항을 읽고 문항 옆 빈 칸에 매우 그렇다에는 5, 대체로 그렇다에는 4, 보통이다에는 3, 대체로 그렇지 않다에는 2, 전혀 그렇지 않다에는 1을 쓰시오.

번호	점수	문항
1		우리(애인과 나)는 처음 만나자마자 곧바로 서로 끌리기 시작했다.
2		내 자신의 행복보다 나의 애인의 행복을 우선하지 않으면 나는 행복할 수 없다.
3		나는 그녀(그)와의 관계를 약간 모호한 상태로 유지하려고 노력한다.
4		나는 내가 사랑하는 사람과 언제나 좋은 친구이기를 바란다.
5		내가 사랑에 빠져있을 때는 나는 어떤 일에도 주의집중을 할 수가 없다.
6		나의 애인은 신체적인 외모(아름다움/세련됨)가 나의 이상형에 꼭 들어맞는다.
7		나의 애인이 나에게 화를 낼 때도, 나는 그녀(그)를 한없이 조건없이 사랑한다.
8		나의 애인이 나에 대해서 모르고 있는 사실이 그녀(그)에게 상처를 주지는 않을 것이라고 믿는다.
9		나는 애인을 선택하기 전에 주의 깊게 내 인생을 계획하려고 한다.
10		우리 사이에는 곧바로 신체적 반응이 일어났다.
11		나의 애인이 나에게 관심을 주지 않으면 나는 온통 아파버릴 것 같다.
12		만약에 나의 애인이 내가 다른 사람과 사귀던 일을 알게 된다면 그녀(그)는 제정신이 아닐 것이다.
13		사랑은 신비스럽고 알 수 없는 정서라기보다는, 진실로 깊은 우정이다.
14		우리의 사랑은 매우 강렬하고 만족스러웠다.
15		나의 애인이 나에게 너무 의존적이 되어 올 때면 나는 약간 뒤로 물러서고 싶어진다.
16		나의 애인이 잠시라도 나에게 무관심하면, 때때로 나는 그녀(그)의 관심을 돌리기 위해 이상한 짓을 한다.
17		애인을 선택할 때 가장 중요하게 고려하는 것은 그녀(그)가 나의 가족에게 어떤 영향을 미칠까 하는 것이다.
18		나는 여러 파트너와 사랑놀이 하기를 즐긴다.
19		우리들 사이에 어디쯤에서 우정이 끝나고 사랑이 시작되었는지를 확실히 말하기는 어렵다.
20		우리는 진실로 서로를 이해한다.
21		나는 일반적으로 나의 애인의 소망을 성취하도록 하기 위해서 내 자신의 소망을 희생하려고 한다.
22		배우자를 선택하는데 가장 중요한 요인은 그녀(그)가 좋은 부모가 될 수 있을까 하는 것이다.
23		우리는 서로를 위해 존재한다고 나는 느낀다.
24		우리들의 우정은 시간이 지남에 따라 서서히 사랑으로 발전되었다.
25		나는 애정관계를 꽤 쉽게 그리고 빨리 극복할 수 있다.
26		나의 가장 만족스러운 사랑관계는 좋은 우정으로부터 발달되었다.
27		나는 내 자신을 누군가에게 맡기기 전에 그 사람이 인생에서 무엇이 되려고 하는가를 생각한다.

번호	점수	문항
28		어려울 때는 언제나 나의 애인을 도우려고 노력한다.
29		진실한 사랑이란 먼저 돌보아 주고 싶은 마음이 있어야 한다.
30		유사한 배경을 가진 사람을 사랑하는 것이 최선이다.
31		나의 애인이 누군가와 함께 있다는 것을 상상하면 나는 견딜 수가 없다.
32		내가 가지고 있는 것은 무엇이든지 나의 애인이 마음대로 써도 좋다.
33		우리들 사이에 일이 잘 풀리지 않으면 속이 뒤집혀 소화가 안 된다.
34		나는 때때로 애인을 둘씩 사귀면서 두 사람이 서로 알지 못하도록 한 적이 있다.
35		아는 어떤 사람과 직접 사귀기 전에, 만약에 우리가 아이를 가졌을 경우 그녀(그)의 유전적 배경이 나의 것과 얼마나 적합한지를 밝혀 내려고 노력한다.
36		때때로 나는 사랑에 빠져있는 흥분 때문에 제대로 잠을 이룰 수가 없다.
37		나의 애인이 고통을 당하도록 내버려 두는 것보다는 차라리 내가 고통을 당하겠다.
38		배우자를 선택할 때 한 가지 고려하는 점은 그녀(그)가 내 이력에 어떤 영향을 미칠까 하는 것이다.
39		우리는 상당히 빠른 속도로 정서적으로 휘말려들게 되었다.
40		최선의 사랑은 오랜 우정으로부터 나온다.
41		나의 애정관계가 깨지면, 나는 우울증에 빠져들어 자살하고 싶은 생각까지 든다.
42		나는 나의 사랑하는 사람을 위해서라면 모든 것을 참고 견디겠다.

[채점방법]

다음 문항 번호에 따라 점수를 합산하시오. 7개 문항의 합계가 가장 높은 것이 당신의 사랑 유형의 대표적인 것이고, 차점은 두 번째로 해당하는 유형이 됨.

[사랑의 유형]

낭만적 : 1, 6, 10, 14, 20, 23, 39

유희적 : 3, 8, 12, 15, 18, 25, 34

우정과 같은 사랑 : 4, 13, 19, 24, 26, 29, 40

실용적 : 9, 17, 22, 27, 30, 35, 38

소유-의존적 : 5, 11, 16, 31, 33, 36, 41

헌신적 : 2, 7, 21, 28, 32, 37, 42

제 13 장

인간관계의 평가와 적절한 인간관계

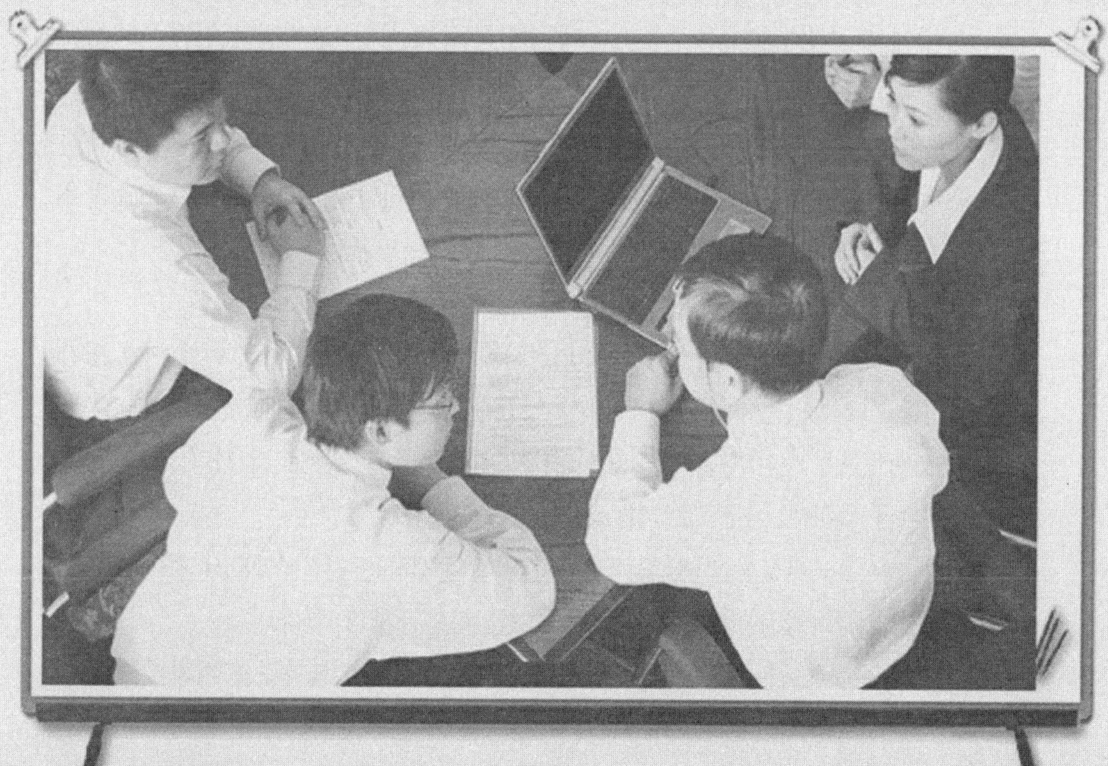

1. 인간관계의 평가준거
2. 인간관계 적절성 평가준거

1. 인간관계의 평가준거

인간관계 적절성의 평가준거는 여러 학자들이 제시하고 있는 인간관계의 평가준거 중에서 인간관계의 목적과 기능에 부합하고, 정상인 및 적절한 인간의 특성에 포함되는 요소들로 확정되었다. 따라서 우선 인간관계의 평가준거가 될만한 제학자들의 견해를 살펴보고 이를 수합하고, 상호 관련성을 분석하여 인간관계의 목적과 기능, 정상인 및 적절한 인간의 특성에 비추어 타당하다고 인정되는 요소들을 추출하여 적절한 인간관계 평가모형과 검사지를 만들었다.

Bennis와 그의 동료들은 네 가지 인간관계의 유형들을 설정하고 이에 따른 평가준거를 정리하였는데, 우선 네 가지 인간관계의 유형을 살펴보면 다음과 같다.

- Type A : 자신의 만족을 충족시키기 위해 형성된 관계로서 사랑, 우정 등이 이에 속하며 이를 '표현적-정서적 관계'라 한다.
- Type B : 현실성(reality)을 구축하기 위해 존재하는 인간관계로서 자아에 관한 것과 사회에 관한 것이 있으며, 이를 '확인관계'라 한다.
- Type C : 이는 양자 간에 어떤 변화를 일으키거나 영향력을 미치거나 하기 위해 형성되는 관계로서 '변화와 영향력의 관계'라 한다.
- Type D : 이는 어떤 목적, 또는 과업을 달성하기 위해 형성되는 관계로 이를 '도구적 관계'라 한다.

이러한 네 가지 인간관계 유형의 내용과 이에 따른 좋고, 나쁜 관계의 준거와 결과를 요약한 것이 〈표 13-1〉이다.

표 13-1 인간관계 평가준거

	(1) 대인적 상호작용의 내용	(2) 좋은 관계의 기준	(3) 좋은 관계의 결과	(4) 나쁜 관계의 결과
Type A 표현적-정서적 관계	느낌	상호간의 만족	결속	소외 반대감정 병존 (예: 애증, 적의)
Type B 확인관계	자신에 관한 정보 1) 대인적인 feedback, 즉 반사된 평가 환경에 관한 정보 2) 상황 규정	1) 확인 2) 총의, 또는 합의	1) 통합된 주체의식, 자아실현, 현실에 대한 합의 2) 인지적 정통 현실에 대한 합의	1) 불확정성 2) 일탈
Type C 변화와 영향력의 관계	추구하는 목표에 대한 정보교환 및 달성하고자 하는 목표로의 전진	추구하는 변화	성장 목적달성 내면화	저항 계속되는 의존관계
Type D 도구적 관계	과업에 대한 정보	생산성 창조성	유능 산출	부적합 낮은 산출

Type A의 표현적-정서적 관계는 '느낌'이 중요하고, 상호간의 만족이 좋은 관계의 기준이 되며 '결속'이 좋은 관계의 결과이다. 애인이나 친구간의 관계가 주로 이 타입에 속하는 것으로 볼 수 있다. Type C의 '변화와 영향력의 관계'는 교사와 학생간의 관계를 설정해 볼 수 있다. 교사는 학생들을 변화시킴으로써 그들을 성장시키는 것이 의무이며, 이에 저항하거나 계속 의존적인 학생의 태도는 나쁜 관계의 결과로 볼 수 있을 것이다.

2. 인간관계 적절성 평가준거

① 타인의 독립성, 평등성, 가치 인정, 타인의 능력 믿음, 타인 신뢰, 타인에 대한 폭 넓은 동일시

② 경험의 개방성(정확하고 효율적인 지각), 편견 및 선입견의 적음

③ 자기폭로(솔직성), 경청의 정도, 감정 전달 및 이입, 표현의 명쾌

④ 비평가적 태도, 타인의 지각의 세계 이해, 우호, 동정, 애정의 수용 및 표현, 심리적 자유

⑤ 과업 지향적, 생산적, 상호 성장, 이타적, 자아실현

⑥ PAC관계의 탁월, 소속감의 정도, 소속 잡단에서의 역할

⑦ 독립적, 솔선적, 자발적 관계

⑧ 주체적, 실존에 대한 책임, 생의 의미추구, 긍정적 자아

이를 기초로 인간관계 적절성 검사의 체계를 표로 요약하면 다음과 같다.

표 13-2 인간관계 적절성 검사의 영역 및 내용

영역	하위 영역(요인)	내용	문항수
지각관계 영역	대인지각(PO)	타인의 독립성, 평등성, 가치 인정, 타인의 능력 믿음, 타인 신뢰, 타인에 대한 폭넓은 동일시	8
	경험에 대한 지각(PE)	경험의 개방성(정확하고 효율적인 지각), 편견 및 선입견의 적음	8
표현 · 정서적 관계	의사소통(CO)	자기노출(솔직성), 경청의 정도, 감정전달 및 이입, 표현의 명쾌	8
	수용적 · 허용적 관계(AP)	비평가적 태도, 타인의 지각의 세계 이해, 우호, 동정, 애정의 수용 및 표현, 심리적 자유	8

역할관계 영역	변화와 영향력 (CH)	과업지향적, 생산적, 상호 성장, 이타적, 자아 실현	8
	역할의 다능성 (RV)	PAC관계의 탁월, 소속감의 정도, 소속집단에서의 역할의 다능성	8
자율 · 통정 곤계영역	자율 · 자발적 관계(SA)	솔선적, 자발적, 자율적 관계	8
	통합된 삶의 철학(IP)	주체적, 실존에 대한 책임, 생의 의미추구, 통정(統整)적 관계	8
합계			64

* PAC 관계 : Parent, Adult, Child의 관계.

인간관계 적절성 검사

강원대학교 교육학과 안범희

<일러두기>

본 검사는 여러분의 인간관계가 어느 정도 적절한가를 알아보는 검사입니다. 솔직한 답변을 토대로 자신의 인간관계가 어느 정도 위치에 있는가, 개선할 점은 무엇인가를 알아보는 일은 앞으로 여러분의 생활에 큰 도움이 될 것입니다. 각 문항을 읽고 별도 답지의 기입 요령에 따라 솔직하고 성실하게 답변해 주시기 바랍니다.

1. 사람들은 저마다 어느 정도 남과 다른 특성을 지니고 있다.

2. 어떤 사람에 대해 한번 내린 평가는 좀처럼 변하지 않는다.

3. 나는 내가 느끼는 바를 상대방에게 스스럼없이 이야기한다.

4. 나는 타인의 객관적인 칭찬이나 충고, 비판 등을 기꺼이 받아들인다.

5. 나는 동료와 어떤 일을 같이 하는 경우 결과에 대해 서로 만족한다.

6. 나는 나의 동료들과 대등한 입장에서 활동한다.

7. 나는 여러 사람이 모인 자리에서 어색함을 느낀다.

8. 인생은 살만한 가치가 있다고 생각한다.

9. 사람은 누구나 자기 나름대로 장점을 지니고 있다.

10. 나는 사물이나 사건을 있는 그대로만 볼 뿐 나에게 유리하게 해석하지 않는다.

11. 나는 대화를 나눌 때 상대방의 느낌에 적지 않이 유의한다.

12. 나는 상대방의 입장에 서서 그를 이해하고자 한다.

13. 내 동료들은 나의 능력을 과소평가하는 것 같다.

14. 나는 학식이나 덕망이 높은 사람의 말을 신용한다.

15. 자신과 관련된 문제에 대해 결정을 내리는 일이 부담스럽다.

16. 나는 사회에 무엇인가 기여할 것으로 (또는 기여하고 있다고) 믿고 있다.

17. 사람들은 누구나 이 세상에 존재할 만한 이유와 가치가 있다.

18. 나는 이상(理想)이나 양심에 어긋난 행동을 하면 오랫동안 심한 죄의식으로 고통받는다.

19. 나는 상대방이 대화 중에 말하지 않은 사실도 헤아려 알 수 있다.

20. 나는 타인이 베푸는 호의를 기꺼이 받아들일 수 있다.

21. 나의 부모님은 나의 의견을 잘 받아들이는 편이다.

22. 나는 내가 속한 집단(학교, 가정, 사회 등)에 긍지를 느낀다.

23. 나는 어떤 사람을 처음 만나는 것이 부담스럽지 않다.

24. 어떤 목적이나 규칙, 규범보다는 인간 자체가 존중되어야 한다.

25. 사람은 태어나면서부터 누구나 평등한 존재라고 믿는다.

26. 나는 나와 취미나 성격이 맞는 사람하고만 사귀고 있다.

27. 나는 창피하다거나 비굴하다는 느낌, 두려움없이 내 생각이나 느낌을 상대방에게 말할 수 있다.

28. 상대방이 내 도움을 필요로 하는 경우, 다소 궂은 일이라도 기꺼이 도와준다.

29. 나의 성격이나 태도, 대인관계 등은 특별히 변화의 필요성을 느끼지 않는다.

30. 나는 상대방의 연령이나 지위에 맞추어 그에 합당한 처신을 할 수 있다.

31. 나는 누구의 지시를 받는 일보다는 자발적으로 일하길 좋아한다.

32. 목적을 달성하는 것도 중요하지만, 그 과정(過程)도 이에 못지않게 중요하다고 생각한다.

33. 사람들은 스스로 자신의 일을 해결할 수 있는 능력을 지니고 있다.

34. 나는 어떠한 경험이든 많이 하고자 한다.

35. 나는 상대방과의 대화할 때 딴전을 부리거나 내 할 일을 하면서 이야기를 들을 때가 있다.

36. 남으로부터 충고나 지적을 받으면 오랫동안 마음이 언짢다.

37. 부모님이 내게 요구하는 일은 대개 합당한 일이다.

38. 내가 맡은 일은 대개 무리 없이 수행한다.

39. 나는 상대방이 독자적으로 행동하는 것을 허용할 수 있다.

40. 내 생활은 어떤 목적 하에 일관성 있게 진행되고 있으며, 내 인생은 내가 책임져야 한다.

41. 나는 타인의 성장 가능성을 믿는다.

42. 나는 내가 한 일을 객관적으로 평가를 할 수 있다.

43. 나에게 호의적인 사람에게 나의 체험이나 느낌을 솔직하게 이야기할 수 있다.

44. 나는 타인이 지닌 가치와 태도가 나와 다르다고 해서 이상하게 여기거나 싫어하지는 않는다.

45. 나는 쉬운 일보다 어렵고 복잡한 일에 더 매력을 느낀다.

46. 내가 소속된 집단의 행사에는 기꺼이 참여한다.

47. 나는 남으로부터 책임감이 강하다는 말을 자주 듣는 편이다.

48. 어떤 일을 수행함에 있어서 타인과 격리되기보다는 더불어 하기를 좋아한다.

49. 자신에게 해를 끼치지 않는 한 사람들은 누구나 우호적이다.

50. 나는 동료들과 비교해 볼 때 융통성이 많은 편이다.

51. 나는 나 자신에 대해 잘 알고 있으며, 동료들도 나에 대해 잘 알고 있다.

52. 나와 비슷한 입장에 있던 동료가 잘되면 은근히 질투심이 생긴다.

53. 나는 언젠가는 내가 꼭 하고 싶은 일을 할 수 있을 것으로 생각한다.

54. 나는 상대방을 지배하기보다는 동등한 입장에서 참여하고자 한다.

55. 나는 어떤 일을 솔선하여 하길 좋아한다.

56. 나는 나의 행동이 상대방에게 부담을 주지 않도록 주의한다.

57. 대부분의 사람들은 근본적으로 선하고 친절하다.

58. 꽤 오래 전에 겪은 불쾌한 경험이 이따금 마음에 걸린다.

59. 상대방과 대화를 할 때 표정이 자연스럽지 않거나 말이 잘 안나오는 등 부자연스러운 경우가 있다.

60. 나는 동료가 느끼는 지각의 세계 및 의미의 세계로 들어갈 수 있으며, 동료가 하는 행동을 충분히 이해할 수 있다.

61. 책을 읽으면 무언가 새로운 생각이나 느낌을 갖게 된다.

62. 내가 속한 집단 성원과 만족스러운 관계를 맺고 있다.

63. 나는 새로 알게 된 사람에게 호의를 베풀기 좋아한다.

64. 나는 나보다 어린 사람을 대하게 되면 그들에게 무언가 도움을 주고 싶은 생각이 든다.

〈인간관계 적절성 검사 답지〉

기입요령

- '언제나 그렇다(또는 그렇다고 생각한다)'에는 5
- '대체로 그렇다(또는 그렇다고 생각한다)'에는 4
- '그럴 때도 있고 그렇지 않을 때도 있다'에는 3
- '대체로 그렇지 않다'에는 2
- '그런 경우가 거의 없다.'에는 1을 쓰시오.

이름 : ____________________ 성 별 : 남, 여

______________과 ________년 _______세

성장지 : 대도시, 중 · 소도시, 농촌

PO	PE	CO	AP	CH	RV	SA	IP	
1) ____	2) ____	3) ____	4) ____	5) ____	6) ____	7) ____	8) ____	
9) ____	10) ____	11) ____	12) ____	13) ____	14) ____	15) ____	16) ____	
17) ____	18) ____	19) ____	20) ____	21) ____	22) ____	23) ____	24) ____	
25) ____	26) ____	27) ____	28) ____	29) ____	30) ____	31) ____	32) ____	
33) ____	34) ____	35) ____	36) ____	37) ____	38) ____	39) ____	40) ____	
41) ____	42) ____	43) ____	44) ____	45) ____	46) ____	47) ____	48) ____	
49) ____	50) ____	51) ____	52) ____	53) ____	54) ____	55) ____	56) ____	
57) ____	58) ____	59) ____	60) ____	61) ____	62) ____	63) ____	64) ____	
								총점

채점방법

〈역순 채점 문항 번호〉

우선 다음의 번호의 문항은 5를 1로, 4를 2로──1을 5로 교정한다(부정 문항).

2/7/13/15/18/26/29/35/36/52/58/59계 12문항

답지의 세로 방향으로 채점한다. 즉 PO(대인지각)의 합계 점수는 1/9/17/25/33/41/49/57 등 8개 문항 점수의 합이다. 같은 이치로 PE(경험에 대한 지각)는 2/10/18/26/34/42/50/58 번 문항 점수의 합계가 된다.

두 점수를 합치면 '지각관계 영역'의 점수가 된다. 해석은 8가지 하위영역별로 해도 되고 4가지 영역별로 해도 된다.

참고 문헌

구본용(1991). 고독한 사람들의 대인관계 특성. 한양대학교 대학원 박사학위 논문.

김혜숙(1993). 신체매력이 대인지각과 인상평정에 미치는 영향. **한국심리학회지 : 사회, 7**(2), 46-62.

박연호(1985). **교사와 인간관계론**. 서울 : 법문사.

박영신(1987). "성취동기에 대한 귀인이론적 해석의 타당성에 관한 인과분석", **교육평가연구, 2**(1), 37-76.

안범희(1993). **학교학습심리학**. 서울 : 하우.

안범희(2009). **성격심리학**. 서울 : 도서출판 하우.

오석홍(2005). **조직이론**. 서울 : 박영사.

이상로(1984). **한국인의 인간관계, 한국인의 인간관계 개관**, 7-8. 한국심리학회 연차대회 심포지움.

이현수(2002). **이상행동의 심리학**. 서울 : 대왕사.

조성일 · 신재흡(2006). **교육조직 행위론의 탐구**. 서울 : 동문사.

최정윤 · 박경 · 서혜희(2006). **이상심리학**. 서울 : 학지사.

한규석(2006). **사회심리학의 이해**. 서울: 학지사.

홍성열(2008). **사회심리학**. 서울 : 시그마프레스.

Abramson, L. Y., Seligman, M. E. P., & Teadale, J. D. (1978). Learned helplessness in humans : Critique and reformulation. *Journal of Abnormal Psychology, 87,* 49-74.

Ajzen, I., & Fishbein, M. (1977). Attitude-behavior relations : A theoretical analysis and review of empirical research. *Psychological Bulletin, 84,* 888-918.

Alden, L. E., & Capreol, M. J. (1993). Avoidant personality disorder : Interpersonal problems as predicters of tretment response. *Behavior Therapy, 24,* 357-376.

Alderfer, C. P. (1969). An empirical test of a new theory of human needs. *Organizational Behavior and Human Performance, 4*(2), 142-175.

Anderson, N. H. (1968). Application of linear-serial model to personality-impression task using special presentation. *Journal of Personality and Social Psyhcology, 10.* 354-362.

Andrew, G. R., & Debus, R. L. (1978). Persistence and the casual perception of failur e : Modifying cognitive attributions. *Journal of Educational Psychology, 70,* 154-166.

Andrews, J. D. W. (1984). Psychotherapy with the hysterical personality : An interpersonal approach. *Psychiatry, 47,* 211-232.

Argyle. (1986). Rules for social relationships in four cultures. *Austrlian Journal of Psychology, 38,* 309-318.

Asch, S. E. (1946). Forming impressions of personality. *Journal of Abnormal and Social Psychology, 41,* 258-290.

Ashton, M. C. (2007). *Individual differences and personality.* Bulligton, MA : Elsevier Academic Press.

Atkinson, J. (1965). The mainsprings of achievement oriented activity, In J. D. Krumboltz(Ed.). *Learning and the Educational Process.* Skokie, I11 : Rand McNally, pp. 25-66.

Axtell, R. E. (1993). *Do's and taboos around the world* (3rd ed.). New York : Wiley.

Barker, H. K., & Philip, L. M. (1984). Two goals in every performance appraisa, *Personnel Journal,* September. 74-78.

Bar-Tar, D. & Bar-Zohar, Y. (1977). The relationship between perception of locus of control and academic achievement. *Contemporary Educational Psychology, 2,* 181-199.

Baxter, L. A. (1983). Relationship disengagement : An examination of the reversal hypothesis. *Western Journal of Speech Communication, 47,* 85-98.

Baxter, L. A. (1990). Dialectical contradictions in relationship development. *Journal of Social and Personal Relationships, 7,* 69-88.

Beer, M. (1987). Performance appraisal, In. J. W. Lorsch(Ed.). *Handbook of organizational behavior.* Englewood Cliffs, NJ : Prentice-Hall, 286-300.

Benjamin, L. S. (1979). Use of structural analysis of social behavior(SASB) and markov chains to study dyadic interations. *Journal of Abnormal Psychology, 88,* 303-319.

Bennis, W. G., Berlew, D, E., Schein, E. H., & Steele, F. I. (1973). *Interpersonal dynamics*(3rd ed.). Homewood, IL : The Dorsey Press.

Berger, E. M. (1952). The relation between expressed acceptance of self and expressed acceptance of others. *Journal of Abnormal and Social Psychology, 47,* 778-792.

Berkman, L., & Syme, S. (1979). Social networks, host resistance, and mortality : A nine-year follow up study of Alameda County residences. *American Journal of Epidemiology, 109,* 186-204.

Berman, J., Murphy-Berman, V., & Singh, P. (1985). Cross-cultural similarities and differences in perception of fairness. *Journal of Cross-Cultural Psychology, 16,* 55-67.

Berne, E. (1964). *Games people play.* New York : Grove Press.

Birchnell, J. (1987). Attachment-detachment, directiveness-receptiveness : A system for classifying interpersonal attitudes and behavior. *British Journal of Medical Psychology, 60,* 17-27.

Bornstein, R. F. (1993). *The dependent personality.* New York : Guilford.

Bowlby, J. (1969). *Attachment.* New York : Basic Books.

Breger, L. (1974). From instinct to identity. Englewood Cliffs, NJ: Prentice-Hall.

Brody, G. H. Stoneman, Z., & McCoy, J. K. (1994). Forecasting sibling relationships in early adolescence from child temperament and family processes in middle childhood. *Child Development, 65,* 771-784.

Bruke, J. R. Wettzel, R. J. &Weir. T. (1978). Characteristics of effective employee perforfomance review and development interviews: replication and extension, *Personnel Psychology*, Winter 903-919.

Bruno, F. J. (1997). *Human adjustment and personal growth.* New York : John Wiley and Sons.

Burgoon, J. K. Buller, D. B., & Woodall, W. G. (1996). Nonver communication : The unspoken dialogue. 2nd. ed. New York : McGraw-Hill.

Buss, A. H. (1995). Personality : temperament, social behavior, and the self. Needham Heights, MA: Allyn & Bacon.

Caldwell, M., & Peplau, L. (1982). Sex differences in same-sex friendship. *Sex Roles, 8,* 721-732.

Campbell, J. D. (1990). Self-esteem and clarity of the self concept. *Journal of Personality and Social Psychology, 59,* 538-549.

Chaikin, A., & Derlega, V. (1974). Liking for the norm breaker in self-disclosure. *Journal of Personality, 42,* 117-129.

Coleman, P. (2002). *How to say it for couples: Communicating with tenderness, opennes, and honesty.* Paramus. NJ : Prentice-Hall.

Covington, M. Y., & Omelich, C. L. (1979). Effort : The double edged sword in school achievement, *Journal of Educational Psychology, 71,* 169-182.

Dembo, M. H. (1977). *Teaching for learning,* Santamonica, CA : Good Year Publishing Co.

Devito, J. A. (2009). *Human Communication* (11th. ed.). Boston, MA : Pearson Education, Inc.

Dresser, N. (1996). *Multiculcultural manners : New rules of etiquette for a changing society.* New York : Willey.

Dweck, C. S. (1975). The role of expectations and attributions in the alleviation of learned helplessness. *Journal of Personality and Social Psychology, 31,* 674-685.

Ellis, A. Intimacy in psychotherapy, *Rational Living, 12*(2), 13-19.

Ellis, A., Gorden, J., Neenan, M., & Parmer, S.(1997). *Stress counselling.* London : Cassell.

Erikson, E. (1963). *Childhood and society.* 2nd. ed., New York : Norton.

Erikson, E. (1968). *Identity youth and crisis.* New york: Norton.

Erikson, E. (1982). *The life cycle completed.* NY: W. W. Norton & Company Inc.

Evans III, F. B. (1996). *Harry Stack Sullivan : Interpersonal Theory and Psychotherapy.* London : Routledge. 109-116.

Felker, D. W. (1974). *Building positive self-concept.* Burgess Publishing Co. 김기정 역(1987). 긍정적 자아개념의 형성. 서울 : 문음사.

Festinger, L. (1957). *A theory of cognitive dissonance.* Evanston. IL : Row & Peterson.

Fishbein, M., & Ajzen, I. (1975). *Belief, attitude, intention and behavior.* Reading, MA : Addison Wesley Publishing Co.

Flecher, C. (1986). The effects of perfomance review in appraisal : Evidence and implications, *Journal of Management Development, 5*(3), 3-12.

Franken, R. E. (2007). Human motivation. 6th ed,. Belmont. CA : Thomson Wadsworth.

Fraser, C. O. (2000). The social goals of excuse. self serving attributions or politiness strategies. *Journal of Applied Social Psychology. 30*(March), 599-611.

Fromm, E. (1947). *Man for himself.* NY : Holt, Rinehart and Winston.

Fromm, E. (1955). *The sane society.* NY : Holt, Rinehart and Winston.

Fromm. E. (1964). *Escape from freedom.* New York : Rinehart.

Galvin, K., Bylund, C. & Brommel, B. J. (2007). *Family communication : cohesion and change*(6th ed.). Boston : Allyn & Bacon.

Getzels, J. W. & Guba. E. G. (1957). Social behavior and the administrative pross, *The School Review, 65*(4). 429.

Good, T. L., & Brophy, J. E. (1984). *Looking in the classrooms*(3rd ed.). NY : Harper & Row.

Goode. E. (2003 September 2). Power of positive thinking may have a health benefit, study says. *New York Times.* 5.

Gordon, D. A. (1977). Children's beliefs in internal - external control and self esteem as related to academic achievement. *Journal of Personality Assessment, 41,* 383-386.

Green, S. K., Buchanan, D. R., & Heuer, S. K. (1984). Winners, losers, and choosers : A field investigation of dating initiation. *Personality and Social Psychology Bulletin, 10,* 502-522.

Hackert, H. (1981). blabbermouths and clams : Sex differences in self-dislouse in same-sex and cross-sex friendship dyds. *Psychology of Women Quarterly. 5,* 385-401.

Haimes, E. (1987). "Now I know who I really am" : identity change and redefinitions of the self in adoption. In T. Honess & K. Yardley (Eds.). Self and identity (pp. 359-371). London: Routledge & Kagan Paul.

Hall, C. S. & Lindzey, G. (1978). *Theories of personality* (3r. ed.). NY : John Wiley & Sons.

Hall, E. T., & Hall, M. R. (1987). *Hidden difference : Doing buisiness with the Japanese.* New York : Doubleday.

Halmari, H. (1995). The organization of episode structure in Finish/Finish and Finish/Anglo-American business telephone conversations. An intercultural perspective. ERIC Clearinghouse.

Hamachek, D. (1995). *Psychology in teaching, learning, and growth.* Boston. Allyn & Bacon.

Hamilton, D. L., & Zanna, M. P. (1972). Differential weighting favorable and unfavorable attributes in impressions of personality. *Journal of Experimental Reserch in Personality, 6,* 201-212.

Harris, T. A. (1968). *I'm OK-You're OK.* New York : Harper & Row, Publishers.

Harter, S. (1986). Pross underlying the construction, maintenance and enhancement of the self-concept in children. In J. Suis & A. C. Greenwald (Eds.). *Psychological Perspectives on the self* (Vol. 3. pp. 137-181). Hillsade, NJ : Lawrence Erlbaum Associate, Inc.

Heider, F. (1964). *The psychology of interpersonal relations.* NY : John Wiley & Sons.

Herzberg, F., Mausner, B., & Snyderman, B. B. (1959). *The motivation to work.* New York : Wiley.

Horney, K. (1937). *The neurotic personality of ourtime.* New York : Norton.

Horney, K. (1945). *Our inner confricts.* New York. Norton.

Horney. K. (1970). *Self analysis.* London : Routredge & Kegan Paul.

Hull, C. L. (1952). *A behavior system,* New Haven, CO : Yale University Press.

Hultman, K. E. (1981). Gaining and keeping management support. *Training and Develoment Journal,* April 1981, 106-110.

Jourard, S. M. (1963). *Personal Adjustment* (2nd ed.). New York : The Macmillan Company.

Jourard, S. M. (1971). *Self- disclosure.* NY : John Wiley & Sons.

Kauffman, J. M., Mostert, M. P., Trent, S. C., & Pullen, P. L. (2006). *Managing classroom behavior*(4th ed.). MA : Pearson Education, Inc.

Kernis, M. H., & Wheeler, L. (1981). Beautiful friends and ugly strangers : Radiation and contrast effects in perception of same-sex pairs. *Personality and Social Psychology Bullentin, 7,* 617-620.

King, D. B., Viney, W., & Woody, (2007). *A History of Psychology : Ideas and Context.*

Addison-Wesley.

Knapp, M. L., & Vangelisti, A. L. (2005). *Interpersonal ommunication and human relationships*(5th ed.). Boston, MA : Allyn & Bacon.

Lamberton, L. H. & Minor, L. (2014). Human relations strategies for success. 15th. ed. New York : McGraw-Hll Education.

Lasswell, M., & Lobsenz, N. M. (1980). *Styles of loving.* New York : Ballatine Books.

Latham, G. P., & Locke, E. A. (1979). Goal setting- A motivational technique that works. *Organizational Dynamics,* Autumn, 68-80.

Lawless, D. J. (1972). *Effective management.* Upper Saddle River, NJ : Prentice-Hall.

Leary, T. (1957). *Interpersonal diagnosis of personality.* New York : The Ronald Press Co.

Lederer, W. J. (1984). *Creating a good relationship.* New York : Norton.

Lemert, E. M. (1962). Paranoia and the dynamics of exclusion. *Sociometry, 25,* 2-20.

Levinger, G., & Snoek, J. G. (1972). Attraction in relationship : A new look at interpersonal attraction. Morris Town, NJ : General Learning Press.

Longo, N. S. (1999). The relationship between identity style and self-regulated learning. Unpublished doctoral dissertation, University of Southern California.

Luft, J. (1970). *Group Processes.* Palo Alto, CA : National Press Books.

MaQsud, M. (1983). Relationship of control to self esteem, academic achievement, and predication of performance among Nige an secondary school pupils, *British Journal of Educational Psychology, 53,* 215-221.

Marsh, H. W. & Shavelson. R. (1985). Self-concept : its multifaceted hierachical structure. *Educational Psychologist, 20,* 107-123.

Martin, M. M. & Rubin, R. B. (1994). Development of a communication flexibility measure. *The Southern Communication Journal, 59,* 171-178.

Martin, M., & Stang, D. (1978). The pollyanna principle : seletivity in language, memory, and thought. Cambridge, MA : Schenkman.

Maslow, A. H. (1968). *Toward a psychology of being* (2nd. ed.). NY : Van Nostrand.

Maslow, A. H. (1970). *Motivation and personality* (2nd ed.). NewYork : Harper & Row Publishers.

McCaulley, M. H. (1985). *Theory, psychometrics, application.* Palo Alto, CA : Consulting Psychologists Press. Inc.

McCleland, D. C. (1961). *The achieving society.* New York : The Free Press.

McGregor, D. (1960). *The human side of enterprise.* New York : McGraw-Hill.

McGregor, D. (1967). Hot stove rules of discipline, In G. Strauss and L. Sayles (Eds.). Personnel : The human problems of management. Englewood Cliffs, NJ : Prentice-Hall.

Medway, F. J., & Vennio, G. R. (1982). The effects of effort feedback and performance patterns on children's attribution and task persistence. *Contemporary Educational Psychology, 7,* 26-34.

Murray, C., & Greenberg, M. T. (2006). Examining the importance of social relationships and social contexts in the lives of children with high-incidence disability. *The Journal of Special Education, 39*(4), 220-233.

Murry, H. A. (1962). *Explorations in Personality.* New York : Science Editions.

Noller, P., & Fitzpatrick, M. A. (1993). *Communication in family relationships.* Engleewood Cliffs, NJ : Prentice-Hall.

Orlofsky, J. L., Marcia, J. E., & Lesser, I. M. (1973). Ego identity status and the Intimacy versus isolation crisis of young adulthood. *Journal of Personality and Social Psychology, 27.* 211-219.

Osgood, A. F, Suci, G. J., & Tannenbaum, P. S. (1957). *The Measurement of meaning.* Urbana, Il : University of Illinois Press.

Ouchi, W. G. (1981). *Theory Z.* Cambridge, MA : Addison- Wesley.

Pavett, C. M., & Alan, W. L. (1983). Managerial work : The influence of hierarchical level and functional speciality. *Academy of Management Journal, March,* 170-177.

Perlman, D., & Oskamp, S. (1971). The effects of picture content and exposure frequency on *evaluations of Negroes and whites. Journal of Experimental Social Psychology, 7,* 503-514.

Pornpitakpan, C. (2003). The effect of personality traits and perceived cultural similarity on attraction. *Journal of International Consumer Marketing, 15,* 5-30.

Purkey, W. W. (1970). *Self concept and school achievements.* (안범희 역, 1985), 자아개념과 교육. 서울 : 문음사.

Reece, B. A. (2011). *Human Relations,* 11th. ed. South-Western Cengage Learning.

Robbins, S. P. (1989). *Training in interpersonal skills,* Englewood Cliffs, NJ : Prentice-Hall, Inc.

Robbins, S. P, & Hunsaker, P. L. (2003). *Training in interpersonal skills* (3rd ed.).

Englewood Cliffs, NJ : Prentice-Hall, Inc.

Rogers, C., & Fason, R. (1981). Active listening. In J. A. Devito(Ed.), *Communication : Concepts and processes* (3rd ed., pp. 137-147). Englewood Cliffs, NJ : Prentice-Hall.

Rogers. C. R. (1961). *On becoming a person.* Boston : Houghton Mifflin Co.

Rosenberg, S., Nelson, C., & Vivekananthan, P. S. (1968). A multidimensional approach to the structure of personality impressions. *Journal of Personalty and Social Psychology. 9,* 283-294.

Rosental, R., & Jacobson, L. (1968). *Pygmalion in the classroom.* NY : Holt, Rinehart & Winston.

Rotter, J. B. (1966). Generalized expectancies for internal vs external control of reinforcement. *Psychological Monographs, 80,* 1-28.

Sabatelli, R. M., & Pearce, J. (1986). Exploring marital expectations. *Journal of Social and Personal Relationships, 5,* 387-403.

Sanford, A. D. (1973). *Human relations.* Columbus, OH : Chales E. Merrill Publishing Co.

Snyder, C. R. (1984). Excuses, excuces. *Psychology Today. 18,* 50-55.

Sternberg, R. J. (1986). A trianglular theory of love. *Psychological Review, 93, 119-135.*

Sternberg, R. J. (1998). *Cupid's Arrow.* Cambridge University Press.

Sullivan, H. S. (1946). *Concept of Modern Psychiatry.* The first William Alanson White Memorial Lectures.

Sullivan, H. S. (1953). *The Interpersonal theory of psychiatry.* NY : W. W. Norton.

Tang, S., & Zuo, J. (2000). Dating attitudes and behaviors of American and Chinese college students. *The Social Science Journal, 37,* 67-78.

Thibaut. J. W., & Kelly, H. H. (1986). *The social psychology of groups.* New Brunswick, NJ : Transaction.

Ting-Toomey, S. (1985). Toward a theory of conflict culture. *International and intercultural Communication Anual. 9,* 71-86.

Tolman, E. C. (1959). Principles of purpose behavior, In S. Koch, (Ed.), *Psychology : A Study of a Science.* Vol. 2. New York : McGraw -Hill.

Verderver, K. S., & Verderver, R. F. (1986). *Inter-Act : Using interpersonal communication Skills* (4th ed.). Belmont, CA : Wadsworth.

Weiner, B. & Kukla, A. (1970). An attributional analysis of achievement motivation, *Journal of Personality & Social Psychology, 15*, 1-20.

Weiner, B. (1979). A theory of motivation for some classroom experiences. *Journal of Educational Psychology, 71,* 3-25.

Weiner, B. (1985). An attributional theory of achievement motivation and emotions, *Psychological Review. 92*(4), 548-573.

Wigfield, A. & Karpathian. M. (1991). Who am I and What can I do? Children's self-concept and motivation in achievement situations. *Educational Psychologist, 26,* 233-261.

Witt, P. L., & Wheeless, L. R. (2001). An experimental study of teachers' verbal and nonverbal immediacy and students' affective and cognitive learning. *Communication Education. 50,* 327-342.

Woolfock, A. E. (1990). *Educational psychology*(4th ed.). Englewood Cliffs, NJ : Prentice Hall.

Zanna, M. P., & Hamilton, D. L. (1977). Further evidence for meaning change in impression formation. *Journal of Experimental Social Psychology. 13,* 224-238.

찾아보기

내용

인명

저자 소개

안범희(安凡熙)

강원대학교 사범대학 영어교육과 졸업
연세대학교 대학원 교육학과 석사과정 및 박사과정 졸업
(교육학박사 : 교육심리전공)
미국 피츠버그대학/오클라호마 주립대학 객원교수
강원대학교 : 학생생활 연구소장, 홍보실장, 교사교육원장, 교육연구소장.
사범대학장/교육대학원장 역임
현, 강원대학교 교육학과 교수

〈저 · 역서〉

교육원리(공저). 강원대학교 출판부(1982).
자아개념과 교육(역). 문음사(1985).
인본주의와 행동주의(공역). 중앙적성출판부(1985).
한국사회의 이해II(공저). 강원대학교 출판부(1986).
교육민주화: 발전적 시론(편). 강원대학교 출판부(1989).
학교학습심리학. 도서출판 하우(1993).
교육학개론(공저). 도서출판 하우(1996).
삶의 문제와 적응의 심리학(공저). 법문사(1997).
교육심리학(공저). 교육과학사(1998).
성격심리학. 도서출판 하우(2000). 개정판(2007).
강원교육과 인재양성(공저). 한울 아카데미(2001).
학습이론 및 심리. 도서출판 하우(2007).
심리학사: 사상과 맥락(공역). 교육과학사(2009).
(2010년도 대한민국학술원 기초학문육성 "우수학술도서" 선정)
대인관계론. 태영출판사(2010).

인간관계론

초판인쇄 2015년 8월 20일
초판발행 2015년 8월 25일

저 자 안 범 희
발행인 김 현 태
발행처 태영출판사

주 소 (08301) 서울 구로구 구로동 104-10 동남오피스텔 201호
전 화 02 · 839-3757, 839-3752
팩 스 02 · 837-3754
등 록 2005년 5월 30일 제12-421호
홈페이지 http://www.taeyeongbook.co.kr
E-mail tys2005@hanmail.net
ISBN 978-89-6302-181-2 93370
정 가 18,000원

* 잘못 만들어진 책은 교환해 드립니다.